中国传统政治文化书系

主　编　齐　涛

副主编　蒋海升　谢　天

中国传统和平理念

郭海燕　姚振文　著

泰山出版社·济南·

图书在版编目（CIP）数据

中国传统和平理念 / 郭海燕，姚振文著；齐涛主编；蒋海升，谢天副主编. -- 济南：泰山出版社，2023.1

ISBN 978-7-5519-0695-1

Ⅰ.①中… Ⅱ.①郭… ②姚… ③齐… ④蒋… ⑤谢… Ⅲ.①和平主义—政治思想史—研究—中国—古代 Ⅳ.①D092

中国版本图书馆CIP数据核字（2021）第245157号

ZHONGGUO CHUANTONG HEPING LINIAN

中国传统和平理念

策　　划　胡　威
主　　编　齐　涛
副 主 编　蒋海升　谢　天
著　　者　郭海燕　姚振文
责任编辑　王艳艳　任春玉
装帧设计　路渊源

出版发行　泰山出版社
社　　址　济南市泺源大街2号　邮编　250014
电　　话　综　合　部（0531）82023579　82022566
出版业务部（0531）82025510　82020455
网　　址　www.tscbs.com
电子信箱　tscbs@sohu.com
印　　刷　山东华立印务有限公司
成品尺寸　165 mm × 240 mm　16开
印　　张　18.25
字　　数　260千字
版　　次　2023年1月第1版
印　　次　2023年1月第1次印刷
标准书号　ISBN 978-7-5519-0695-1
定　　价　69.00元

总序

政治文化是基于政治制度和政治行为而形成的政治思想、政治观念与价值取向。它既是对政治制度和政治行为的抽象，又是社会文化中的客观实在，对政治制度与政治行为产生着重要影响。中国传统政治文化则是对中国传统政治制度和政治行为的抽象，具有丰富而深刻的内涵，影响着中国传统政治的构建，也影响着近代以来中国政治道路的选择。

相当长的一个时期以来，我们对传统政治文化没有给予应有的关注，更没有给予客观的评价。多数情况下，我们将其视为封建专制主义的糟粕，将其贴上落后、保守甚至反动的标签，其中一个重要原因是受西方学术范畴与话语体系的影响。

早在启蒙运动时代，一些著名的欧洲启蒙思想家便借中国古代政治之例抨击欧洲封建专制主义。孟德斯鸠在《论法的精神》中认为，历史上存在过三种政体，即共和政体、君主政体与专制政体：共和政体是全体人民或仅仅一部分人民握有最高权力的政体；君主政体由单独一个人执政，不过遵照已确立且被固定了的法律执政；专制政体既无法律又无规章，由单独一个人按照一己的意志与反复无常的性情领导一切。他认为，中国古代就是专制政体，在这种政体下，人的命运和牲畜一样，就是本能服从与接受惩罚，即使西方的暴君统治也强过东方的专制统治。

冷战时期，有的学者基于强烈的意识形态偏见，不遗余力地揭示东方专制主义的“罪恶”，其中最具代表性的就是美国历史学家魏特夫的《东方专制主义：对于极权力量的比较研究》一书。该书认为：东方国家的治水导致了专制政体与东方专制主义，“由此产生的权力是一种极权力量。在这样的治水社会中，政治上是君主暴政，经济上消灭土地私有制，文化上是奴性状态。生活在这种治水社会中的民众必然屈从于中央集权，处在全面恐怖之中，最终陷入全面的孤独”[①]。当然，也有许多严肃的西方学者从不同角度探讨和研究中国传统政治文化，但往往不得要领，比如，近代政治学的代表性学者马克斯·韦伯曾着力于中国古代政治研究，并认定中国古代政治体制是家产官僚制。所谓家产官僚制，就是以家产制国家为基础，家产制与官僚制相结合的政治体制。马克斯·韦伯认为：“当君侯以一种人身的强制，而非领主式的支配，扩展其政治权力于其家产制之外的地域与人民，然而其权力的行使仍依循家权力的行使方式时，我们即称之为家产制国家。”[②]当家产制国家继续扩大时，必然要借助于官僚制度，国家愈大，对官僚制度的依存就愈是绝对。马克斯·韦伯在《儒教与道教》一书中提到，自秦王朝开始，各王朝都是“家产官僚制”，在这一体制下，君主将国家政权作为私人权力与私人家产，置于其官僚制行政的管理之下。这一体制下的官僚不同于近代官僚，他们更像是君主的家臣与“包税人”，他们必须与君主建立人身依附关系，获准在其任职范围内充分的收益权，他们可以将其行政内所得的收入作为俸禄，事实上与

---

① 金寿福：《东方专制主义理论是冷战产物》，《历史评论》2020年第2期。

② 马克斯·韦伯：《韦伯作品集Ⅲ：支配社会学》，康乐、简惠美译，广西师范大学出版社，2004，第103页。

其私人收入并无区别。

对于孟德斯鸠出于工具目的对东方专制主义的批判可以另当别论，但其影响力不容忽视；对于魏特夫等人的观点，学界虽进行了较为充分的讨论，但并非从根本上解决了相关理论问题；对于为数颇多的严肃学者所进行的相关研究，国内学术界也进行了积极的回应与讨论，但对中国传统政治文化研究长期未见全面深入的突破，并未构建起完整的、客观的研究体系。究其原因，在于分析工具的选择。西方学者所使用的学术范畴与话语体系，都是在对西方文明的发展研究基础上形成的，他们往往以之为标准来评判中国传统政治文化。马克斯·韦伯这位严肃的学者，尽管注意到了中国传统社会种种内在逻辑与独特存在，但仍不愿放弃其既有的范畴，而是以家产制与官僚制这两个既有范畴打造出"家产官僚制"之履，削足适履，将中国传统政治塞入其中。国内学术界与西方学术界关于中国传统政治文化的对话、对中国传统政治文化的研究，也多是借用舶来的西方政治学的理论与范畴，难免力不从心，甚至还可能带来更严重的后果。中国台湾学者林端在21世纪初不无忧虑地认为，马克斯·韦伯对中国传统政治与法律存在诸多误解，"如果这些误解不断存续下去，甚至中国人的世界也越来越接受这种误解的说法，会是很可怕的事情，到最后中国人自己不了解中国文化的特征，却顺着西方人的眼睛来看自己的中国，看自己的文化"[①]。在以往的学术讨论中，我们总是说西方人戴着有色眼镜看中国问题，实际上，最大的问题在于我们自己也戴着西式有色眼镜看自己的问题。所以，我们的当务之急是摘下这副眼镜。

摘下西式有色眼镜，我们会蓦然发现，在人类政治文明进程

① 尤陈俊：《中国传统法律文化的重新解读与韦伯旧论的颠覆——〈韦伯论中国传统法律：韦伯比较社会学的批判〉评介》，《法制与社会发展》2006年第2期。

中，并不存在唯一正确的普世的政治思想、政治观念与价值取向。习近平总书记在2021年世界经济论坛“达沃斯议程”对话会上的特别致辞中指出：“世界上没有两片完全相同的树叶，也没有完全相同的历史文化和社会制度。各国历史文化和社会制度各有千秋，没有高低优劣之分，关键在于是否符合本国国情，能否获得人民拥护和支持，能否带来政治稳定、社会进步、民生改善，能否为人类进步事业作出贡献。各国历史文化和社会制度差异自古就存在，是人类文明的内在属性。没有多样性，就没有人类文明。多样性是客观现实，将长期存在。”[①]习近平总书记在中共十九届四中全会第二次全体会议的讲话中还指出：“一个国家选择什么样的国家制度和国家治理体系，是由这个国家的历史文化、社会性质、经济发展水平决定的。”[②]

西方近代政治文明就不是资本主义时代的专利，而是在欧洲独有的历史文化基础上产生的，如美国学者拉塞尔·柯克所说：“（美国）秩序的根基可蜿蜒曲折地追溯到希伯来人对上帝之下的有目的的道德生活的认知。它们涵括了古希腊人在哲学和政治上的自我意识；罗马人的法治与社会组织经验涵育了这些根基；它们与基督教对人之责任、希望和救赎的理解盘根错节地交织在一起；它们从中世纪的习俗、学问和英勇精神中吸取生命的养料；它们紧紧地抓住16世纪酝酿的宗教情绪；它们源自英格兰千辛万苦争来的法律之下的自由；殖民时期美国一百五十年的共同体经验强化了这些根基；它们得益于18世纪的辩论；它们借着《独立宣言》和美国宪法崭露峥嵘；它们经过美国内战的严酷考验后又全面恢复生机。”[③]

---

① 习近平：《让多边主义的火炬照亮人类前行之路——在世界经济论坛“达沃斯议程”对话会上的特别致辞》，《人民日报》2021年1月26日第2版。

② 习近平：《习近平谈治国理政》（第三卷），外文出版社，2020，第119页。

③ 拉塞尔·柯克：《美国秩序的根基》，张大军译，江苏凤凰文艺出版社，2018，第474页。

同样，中国现代政治文明也是在中国独有的社会土壤中生长起来的，其中，传统政治文化是十分重要的组成部分，如习近平总书记所指出的："像这样的思想和理念，不论过去还是现在，都有其鲜明的民族特色，都有其永不褪色的时代价值。这些思想和理念，既随着时间推移和时代变迁而不断与时俱进，又有其自身的连续性和稳定性。"①

因而，对中国传统政治文化的发掘与构建不仅可以让我们认识过去的中国，更可以助益于当代中国政治文明的发展，助益于中国特色社会主义制度和国家治理体系的进程。我们必须摘下西式有色眼镜去看中国自己独特的政治制度与政治行为，去把握与构建中国人自己的传统政治文化。

摘下西式有色眼镜，我们可以发现，在五千年中华文明发展进程中，我们创造了独具风格的传统国体，"天下"与"社稷"是基本的国家范畴。

中国早期政治家们坚定地认为，"天下"是他们政治作为的地理空间，也是国家政权覆盖的地理范围。从西周王朝的"普天之下，莫非王土；率土之滨，莫非王臣"，到孔子所秉持的"修身齐家治国平天下"，陈述的是同一政治表达。在这一政治框架中，"国"只是政权存在，无论是万国时代，还是西周各诸侯国都是如此。天子是天下的最高统治者，是各国的宗主，具有至高无上的地位。对于远近不同、关系不同的各国政权，均认定为同一天下，分为五服，设定不同的责任与义务，以德怀远、万国来朝是最为理想的天下治理状态。在秦汉统一王朝时代，虽然诸侯之国消失，但天下观并未改变，历代王朝仍认定自身为天下宗主，以天下为己任。

在这一政治框架中，正统与正朔成为非常重要的政治符号，统

① 习近平：《习近平谈治国理政》（第一卷），外文出版社，2014，第171页。

治者都认定自己是天下正统所在，而正统的标志就是奉其正朔。正朔是历法，使用其颁行的历法，就是奉其正朔，认可其正统地位。因而，对于天下各政权，历代王朝或有征讨，但并无掠夺，只要称臣纳贡，奉其正朔，便可换来封名，获得应有的保护。

在这一政治框架下，统一的王朝是历史发展的基本形态，每一个分裂时代都是被动的，分裂时代的任何一个王朝无不以正统自居，都想让其他王朝奉其正朔，都不肯偏安一方。海内为一的大一统是每个王朝共同的追求。

中国早期政治家们还敏锐地将天下细分为社稷、民、君三个组成部分。在《孟子·尽心下》中，孟子旗帜鲜明地认为："民为贵，社稷次之，君为轻。"这一论述的意义不仅仅是认识到了民众在社会历史中的地位，更是将社稷与君分离开来，以君主为代表的统治者只是社稷的管理者，并非社稷本身，这成为中国古代最为重要的政治传统。齐宣王曾问孟子，商汤推翻夏桀、周文王讨伐商纣王，是否真有此事？孟子说有。齐宣王又问，臣弑其君可否？孟子回答是，凡背弃仁义、残害百姓者，就是独夫民贼，人人可诛之。可以说，"民惟邦本"的政治理念在中国古代深入人心。唐太宗曾把君主与百姓的关系比之为舟与水的关系，说"水可载舟，亦可覆舟"，这也是认可君权并非神圣不可转移。因而，当统治者不足以维持其统治时，总是被农民起义拉下马来，实现改朝换代。

必须指出的是，在一次又一次的历史更替中，天下未变，文化人伦未变，天下之民及其共同的精神追求与心理取向未变，社稷也未变。所谓王朝的周期更替只是政权变动，而非国家变动。五千年的中华文明从未中断，赓续至今。

摘下西式有色眼镜，我们还会发现中国传统政体的明显特性，可以看到中国古代政治文明之路是一条不同于西方社会的文明之路，它有着集权一统的行政体制、充分发育的政府职能和平等开放的社会结构。

就传统行政体制而言，韩非为秦始皇设计了“事在四方，要在中央。圣人执要，四方来效”[①]的行政体制总则。这里所说的“圣人”就是君主。中央对于地方，“如身之使臂，臂之使指，莫不制从”[②]，指挥自如；君主对于全国，则是“天下之事无大小皆决于上”[③]。此总则通行于整个中国古代社会，各王朝自上而下设置层层相属的地方行政机构，又设置了分工明确、职责清晰的职能部门，确保各地权力集于中央王朝，中央王朝权力集于君主。

在这样一种体制下，基本不存在独立的政治实体。古代中国没有西方中世纪相对独立的自治城市，王朝的体系一直延伸到城市里坊；也没有西方中世纪自行其是的封建领主和自治村庄，王朝的体系也囊括了所有村落；更没有西方中世纪宗教的威权，各种宗教都在王朝行政体系的管理之中。还必须说明的是，中国古代各王朝均非所谓“家产制”国家，皇室财产与王朝财产始终有清晰的界限，君主私人财务与社会公共财政也并未合一。

就传统政府职能而言，“父母官”可以说是对传统政府职能的最好概括，王朝政府几乎是唯一的主体。中国古代各级政府是实施社会管理的全能的一元化政府，从中央到地方，有着构造齐全、涵盖几乎所有事务的机构与管理者。无论是国计民生，还是司法、治安、民政以及宗教、教化等，都在各级政府的一元化管理体系之中。如经济事务的管理，从农业到工商业，无一遗漏。中央王朝既有大农令、大农丞、劝农使，又有均输官、平准官，还有工部、户部、少府等。县一级则有工曹、户曹、市曹等，连县城中的市场也有市令与均平令进行市场秩序与物价管理。社会精神文化生活也是在一元化的管理下，倡导什么礼俗，尊崇什么宗教，甚至于表彰

① 高华平、王齐洲、张三夕译注：《韩非子》，中华书局，2010，第59页。

② 班固：《汉书》，中华书局，1962，第2237页。

③ 司马迁：《史记》，中华书局，1959，第258页。

孝子烈妇、调和邻里之争，都在政府的统辖之下，可以说是事无巨细，无所不包。尤其是基层地方政府，几乎就是一地之大家长。

在这样一种体制下，没有行政权力之外的权力存在，没有类似西方中世纪的各种社会中间组织分割其事权，也没有西方中世纪那样的各式法庭分割其司法裁判权，更没有西方中世纪的议会分割其税收或其他社会权力。中国古代社会存在着宗族与其他各色民间组织，但都不具有较为完整的权力，只是在行政权力的认可或赋予下，拥有一定的社会权力，是行政权力的补充或延伸。

就传统社会结构而言，中国古代社会的最大特点就是“编户齐民”制度，其实质是相对平等、开放的社会角色体系。中国古代社会存在着明显的角色差异、社会地位差异，但没有严格的社会鸿沟，不同角色的人们拥有一个共同的身份，即编户齐民，所有人户都在政府的编制管理之中，都可能实现社会角色的转换。

在这样一种体制下，中国古代的农民有可能转而为官或是经商，“朝为布衣，暮为卿相”并非个例；而西方却是严格的身份世袭制，中世纪的农民没有此通道。中国古代的“士”是文化的掌握者与传承者，也是社会流动的中转站；西方中世纪的文化都垄断在教会之手，直接制约了社会的活性。中国古代社会实行家产继承的诸子均分制，每一个子嗣都可以均等地继承家业，保障了社会结构的稳定；西方中世纪则是长子继承制，大量余子与骑士的沉淀成为其社会结构的一个顽疾。

摘下西式有色眼镜，我们又会发现，中国传统治理体系也独具风格，难以用现有政治范畴进行诠释，无论是中国传统政治治理体系、经济治理体系，还是文化治理体系，都是如此。

就中国传统政治治理体系而言，现有的民主、法治、专制等范畴都难以表达中国传统政治治理体系的本来。如，中国古代政治是民主政治吗？当然不是。是专制政治吗？也不全是。中国古代有君主专制，但君主的权力往往受到制约，实际是有限君权，最为典型的是唐朝的三省六部制，从诏令的起草、复核到执行，都有庞大的官僚部门负责，彼此制约。而且，还有较为完整的朝堂议事制度、监察制度、谏议制度，朝堂之上，并非君主一言九鼎。另外，中国古代王朝均有十分完整庞大的法律规定，从民事、刑事到社会事务、行政运转都有详尽规定，依法行政的色彩十分明显，但又难以认定这就是法治社会，因为从君主到各级地方官员，他们在各种事务中的自由裁量权还是比较突出的。这就是中国传统政治治理体系的实际：既非民主，又非专制；既非法治，又非人治。

就中国传统经济治理体系而言，现有的国有化、私有化等范畴，也都难以准确表达传统经济治理体系。以土地制度为例，在中国古代相当一个时期，土地一直没有明确的国有或私有的属性，虽然自秦王朝统一后，宣布“令黔首自实田”，似乎认可了农民的土地所有权，农民可以转让与买卖土地，但此后，各王朝仍不断进行土地的重新调整与分配：从西汉的授田制、王莽的王田制，到西晋的占田制、北朝与隋唐的均田制，王朝政权总在不断地否定私有，保障农民的土地占有；直到明清时期，农民仍不具备西方私有权属意义上的完整的土地私有权。以工商政策为例，中国早期国家形成于三次社会大分工完成之前，使工商业在出现之初就打上了明显的国家印记。春秋战国以来，虽然允许私营工商业发展，但“工商食官”制度并未终结，官营工商业一直未退出历史舞台，而且还处在不断发展中，从而出现了官营工商业和私营工商业并存，官营工商业一直处于垄断与主导地位的格局，这一格局贯穿中国古代社会两千年。

就中国传统文化治理体系而言，现有的文化专制、思想自由等范畴同样无法诠释中国传统的文化治理体系。以思想自由定性中国传统文化治理显然荒谬，但是，以文化专制指认中国传统文化治理同样不妥。中国历代王朝都重视文教，推广教化，中国古典文化的繁荣世所公认。更为重要的是，中国古代社会没有出现西方中世纪宗教力量钳制思想的现象，人们拥有较为宽松的信仰选择，除了以祭天为核心的垄断性信仰外，并无多少禁区。

中国传统政治的上述特性，当然是在中国长期稳定的农耕文明土壤中形成的，其中最根本的一点就是中国古代政治文明独特的发生与发展道路。中华文明有着独特的发生途径与成长历程，传统中的胎记遗存清晰可辨。一万多年前相当长的一个时期，由于受大理冰期的影响，全球性气温下降，冰川扩张，海平面大幅度降低，渤海、黄海、东海成为新的大陆，朝鲜半岛、日本列岛以及台澎诸岛都与东亚大陆连为一体。在这方新的土地上，我们的先民们拥有了更为广阔的生存空间，自北向南，依次活动着渔猎采集群落、初始农耕群落、高级采集狩猎群落。我们上古传说中的尧、舜、禹、共工、三苗、蚩尤等，都生存于其中。而当时的旧大陆，尤其是北部大陆，由于严寒与干旱，冻土带南移，人口较为稀少。一万年前左右，随着大理冰期的结束，全球性气温转暖，冰川融化，暴雨成灾，海水上涨，接踵而至的洪水淹没了新大陆，也湮没了新大陆上的所有文明。人们的生存空间大大缩小，幸存的群落与群落间发生了旷日持久的冲突，尧、舜、禹与共工、三苗的战争都在此列。①

在中华文明的发生史上，存在着一个一直没能解决的问题，那就是早期文明的源头究竟在何处？现在看来，答案应当有了，即这一时期的洪水与战争是中国早期文明的源头。在治洪、御洪的过程中，尧舜禹集团内部开始萌生社会分工、公共权力以及刑罚，尧舜禹的禅代、鲧的放逐以及四岳的存在，都为我们透露出了这样的信息。更为重要的是，洪水进逼所引起的大规模的群体战争同样在促成权力与统治的萌生。《吕氏春秋·荡兵》曾言：“人曰‘蚩尤作兵’，蚩尤非作兵也，利其械矣。未有蚩尤之时，民固剥林木以战矣，胜者为长。长则犹不足治之，故立君。君又不足以治之，

① 齐涛主编：《世界史纲·绪论》，泰山出版社，2012，第1~7页。

故立天子。天子之立也出于君，君之立也出于长，长之立也出于争。”“立长”“立君”“立天子”，实际上是国家形成三阶段的写照。尧、舜、禹与共工、三苗的战争，标志着“立长”阶段的开始，也意味着中国早期文明的滥觞。

中国早期文明萌生后所面临的主要压力仍是群体间的冲突与对抗。随着生产的进步、人口的膨胀，这种对抗愈演愈烈。群体内部的组织体系也开始完备。这种组织体系的完备首先是在聚落中实现的，尔后又逐渐延伸，进而形成了早期方国，其时间大约在五六千年前，这也就是古史上所谓的“万邦时代”。随着方国间对抗与联系的逐步加强，方国共同体开始出现，夏王朝的建立标志着更大范围方国共同体的出现，也标志着大一统王朝的萌生。此时的方国共同体并非方国联盟，而是诸方国对方国共同体的主导者的服从与认可；而作为方国共同体主导者的夏，对其他方国也并非征服与掠夺，而是视为同类，致力于人文教化的一统。商之代夏、周之代商，只是一个主导者对另一个主导者的取代，人文教化一统的方国共同体并未改变。在此基础上建立的国家政权已带有浓重的统一国家色彩。经过春秋战国的历史整合，至秦王朝建立，大一统的中央集权王朝已经形成，西方近代意义上的国家已经出现在两千多年前的中国，大一统传统由来已久，根深蒂固。

由于中华文明的萌生缘于冰后期群体间的对抗，其萌生之时，私有财产和贫富分化尚未出现，私有制与阶级也未产生，三次社会大分工更没有展开，氏族血缘组织还未被地缘组织所取代，因此这些历史任务都是由先行出现的国家机器渐次完成的。这一过程，必然要打上国家的烙印。国家政权对社会的控制与管理是全方位的，国家政权之外的其他力量难以生成。

与文明发生的途径相联系，国家产生之时，没有明显的阶级对立和阶级差别，没有内部奴隶，各成员之间的差别更多的是社会分工与角色的不同，社会成员都有一定的参政、议政权利。直到西周春秋时代，实行的仍是国人内部民主制，遇有重大事务，国君往往要与国人相商，甚至与之盟誓。国人废黜国君，另立新君之事也曾发生。战国以来，君权强化，君主专制体制不断发展，但民主制的基因并未中断，社会成员的平等性在一定程度上得以延续。

与文明发生的途径相联系，中国早期社会组织不是以地缘关系代替血缘组织，而是对血缘组织的确认与强化。家庭与家族是基本的社会组织，无论是群落，还是方国、方国联盟以及后代的夏、商、周，其组织结构基础都是家族。在此基础上，国家作为宗法血缘关系下的父家长制大家庭放大后的产物，必然会带来内部的集权化倾向，带来全能的政府职能；群体内部的纽带是血缘关系，又为父家长式的专制奠定了基础。

与文明发生的途径相联系，中国古代的三次社会大分工一直没有完整实现。西周及其以前的时代，土地为宗族所有，实行的是以家族为单位的大田集体劳动，家畜饲养与农业生产是在同一个劳动单位内完成的，纺织和陶器制作等手工业生产也是如此。家族之间和全社会所需的手工业商业活动则由王朝政府承担，此即商周王朝的工商食官制度。在此基础上，形成了独特的土地制度与官营工商制度。

与文明发生的途径相联系，中国早期政治是人文政治，而不是神祇政治，祭祀僧侣集团在中国政治上一直没有取得过主导地位。在文明的萌生中，中国也与西方世界一样，有祭祀与专职的祭祀人员，有通天人之际的“若木”与神山。从红山文化的祭坛到三星堆的神杖，从种种的民间神祇传说到遍布南北的新石器时代的岩画，我们都能感受到神仙世界对世俗世界的影响。但在中国社会，神职人员一直没有成为独立的政治集团，神职首领往往是世俗首领兼而领之，这种情况下的祭祀集团只能是政治的附庸。与之相对应，在中国传统政治生活中，一方面是世俗首领垄断了天人之际的通道，“天之子”“予一人”以至后世的封禅大典，充分体现了这种垄断；另一方面，人文与人伦成为基本的价值取向，从周公旦的“敬天保民”，到孔夫子的人文教化，反映的都是这一精神。因而，中国古代社会未曾出现欧洲中世纪宗教的桎梏与束缚，而是成就了中国古代社会的人文繁盛与相对宽松的信仰世界。

从上述内容我们可以清楚看到，中华文明的发生与西方迥异。西方文明的发生，走的是一条符合传统理论的基本道路，即在原始社会的后期，随着生产的进步，有了剩余产品与剩余劳动，又有了私有财产与私有观念，在此基础上，形成了贫富分化与阶级对立，国家机器在阶级对立的基础上应运而生，代表统治阶级的利益，实行阶级统治与阶级压迫。与之同时，原始的氏族血缘关系被打破，以地缘关系编制、管理其国民成为国家形成的重要标志。自国家出现到希腊罗马时代，欧洲社会完成了其政治基础的奠基与政治制度的完善，基于个人权利至上的公民权与财产私有权成为其社会的两大基点，城邦民主政治与自由文化精神构成了欧洲政治文明的基本框架。此后，虽然经历了中世纪的黑暗，但这一基础并未被完全摧毁，在许多方面仍以种种不同的方式在继承与发展，尤其在城乡二元结构下，城市文明崛起，为欧洲社会提供了另一个版本的治理体系。至文艺复兴，则在新的历史时期实现了对希腊罗马文化的续写与迸发。随着资本主义运动的进展，近代国家、近代法律、近代思想文化以及近代国际秩序逐步形成，从而完成了欧洲文明的构建。

中华文明的发生与欧洲社会已大不同，发生之后，中华文明仍旧沿着自己的基点行进。近百年来，不断有学者将中国的历史进程与欧洲的历史进程相比附，得出了种种结论。就历史的客观性而言，两者虽不乏相似之处，但仍是不同道路上的行进者。如中国春秋战国时期的变革与希腊、罗马的变革实际是同工异曲，中国的秦汉帝国与罗马帝国的强盛也并非一事，中国的封建社会也不能等同于欧洲的中世纪社会等。特别是春秋战国这一特定历史变革时期所造就的中华文明的框架，更是上承远古以来中华文明的发生，下启两千年中华文明的发展，有着独特的内涵与意义。

中国传统政治的特性已述于上，如何总结、提炼由中国传统政治制度与治理体系所凝聚的思想与文化，是这套书系的任务所在，如习近平总书记所指出的：

> 在几千年的历史演进中，中华民族创造了灿烂的古代文明，形成了关于国家制度和国家治理的丰富思想，包括大道之行、天下为公的大同理想，六合同风、四海一家的大一统传统，德主刑辅、以德化人的德治主张，民贵君轻、政在养民的民本思想，等贵贱均贫富、损有余补不足的平等观念，法不阿贵、绳不挠曲的正义追求，孝悌忠信、礼义廉耻的道德操守，任人唯贤、选贤与能的用人标准，周虽旧邦、其命维新的改革精神，亲仁善邻、协和万邦的外交之道，以和为贵、好战必亡的和平理念，等等。这些思想中的精华是中华优秀传统文化的重要组成部分，也是中华民族精神的重要内容。马克思主义传入中国后，科学社会主义的主张受到中国人民热烈欢迎，并最终扎根中国大地、开花结果，决不是偶然的，而是同我国传承了几千年的优秀历史文化和广大人民日用而不觉的价值观念融通的。①

这套“中国传统政治文化书系”就是以习近平总书记所指出的中华民族在几千年历史演进中所形成的关于国家制度和国家治理的丰富思想为纲，从不同方面对习近平总书记所提炼的中国传统政治文化进行阐释。我们要表达的不是政治史，也不是制度史，而是政治史与制度史中所蕴含的文化精神。这种精神通过政治事件、政治制度和政治人物来体现。也可以认为这是一个另类的政治史，是围绕问题说话的

---

① 习近平：《习近平谈治国理政》（第三卷），外文出版社，2020，第119～120页。

政治史。

为便于更多读者阅读，我们未把这套书系打造成深涩难懂的理论著作；为保障其科学性与可靠性，也不想把它制作成迎合市场的通俗演义。而是采用“非史”“非论”的叙述手法，既不是历史的，也不是理论的；既不是通俗的，也不是高大上的。力求以一种独特的模式，让人们从政治历史中感知传统政治文化精神之所在。在叙述中力避夸夸其谈，从概念到概念，力避事无巨细，面面俱到，而是画出三分，留白七分。用完整的叙事、画龙点睛的提炼，把传统政治文化的基点与内核告诉读者，读者自然可以领会其中的政治精神，构建自己心中的中国传统政治文化。

目录

绪论 …001

第一章　先秦时期和平理念的形成 …014

一、《易经》的“保合太和” …016

二、儒家的贵和与大同 …026

三、道家的无为与反战 …041

四、墨家的兼爱与非攻 …054

五、兵家的伐谋与全胜 …065

第二章　中国古代战争观中的和平理念 …085

一、“兵凶战危”的慎战观念 …085

二、“止戈为武”的战争目的 …098

三、“不战屈人”的用兵境界 …111

四、“以智克力”的战争理念 …117

第三章　中国古代内外交往中的和平理念 …126

一、亲仁善邻、协和万邦的和平理念 …127

二、会盟制度所体现的和平理念 …138

三、和亲制度所体现的和平理念 …148

四、朝贡制度所体现的和平理念 … 162
五、羁縻制度所体现的和平理念 … 170

第四章　中国古代文学作品对和平理念的颂扬 … 180
一、《诗经》中的和平理念 … 180
二、两汉魏晋南北朝时期文学作品中的和平理念 … 191
三、唐诗中的和平理念 … 203
四、宋代诗词中的和平理念 … 215
五、元明清时期文学作品中的和平理念 … 223

第五章　中国和平文化的特点与当代价值 … 235
一、根深蒂固的和平文化传统 … 236
二、注重道德伦理是中国和平文化的主要特色 … 242
三、实施柔武战略是中国和平文化的基本保障 … 249
四、中国和平文化的当代价值和世界意义 … 256

参考文献 … 262
后　记 … 270

绪论

在人类社会发展的历史中，尽管战争如影随形，从未停歇，但和平一直是人类亘古不变的理想和追求。几千年前，中国古代的先哲就开始了对和平的思考，并提出了“和为贵”“和而不同”“亲仁善邻”“协和万邦”等一系列和平理念。这些理念被中国人民世代相袭和践行，已经成为中华民族极其重要的价值观念。正如习近平总书记所指出的：“中华民族历来是一个爱好和平的民族……爱好和平的思想深深嵌入了中华民族的精神世界，今天依然是中国处理国际关系的基本理念。”①

一、“和平”一词语义的演变

中国古代很早就有关于和平的文字记载。不过，“和”与“平”两个字最早是分开使用的。而且，无论是“和”，还是“平”，都没有我们现在常说的“非战状态”的含义。

早在甲骨文中就有了“和”字，其含义是指声音的相互应和，

① 习近平：《在纪念孔子诞辰2565周年国际学术研讨会暨国际儒学联合会第五届会员大会开幕会上的讲话》，《光明日报》2014年9月25日第2版。

后来引申为声音相和而达到的快乐和谐的状态。《吕氏春秋·慎行论·察传》曰："故唯圣人为能和。乐之本也。"从中又引申出不同事物的协调、和谐等含义。《尚书·虞书·尧典》曰："克明俊德，以亲九族。九族既睦，平章百姓。百姓昭明，协和万邦。"这里的"和"是协调各个邦国之间关系的意思。《尚书·周书·无逸》中也说，周文王"徽柔懿恭，怀保小民，惠鲜鳏寡。自朝至于日中昃，不遑暇食，用咸和万民"。此处的"和"是指使百姓和谐、和睦。

西周末年，人们进一步丰富了"和"的内涵。《国语·郑语·史伯为桓公论兴废》中史伯提出了"和合"的概念："商契能和合五教，以保于百姓者也。"意思是说商契能把父义、母慈、兄友、弟恭、子孝五教加以和合，使百姓安身立命。这里的"和"已经体现了多样性统一的含义。史伯还从哲学上概括出了"和""同"的概念。史伯在同郑桓公的对话中提出"夫和实生物，同则不继。以他平他谓之和，故能丰长而物归之；若以同裨同，尽乃弃矣"，即把有差异的甚至矛盾的事物有机结合在一起，使之协调统一，就是"和"。多样性统一的"和"是事物发展的动力。如果用相同的东西补充相同的东西，事物就得不到发展，甚至会消亡。春秋时期齐国大夫晏婴在与齐景公的对谈中，进一步言说了这一道理。晏婴用做羹汤来比喻"和"，厨师用水、火、醋、酱、盐、梅等调料来烹调鱼和肉，用柴火烧煮，才会调和出恰到好处的味道。君子喝了它，就会心平气和。他以此来说明君臣关系。臣子不能一味地附和君主，君主说行就行，说不行就不行，而是应该指出君主意见中不合理的地方。这样政事才会平和有序，百姓也不会有争斗之心。在史伯、晏婴等人思想的基础上，春秋末年的孔子进一步就"和同之辨"做了阐述，提出了"和而不同"的思想。

"平"，《说文解字》解释为"语平舒也"，意为语气平和舒缓。"平"又有平坦之意，如《周易·泰卦》曰："无平不陂，无往不复。”《左传·宣公十五年》说：“夏五月，宋人及楚人平。”这里的“平”有缔结合约、讲和的意思。此外，“平”还有公正、治理、平息、均等等含义。

“和”“平”二字连用最早应见于《周易·咸卦》的《彖传》：“天地感而万物化生，圣人感人心而天下和平。”此后，“和平”一词在文献中开始越来越多地出现。如《逸周书·常训解》：“六极：命、听、福、赏、祸、罚。六极不嬴，八政和平。”《荀子·乐论》：“故乐行而志清，礼修而行成，耳目聪明，血气和平，移风易俗，天下皆宁，美善相乐。”《国语·周语·单穆公谏景王铸大钟》：“细抑大陵，不容于耳，非和也。听声越远，非平也。妨正匮财，声不和平，非宗官之所司也。”上述记载中的“和平”主要是安康宁静、和谐平正、心平气和、乐声和顺的意思。而到了西汉时期的典籍中，“和平”已经明确具有战乱平息、秩序安定的含义了，如《史记·秦始皇本纪》中说：“今皇帝并一海内，以为郡县，天下和平。”

概而言之，在中国古代的语言环境中，我们不能把“和平”仅仅视为与战争相对应的一个概念，而是应该结合着“和谐”“和合”“和顺”“天下平”等词义相近的词汇来理解。“和平”一词内涵极为丰富，不仅可以理解为没有战争，更是指一种处理国际关系的最高准则，人与自然、人与人之间相处共同遵守的原则，一种崇高的社会理想。

二、和平理念产生的地理环境因素

从中国的历史和文化传统来看，中华民族是人类历史上最热爱和平、最恪守和平的民族之一。中国人始终以“和”为标准来处理与他人之间的关系，对待其他国家和民族亦是如此。天下太平、共享大同是中华民族始终不渝的追求。和平的思想已融入每一个中国人的精神世界中。那么，是什么造就了中国人民爱好和平的民族性格？钱穆先生在其《中国文化史导论》中曾指出："各地文化精神之不同，穷其根源，最先还是由于自然环境有分别，而影响其生活方式。再由生活方式影响到文化精神。"[①]要想探求中华民族爱好和平的民族性格的成因，应该从其赖以生存的地理环境以及在此基础上形成的生产方式入手。

翻开世界地图，不难发现，中国所处的地理环境与西欧国家有着极大的不同。欧洲大陆一个典型的地形特征是半岛和岛屿特别多，众多半岛和岛屿将欧洲大陆边缘的海洋分割成许多边缘海、内海，呈现出陆海交错的格局。在这些海洋中，以地中海最为重要，它联系和沟通着亚、欧、非三大洲，向来被认为是欧洲文明的发源地。地中海沿岸的半岛产生过世界上最古老的埃及文明、两河文明、希腊文明和罗马文明。各个文明之间通过地中海不断发生着联系。因为在地中海的航行非常便利、安全，所以欧洲很早就形成了以地中海为中心的海上贸易网络。那儿的国家和人民也以从事海上贸易为主要生活方式，其文化呈现出开放性、扩张性等特点。

中国所处的地理环境则与之形成鲜明的对比。中国位于亚欧大陆的东端，幅员辽阔又相对封闭。东部面临世界上最大的海洋——太平洋，太平洋一望无际，波涛汹涌，难以横渡，成为隔绝中国与外界的天然屏障。其他三面是陆地。南部多丛林高山，素来被称为荒蛮瘴疠之地，多雨潮湿，环境恶劣，不适宜生存。西部从北到南有阿尔泰山脉、天山山脉、帕米尔高原、昆仑山脉、喜马拉雅山等高山、高原形成的天然屏障，将中国与中亚诸国隔离开来。北面是寒冷的戈壁沙漠和蒙古草原。那里少草木，多风沙。再向北，是茂密阴冷的西伯利亚原始针叶林，严密地封锁了人们北进的步伐。中国四周的高原、高山、沙漠、海洋这些天然的障碍将中国与外界隔绝起来，形成一种相对独立封闭的地

① 钱穆：《中国文化史导论·弁言》，商务印书馆，1994，第2页。

理环境。这种环境使得中国在航海时代和工业化时代到来之前，没有受到来自西方国家的武力入侵，中国传统文化也得以在数千年历史长河中绵延发展而没有中断。

这种四周拥有天然屏障的地理环境在阻碍了他国入侵的同时，也限制了中国对外开拓的步伐。虽说地理环境的阻隔不是绝对的，人们要想突破地理环境的障碍与外部世界发生联系，也不是没有可能，但付出的代价将是沉重的。众所周知，中国历史上有过汉代张骞出使西域，东晋法显西行取经，唐代玄奘赴天竺取经、鉴真东渡日本弘扬佛法等活动，但这只不过是中外文化交流的个例而已，数量和规模十分有限。“这些中外闻名的旅行家的名字，几乎要间隔数百年才出现一次。他们的旅行故事又是如此惊心动魄。这本身就足以表明，古代中国与外部世界交往的机会受到地理环境何等严重的限制。”[①]可以想象，如果是派大规模军队进行远征，那面临的不仅是地理障碍、行军不便等问题，还存在军需物资运输等方面的困难，兴师作战自然是困难重重。

中国历史上，也有王朝曾克服地理条件的限制进行过远距离的征伐，如公元前104年，汉武帝任命李广利为贰师将军，率军征伐大宛（位于今天中亚的费尔干纳盆地）。汉军长途跋涉，补给困难，没等与大宛开战，即被大宛的郁成王击败，将士只剩下十之一二。751年，唐代大将高仙芝率军翻越葱岭，进攻石国（即今乌兹别克斯坦塔什干），在怛逻斯（即今哈萨克斯坦东南部的江布尔城）被阿拉伯的军队和异姓突厥兵打败。有研究者认为，怛逻斯之战唐军失败，出征路线漫长是一个非常重要的原因。[②]

总之，地理环境的阻隔使得中国人民世世代代生活在这片土地

① 萧功秦：《儒家文化的困境——中国近代士大夫与西方挑战》，四川人民出版社，1986，第6页。

② 李琪：《唐代高丽边将高仙芝及其在西域的活动》，《西北民族研究》2000年第2期。

上，与外部世界交往较少，统治者也缺乏向外开拓的野心，久而久之就形成一种温顺和平、不事扩张的性格。

地理条件对扩张的限制只是相对的，对中华民族性格的形成发挥关键作用的还是以农耕经济为主的生产方式。中国所处的地理位置和地理环境孕育出了以农耕为主体的经济形态。农耕经济以土地为生活的根本，按照自然界的时序、节奏来生产，春耕夏耘，秋收冬藏，一旦错过了耕种的时间，一年的收成就没了着落，所以人们必须在一个地方长时间定居，按照农作物的生长规律辛勤劳作。日出而作，日落而息，这促使人们在历史发展过程中形成了与世无争、求和求稳的心理。农耕经济又是一种脆弱的经济，如果遭遇瘟疫、自然灾害、战争等天灾人祸的打击，农业生产就会被破坏，从而造成土地荒芜，百姓流离失所。而且一旦有战事发生，农民作为主要的兵源，就要放弃耕作而进行征战。战争中，大量士兵死于战场，又会进一步造成战后劳动力锐减。所以，追求和平安定、厌战反战是农耕民族与生俱来的心理。就农民而言，他们通常厌弃战争，更愿意过老子所说的“鸡犬之声相闻，民至老死，不相往来”的生活，“一般来说，只有当战争和保卫耕地紧紧地、直接地联系在一起，才能最大限度地激发起汉民族的战争热情和尚武精神”①。

此外，农耕经济的一个重要特征是自给自足。中华民族最重要的发源地——黄河流域，地域广阔，农耕用地比较充足，土地上的物产一般来说可以满足人们基本的生活需求和人口的自然增长，人们与外部的交往和交换极为有限，也不需要用流血牺牲的方式对外掠夺。换言之，就是中华民族对外扩张的动力不足。葛剑雄先生指出：“虽然中国的人口从数千万增加到了19世纪中期的4亿多，但都是依靠本国生产的食物供养的，从未产生过向境外寻求生存条件的

① 倪乐雄：《东西方战争文化的原型蠡测——“荷马史诗”与〈诗经〉比较研究》，《中国文化研究》1994年冬之卷。

企图，因而中国的人口数量从来没有构成对外部世界的威胁。”[①]中国历代中原王朝对土地的要求基本上是以是否适合农耕为标准的。在中国古代典籍中经常会有这样的记载：“其地不可耕而食也，其民不可臣而畜也”[②]“得其地不足以供给，得其民不足以使令”[③]。在人们看来，“四方诸夷”地处偏僻，环境恶劣，即便得到了也不适合进行耕作，所以除非他们主动进攻中国，否则中国不必征讨。

钱穆先生对于游牧民族、商业民族和农耕民族的心理特点做过分析：“游牧、商业起于内不足，内不足则需向外寻求，因此而为流动的，进取的。农耕可以自给，无事外求，并必继续一地，反复不舍，因此而为静定的，保守的。”[④]“农耕民族与其耕地相连系，胶着而不能移，生于斯，长于斯，老于斯，祖宗子孙世代坟墓安于斯。故彼之心中不求空间之扩张，惟望时间之绵延。”[⑤]其分析可谓深刻。

总之，中国所处的地理位置孕育了以农耕经济为主的生产方式。农耕经济是自给自足的，可以承受人口的自然增长；同时农耕经济又是脆弱的，难以承受社会的变故。因此，农耕民族渴望社会安定、政治清明、风调雨顺、国泰民安，最怕战火兵燹、自然灾害。这也使农耕社会中的人民不会有强烈的向外扩张的欲望和冲动，不像海洋文明那样过分依赖海外市场，积极追求扩张，而是与生俱来就注重和平、稳定，憎恨战争，尤其是穷兵黩武的行为。

---

① 葛剑雄：《天地史谭》，上海辞书出版社，2018，第103页。

② 班固：《汉书·匈奴传》，中华书局，1962，第3834页。

③ “中研院”历史语言研究所：《明太祖实录·卷六十八》，中华书局，1962，第1277页。

④ 钱穆：《中国文化史导论·弁言》，商务印书馆，1994，第2页。

⑤ 钱穆：《中国文化史导论·弁言》，商务印书馆，1994，第3页。

三、和平理念产生的思想文化基础

西方社会学家马克斯·韦伯曾经说过："中国尽管战事频仍，但进入历史时代后即逐渐成为一和平化的世界帝国。"[①]在秦汉以前，中国曾有过很长一段时期的混乱纷争局面，但是中国并没有因此形成好战的传统，反而形成了崇尚和平的心理。春秋战国时期是大动荡大变革的时代，诸侯割据纷争，阶级斗争复杂尖锐，连年的战争导致民众生活痛苦不堪，人们渴望和平并积极探索实现和平的方式。楚庄王的"止戈为武"论、春秋时期的弭兵之会，都体现出乱世中人们对和平的追求。在此背景下，各思想家纷纷著书立说，将"和"的思想融入自己的政治学说中，促使和平理念的形成和发展。

"和"是当时各学派普遍认同的人文精神。儒、道、墨等学派的思想主张都是围绕"和"展开的。儒家是中国传统文化中影响最大的学派，"和"是其思想的核心。孔子提出"和为贵"，孟子认为"天时不如地利，地利不如人和"。儒家认为，处理人与人、人与社会、人与自然之间的关系，应该以"和"为准则。"和"是区别"君子"与"小人"的重要标准，有德之君子在为人处世时应力求与他人和睦相处，但并不盲目地附和别人。人与自然之间要相通、和谐，达到"万物并育而不相害，道并行而不相悖"[②]的崇高境界。在处理民族与邦国关系时，要重"礼"求"和"，亲仁善邻、讲信修睦，做到"协和万邦"，决不能以大欺小，以强凌弱。"和"的前提是人与人之间的关爱，儒家提倡要做到"仁者爱人"，"己所不欲，勿施于人"。爱人要从自己的亲人开始，然后推己及人，推广到整个社会，最终实现社会和谐、天下太平。

---

① 马克斯·韦伯：《儒教与道教》，洪天富译，江苏人民出版社，1995，第27页。

② 朱熹：《四书章句集注·中庸章句·第三十章》，中华书局，2011，第38页。

老子的核心思想是“道”，强调“人法地，地法天，天法‘道’，‘道’法自然”[①]，世间万物都要遵循自然法则，人也要因循自然规律，人与自然是和谐共生的。为实现社会的和平，老子提倡无为，反对暴力和战争，强调尽量避免人为的干涉，社会才会得到有效治理。

墨子认为一切社会动乱的根源是人与人之间不相爱，他主张“爱无差等”，整个社会的成员之间，无论亲疏贵贱，都要“兼相爱”。《墨子·兼爱》中记载，墨子的社会理想是“天下之人皆相爱，强不执弱，众不劫寡，富不侮贫，贵不敖贱，诈不欺愚”，天下之人相亲相爱、和睦融洽地生活在一起。为此，他提出“非攻”的主张，反对诸侯国之间的不义之战，提倡维护社会的和平安定。

在兵家思想中，“和平”也有重要的体现：在战争观念上，认为“兵凶战危”，极力提倡“慎战”，将战争视为不得已而为之的行为；在战争目的上，提倡“止戈为武”“以战止战”，以战争去禁暴止乱，争取和维护和平；在用兵境界上，追求“不战而屈人之兵”的“全胜”，力争用不流血的方式实现战争目的；在战争方式上，重视“以智克力”，把智谋作为克敌制胜的重要手段；在战争与和平的关系上，提倡“故国虽大，好战必亡；天下虽安，忘战必危”[②]，主张以强大的实力和充足的战备来保障和平，但又不穷兵黩武。

在乱世纷争中，诸子们所构想的理想社会，如孔子理想中的“大同”社会、老子“小国寡民”的理想国模式、庄子心目中的“至德之世”等，都是国泰民安，政治清明，国与国之间、人与人之间和平共处，没有战争存在的社会。

---

① 陈鼓应：《老子注译及评介·二十五章》，中华书局，1984，第163页。
② 陈曦译注：《吴子　司马法》，中华书局，2018，第221页。

上述各家思想反映了中华民族对和平的强烈诉求和对战争暴力的排斥，表达了中国人民致力于建立和平安定、和谐美好的社会的良好愿望。在秦汉时期实现大一统之后，这些思想也从价值层面上升为治国理政的重要理念，推动着中国的和平发展，同时融入中华民族的血液中，成为民族精神的一个重要体现。

四、和平理念的具体实践

爱好和平是中国传统思想文化的一个重要特征，埋藏于中国人的心灵深处，流淌在中国人的血脉之中，外化为和亲、朝贡、羁縻等制度建构，并通过亲仁善邻、协和万邦等具体行为去践行。

在中国历史上，历代王朝一直秉持“协和万邦”“亲仁善邻”的和平理念，用道德教化的和平手段去使远近归服，而不是进行对外征服和扩张。在鸦片战争之前两千多年的时间里，中国一直是世界上最强大的国家，却从来不称霸，没有出现过军国主义思想，也没有对他国进行殖民统治的记载。即便是在鸦片战争以来中国不断遭受西方列强侵略的境况下，中国人民也从未放弃对和平的追求。历史上，中原王朝与周边民族、周边国家之间虽然有战争，但多数是不得已而为之的“义战”：或是反对外来侵略的自卫性战争，或是为了维护祖国统一的战争，或是作为宗主国援助藩属国以维持东亚秩序的战争。

中国极少出现以对其他国家和民族进行掠夺为目的的征伐。民国初年，北京大学教授辜鸿铭先生对中西文化战争观的不同进行过阐释，他说：“的确，在中国是存在战争的，不过自从两千五百多年以前孔子的时代开始，我们中国人就没有发生过像今天在欧洲所看到的那种军国主义。在中国，战争是一种意外事故（accident），可是在欧洲，战争则是一种必需（necessity）。我们中国人是会打仗的，但是我们并不生活在战争渴望之中。实际上，在我看来，欧洲国家最不能让人容忍的一件事，并不在于他们有如此多的战争，而在于他们每个人都担心其邻居一旦强大到一定程度，就要来抢夺他和谋害他。因此，他自己便赶紧武装起来或者雇用一个武装警察来保护他，这样，压在欧洲人民身上的便不是如此多的战争，而是不断地武装自己的需要，一种必须利用物质力量来保护他们自己的绝对的需要。”①

秦及以后的历代中原王朝与周边民族、国家交往时，大多采取“来则捍御，去则不追”的防御性政策，对周边民族和国家的战争，只是为了消除外来威胁而已，很少去主动进攻。中国北方大型军事防御工程——长城的修建，就是这一思想的体现。长城在中国前后延续两千多年，为历代中原王朝所认同，反映了中原王朝在军事战略指导思想上偏爱防御的特点。除了自卫防御以外，中原王朝还经常通过和亲、会盟等和平方式来解决争端，化干戈为玉帛。在战争取胜以后，也没有采取将其部族变为奴隶一类的做法。在对边疆民族地区的管理上，通常遵循“因俗而治”的怀柔思想，采取不同于内地的治理办法，实行羁縻统治，既尊重少数民族的风俗习惯，保持了民族地区的相对安定，又维护了多民族国家的统一局面。历代王朝注重发展与周边民族和国家的朝贡关系，通过封赐—朝贡的方式，建立一种有等级而又和平的国际关系体系，长期维持了东亚地区的和平与稳定。

在中外交流史上，我们看到的是中原王朝与周边民族和国家的友好交流往来，深切感受到的是中国文化的和平主义精神。西汉时期，张骞出使西域，开辟了通往西域的丝绸之路，建立了与西域诸国稳定而广泛的联系，双方政治、经济、文化交流和人员往来密切。东汉时期，班超再通西域，恢复了中原与西域的友好关系，稳定了北部和西北边疆的局势。唐朝时期，与中国通使交好的有70多个国家和地区，

① 辜鸿铭：《中国人的精神》（双语图文版），黄兴涛、宋小庆译，古吴轩出版社，2009，第18页。

来自各国的使臣、商人、留学生、学者、僧人汇聚于长安，场面蔚为壮观。明朝时期，郑和先后七次远洋航行，足迹遍布亚非30多个国家和地区。远航期间，郑和船队始终奉行“共享太平之福”的和平理念，与沿途各国友好交往，在史书中留下了许多佳话。

五、和平理念的当代价值

放眼世界，和平与发展已经成为时代主题，促和平、求稳定、谋发展是全世界人民共同的愿望和诉求。但是当今世界并不太平，各种局部战争和冲突依然层出不穷，恐怖主义此起彼伏，许多奉行强权政治、霸权主义的西方大国凭借强大的实力，不断侵略扩张，侵犯他国主权，干涉他国内政，使世界和平面临着前所未有的严峻挑战。在此形势下，世界各个国家、民族、文明之间该如何化解冲突、和平共处，是需要重新思考的问题。中华文明中“和为贵”“和而不同”等理念，强调要尊重异己，在多样中求统一，在差异中求和谐，可以为构建不同国家、民族、文明之间和谐相处的新秩序提供借鉴。

今天，中国的复兴和崛起已经成为一个世界性的话题。随着中国的崛起，许多西方国家大肆渲染“中国威胁论”，企图遏制中国发展。马来西亚总理马哈蒂尔在第七届世界华商大会开幕式上的讲话就是对此最好的回应，他说：“我们并不担心中国变成军事强国，把我们吞并，因为这不是中国的传统。”“马来西亚的体验是，欧洲人跋涉8000英里的路程来征服我们，对我们实行殖民统治。中国离我们非常近，但中国并没有攻打我们，也没有对我们实行殖民统治。”[①]大量事实证明，中国过去没有称霸，强大之后，也不会称霸。春秋战国时期就已经形成的“亲仁善邻”“协和万

---

① 中共中央党校国际战略研究所编：《中国和平崛起新道路》，中共中央党校出版社，2004，第405页。

邦”“和而不同”等和平理念，经过两千多年的理论丰富与实践完善，已经成为中国政治文化的基因。无论何时，中国都将秉持和平理念来发展与其他国家的关系。

两千多年前，丝绸之路的开辟促进了东西方国家之间的友好往来和经济文化交流。六百多年前，郑和率船队先后七次远洋航行，与所到国家和地区展开和平交往，播撒下和平的种子。当今中国推行“一带一路”倡议，给沿线国家和地区带去的是发展的新机遇，为世界和平奠定了更加坚实的基础。习近平总书记提出的“人类命运共同体”理念，更是契合了当今世界人民对和平、发展的强烈需求，为解决当前人们面临的诸多现实问题，构建新的更加公正合理的国际体系和秩序，实现人类社会的持久和平，提供了中国智慧。毫无疑问，中国的和平理念，如果能为世界上更多的人和国家所领悟，所践行，必将成为维护世界和平的重要力量。如西方哲学家罗素所言：“中国人摸索出的生活方式已沿袭数千年，若能够被全世界采纳，地球上肯定会比现在有更多的欢乐祥和。”[①]

① 罗素：《中国问题》，秦悦译，学林出版社，1996，第7页。

第一章 先秦时期和平理念的形成

中国是世界和平文化的发祥地之一，追求和谐、爱好和平，是中国文化精神的重要组成部分，而先秦时期则是中国和平理念与和平文化形成的关键时期。

商周时期的《周易》《尚书》等典籍中，已出现“协和万邦”“保合太和”等词语概念。《周易·系辞》中的“一阴一阳之谓道”，更是呈现了和谐思想的丰富意蕴，其核心宗旨在于，世界万事万物都有阴阳对立统一的两个方面，将两个方面结合起来，就可以发现宇宙发展演变的基本规律和奥秘。此种思想观念可谓中华“和合”文化思想的源头。

至春秋战国时代，“道术将为天下裂”，王官之学转向诸子之学，于是诸子百家中的儒家、墨家、道家、兵家等纷纷提出自己拯救社会的药方，这更为中国的和平文化提供了宝贵的思想资源。

儒家思想可谓一种秩序的和平论。儒家基本秉持人性本善的观念，旨在建立起一种和谐的社会秩序。所以，贵和、崇和、尚和是儒家思想的核心特质，大同社会成为儒家的终极理想，而仁本与礼治则是实现这种大同理想的根本途径。我们从孔子、孟子和荀子三位儒家大师的著作中，可以明确感受到那种人与人友善交往、国与国和平相处乃至君子自身修齐治平的和平主义理想。从军事思想看，孔子基于仁学的去兵观念、孟子基于仁政对战争的鞭挞、荀子在王霸兼容的思想指导下对天下一统的追求，都表现出儒家深刻的和平主义理念。

道家思想是一种取法自然的和平论。道家所坚持的基本文化精神是自然和无为，秉承的根本原则是“去甚，去奢，去泰”，这就为限制战争中人们过分的贪求和无限暴力提供了依据。另外，道家思想还是一种守弱哲学，即特别重视“柔”“弱”“贱”“无”的一面。这在战争过程中，对化解和削弱战争暴力也具有重大意义。更重要的是，道家之“道”在本质上是宇宙的根源、真理、本体，将其落实于战争领域，它便统揽了一切，同时也无限开阔了兵家的眼界。这当是道家和平思想最深厚的理论根基。

墨家思想可谓一种行动的和平论。墨子代表的是下层民众的利益，一生都在为广大劳动人民奔走呼号。他痛恨以强凌弱、以大欺小的社会不公，主张兼爱与非攻。兼爱是一种大同理想，非攻则是中国正义战争及和平思想的先声。为了实现这一目标，墨家创立了立足现实的中国古代积极防御理论（救守），同时又以扶弱抑强、伸张正义、死不旋踵的墨家学派组织作为核心力量，所以墨家的和平理论是有较强的现实基础的。

兵家思想是一种现实理性的和平论。兵家在战争问题上持高度冷静、清醒的现实主义态度，既承认战争的客观存在和历史作用，同时又对战争暴力及其巨大危害具有深刻的认识。因而，兵圣孙子提出了战争指导的最高理想境界：“是故百战百胜，非善之善者也；不战而屈人之兵，善之善者也。”它意味着，真正的战略不是交战双方打个头破血流，不是要斗个你死我活，而是用巧妙、智慧的方式不战而实现全胜。这反映了中国兵学迥异于西方的超越战争、超越暴力的和平理念，而此种理念，又立足于中国和合价值观的肥沃土壤之中，因而具有强大的生命力。

一、《易经》的“保合太和”

中国五千年文明史的核心和本质是象征着祥和与安宁的农耕文明。不难想象，以“日出而作，日落而息”为主要生产和生活方式的农耕先民是最不喜欢战争的，因为战争对他们而言，意味着毁灭和破坏，不能带来任何财富与利益。所以，早在远古时期，中华先民就有了关于和平的思想萌芽。《汉书·武五子传》记载：“是以仓颉作书，‘止’‘戈’为‘武’。圣人以武禁暴整乱，止息干戈，非以为残而兴纵之也。”[①]这里的“止戈为武”无疑有着深刻的辩证哲理。《说文解字》中讲：“夫武，定功戢兵。故止戈为武。”其意思是以武力实现最终的和平。这一思想内涵既是中国古代战争观的核心内容，也是中华民族和平观的集中体现。

值得注意的是，中华民族的和平理念古已有之，源远流长。它既内藏于中华先民的灵魂深处，也外显于先秦时期的各类典籍之中，其中，《周易》作为中华文化的母体当是反映这种和平理念的最早的典籍之一。

1.《易经》中的“和平”概念及和谐理念

中国古代关于“和平理念”的最早阐述，当是来源于《周易·咸卦》的《彖传》：“天地感而万物化生，圣人感人心而天下和平。观其所感，而天地万物之情可见矣。”《周易正义》对此解释说：“圣人设教，感动人心，使变恶从善，然后天下和平。”[②]

《周易》中为什么会有这种和平理念呢？它既是中华文明长期自然演进的结果，也是中华先民达到价值自觉时的一种理论表达。众所周知，中国早期文明典籍中有“三易”之说，即除《周易》

---

① 班固：《汉书·武五子传》，中华书局，1962，第2771页。
② 孔颖达：《周易正义》，余培德点校，九州出版社，2004，第190页。

外，还有《连山》和《归藏》，三者总称为“三易”，被视为广义上的《易经》。从历史的发展视角看，《连山》《归藏》属上古之“易”，《周易》属中古之“易”，此外还有《易传》，属于近古之“易”。从伏羲、黄帝到文王、周公，然后再到老子、孔子，他们是“三易”演进的主要贡献者和推动者。

如果我们把“三易”的发展看作一个连续演进的历史过程，那么《周易》则是这个过程的一个高峰点。因为从《周易》的基本内容来看，其对自然宇宙的生命力及本体性、刚健性、和谐性、创造性有了更深刻的体验与总结，而有了这种体验和总结，先人才能在这一时期创造出更加灿烂的文化，也才能在社会组织、政治制度、发明创造等领域有丰富多彩的文明建树和成就。

对于上述历史过程，《周易·系辞下》中有这样的形象阐释：“古者包牺氏之王天下也，仰则观象于天，俯则观法于地，观鸟兽之文，与地之宜，近取诸身，远取诸物，于是始作八卦，以通神明之德，以类万物之情。”从古人的这段描述中，我们可以领悟到宇宙创化的根本原理是对立统一与对偶配合，也就是所谓的“乾坤定位”“阴阳氤氲”“万物化生”。在《周易·说卦》中，作者又在此基础上进行了总结：“观变于阴阳而立卦，发挥于刚柔而生爻，和顺于道德而理于义，穷理尽性以至于命。”其中的“观变于阴阳”本身就蕴含着内在的和平结构或和平理念。

具体而言，“易道”是广大、悉备、精微的，而其最精微之处莫过于对阴阳变化原理的探究，也就是研究阴阳如何因对立而展现差异，如何因差异而展开互动，又如何在互动中达成和谐。这正是《易经》哲学的独特之处，它要从阴阳相冲相和中观察事物，发现规律，正如《周易·系辞上》所言：“一阴一阳之谓道，继之者善也，成之者性也。”

另外，在宇宙事物的阴阳对立变化中，也有因偏阴或偏阳造成结构失衡的情况，甚至于可能因不“继”不“成”而造成天地之道“几乎息矣”，然而，懂得顺应变化的人最终还是能悉通阴阳之理，如《周易·系辞下》有云：“《易》之为书也，不可远，为道也屡迁，变动不居，周流六虚，上下无常，刚柔相易，不可为典要，唯变所适。”

当然，最关键的还是要在变化中把握“太极”“太和”，进而把握“阴阳”“中和”，也就是既要从整体上把握协调与平衡，又要从具体中把握变化与发展，或者说是要在矛盾冲突中不断协调、调和。

可见，在易学思维中，它非常重视“和”的概念。《周易·乾卦》的《彖传》云：“乾道变化，各正性命。保合大和，乃利贞。”在此基础上，它既重视事物对立矛盾的普遍性，也认识到事物对立矛盾之品状及其蕴含的微妙的相和因素，它要在对立冲突中来认识和把握“和”，进而寻求和实现“和”。同时，《周易》的所谓“中和”又是一种动态的概念，它要不断地“由中而和”“由和而中”，如此就在对立与平衡中找到了事物赖以立足的自然基础，“和”也就成为人生与宇宙的本体观念。

值得注意的是，《易经》哲学对于宇宙万物变化的描述，既是人类日常生活的经验总结和反思，也是人类心灵深层次的创造性活动。所以，圣人因感悟宇宙本体之“和”而动于心，并由此深省、体悟而知人性之“和”与人类之“和”。此即所谓“天地感而万物化生，圣人感人心而天下和平”。这是一种天、地、人之间的良性循环互动，天、地交感而有了万物化生，圣人与百姓交感而有了天下和平。

“天下”这个概念是从西周开始强化突出的，标志着当时诸邦国之间的交往日益密切，交往的范围也逐步扩大。西周时期，许多政治事件已经突破了原先邦国的界限，由“邦”到“多邦”，再到“大邦”，进而有“天下”和“天下和平”。如此一来，“天下”这样的思想真正进入人们的视野之中，“天下和平”这样的概念也真正在邦国联盟的意义上建立起来。比如，周成王临终之时，曾以书面形式“册命”继位的康王曰：“命汝嗣训，临君周邦，率循大卞，燮和天下，用答扬文武之光训。”[①]这就是《周易·乾卦》的《彖传》的“保合大和，乃利贞。首出庶物，万国咸宁”，也是《周易·坤卦》的《彖传》的“坤厚载物，德合无疆。含弘光大，品物咸亨”。

2.《易经》中“和谐”理念的三个层次

《周易》所倡导的和谐理念，有三层基本意思：其一是人与自然的和谐，即古人所讲的“天人合一”思想；其二是人际关系的和谐，包括人与人的和谐及人与社会的和谐；其三是人自身心灵的和谐，即人的精神追求和精神境界的和谐。

在中国思想史上，天人关系一直是重要的理论问题，而《周易》是其重要的思想源头。它的基本理念是，人与天地万物是一个统一的整体，人是自然的一部分，所以人应该认识和学会协调人与自然的关系，即协调好人道与天道的关系。

《周易·系辞下》有云：“《易》之为书也，广大悉备。有天道焉，有人道焉，有地道焉。兼三才而两之，故六。六者非它也，三材之道也。”同时，《周易》强调，人要通过认识和体察天道变化的规律以指导人类活动和人类社会发展，《周易·说卦》云：“是以立天之道曰阴与阳，立地之道曰柔与刚，立人之道曰仁与义。”古人把“天尊地卑”作为世界变化的基本规律，谁才能真正认识和把握好这一规律呢？《周易·系辞上》曰：“是故天生神物，圣人则之；天地变化，圣人效之；天垂象，见吉凶，圣人象之；河出图，洛出书，圣人则之。”也就是说，只有圣人才能与天地感应，

---

① 王世舜、王翠叶译注：《尚书·周书·顾命》，中华书局，2012，第311页。

预见吉凶，顺天而行。最后，圣人效仿自然的最高层次就是和谐境界，“与天地合其德，与日月合其明，与四时合其序，与鬼神合其吉凶”①。

人与人的和谐可以理解为人类个体之间的一种相互调适的状态，也就是一种个体之间的非暴力对抗状态。这其中，最核心的思想在于求同存异，如《周易·同人卦》的《象传》主张的“君子以类族辨物”，就是强调在认识和辨别事物时要审异求同；《周易·睽卦》的《象传》主张的“君子以同而异”，则是强调在事物的处理上要重视大同，不要过于计较小异。总之，无论是《同人卦》的“和同”还是《睽卦》的“合睽”，都是强调在求同存异的基础上推动人际关系的和谐。这与儒家主张的“和而不同”思想是完全一致的。当然，在社会现实中，人与人之间的关系并非总是呈现为相互调适的良好状态，而是不断呈现为矛盾和冲突状态（这是常态），《周易》中的《讼卦》即是针对这一现象产生的。但是该卦的核心不是教人如何去争讼，而是教人如何去化解“讼”，而且是以不争讼为理想状态。另外，《周易·讼卦》的《象传》还提出了防“讼”于未萌的观点，即“君子以作事谋始”，重视对人们之间矛盾和冲突的提前化解。这些无疑都是古人追求和谐、和平的认知基础。

人与社会的和谐也是《周易》提倡的重要内容。如对于家庭的和谐，《周易·家人卦》的《彖传》强调说：“女正位乎内，男正位乎外；男女正，天地之大义也。”其传达出的是，女主内要有温柔顺从的品德，男主外要有治国平天下的品德；男女得其正当之位，这是天经地义的大道理。唯如此，一个家庭方能获得吉祥。在家庭和谐的基础上，《周易》更重视尊卑贵贱的社会秩序，《周易·系辞上》开头前两句话就是：“天尊地卑，乾坤定矣。卑高以

---

① 杨天才、张善文译注：《周易·乾卦》，中华书局，2011，第24页。

陈，贵贱位矣。”天、乾是阳刚，地、坤是柔顺，它们的关系象征君臣、父子、夫妇的关系，二者如果相应就意味着吉祥，如果相敌就意味着灾凶，最终目的在于追求社会秩序的稳定。《周易·系辞下》云：“夫乾，天下之至健也，德行恒易以知险。夫坤，天下之至顺也，德行恒简以知阻。”

当然，人是家庭中的人和社会中的人，要维护好家庭的和谐与社会的和谐，每个人都需要加强自身的修养，保持自己心灵的健康，进而努力维护好与他人、与社会的正常、有序联系。如《周易·乾卦》的《象传》有云：“天行健，君子以自强不息。”《周易·坤卦》的《象传》则云：“地势坤，君子以厚德载物。”这就告诉人们既要像天一样具有刚健进取、奋发有为的品德，又要像地一样具有负载万物、宽容敦厚的品德。这样的品德引申到统治秩序中，还要以忠信为本，如《周易·乾卦》的《文言传》说：“君子进德修业。忠信，所以进德也。修辞立其诚，所以居业也。”

那么，什么是忠信呢？“忠信”是一个人淳朴真诚的内在品质，而“修辞立其诚”是它的外在表现。这是执政者维护社会秩序的基本素质，也是每个人适应社会秩序的基本素质。《周易·中孚卦》卦辞有云：“中孚：豚鱼，吉。利涉大川，利贞。”就是说，“中孚”象征着诚信，如果连猪和鱼这样的动物都感受到并相信它，还有什么人不相信它，还有什么东西会不为之感动呢？因此，每个人都要有忠信之德，都要讲诚信，只有如此，才能吉祥如意、事事顺通，没有什么困难不能克服。

另外，《周易》还告诉人们，要讲好诚信，还必须怀谦虚之德，要能虚心接受别人的意见。《周易·谦卦》的《象传》谈到：“地中有山，谦。君子以裒多益寡，称物平施。”这里的寓意非常深刻而美好，就是说，为人谦虚不仅要保持自己内心的平和，还在于更多地让他人受益，以有余而补不足，才能维持大多数人内心的平衡。由此可见，“裒多益寡，称物平施”乃“谦”的本质，其中已经蕴含着不偏不倚、无过无不及的中庸之道，它以“中”为最高原则，非亏非盈，“允执其中”，使心灵的和谐达到最佳状态，并以此促进人与人及人与社会之间关系的长期稳定。

最后的问题是，个人维护良好关系与社会秩序的道德修养如何才能具备呢？《周易 · 乾卦》的《文言传》有云：“君子以成德为行，日可见之行也。”可见，成德要落实于实践之中。这也与后来王阳明所讲的“知行合一”是一致的，道德仅仅表现在口头上是没有意义的。《周易 · 乾卦》的《文言传》还强调，一个人的德行是后天努力的结果，要永无止境地进德修业：“君子学以聚之，问以辩之，宽以居之，仁以行之。”这意味着，一个人的美好品德要经过各方面的修养锻炼而来，且不能满足于一时，要“终日乾乾，与时偕行”。

另外，后世学者之所以主张《周易》《中庸》并称，或者把《中庸》视为解释《周易》之作，是因为二者都非常强调“和”，而且都强调把社会的和谐立足于人的心性和情感，乃至立足于人的精神修养和人格境界。这些方面的内容，《周易》的有关论述无需再言，而《中庸》“致中和”之说亦明确而深刻，其首章便言：“喜怒哀乐之未发，谓之中；发而皆中节，谓之和。中也者，天下之大本也；和也者，天下之达道也。致中和，天地位焉，万物育焉。”

3.《易经》中的军事和平之意

在《周易》六十四卦的卦辞和爻辞中，有着丰富的军事思想，尤其是在《师卦》的爻辞中，较为详细地阐述了战时用兵的一些基本原则，并且也有许多和平理念和思想蕴藏其中。

《周易 · 师卦》开篇第一句云：“师：贞丈人吉，无咎。”这里的“师”代表军队或作战，“贞”就是占卜，“丈人”就是老成持重、有德行的人作统帅，“吉”就是顺利、成功。此卦揭示了战争“以德用兵”的基本原则，同时也体现了文明之师在战争中的基本道德和规范要求。《彖传》对此卦辞的解释是："师，众也。贞，正也。能以众正，可以王矣。刚中而应，行险而顺，以此毒天下，而民从之，吉又何咎矣。"意思是说：率领一支军队去作战，其前提和基础在于"正"。战争性质的正义与否，直接关系到士兵和百姓是否会拥护。能使军队坚守正义，就可以做君王了，进而可以治理天下，民众便会纷纷顺而从之。

《师卦》"初六"的爻辞："师出以律，否藏凶。"《象传》曰："'师出以律'，失律凶也。"初六是《师卦》的第一爻，特别强调纪律在作战中的重要性。因为在出发作战的开始阶段，约束士兵、防止士兵溃散最重要，所以必须用严格的军纪约束将士，否则将处处都是凶险。极力规避战争中的各种凶险，也是《周易》和平思想的重要内涵。

《师卦》"九二"的爻辞："在师中吉，无咎。王三锡命。"《象传》曰："'在师中吉'，承天宠也。'王三锡命'，怀万邦也。"九二是这一卦中唯一的阳爻，位居下卦的中位，象征主帅有"刚毅中庸"的品德，如此就不会有过于偏激的作战计划，战争过程和结果自然也会吉祥顺利，不会有因将帅过失造成的严重灾祸。另外，九二的爻象又与居尊位的六五阴阳相应，象征将帅得到君主的宠信，君将关系和谐，这也是战争胜利的基础。至于《象传》中所说的"怀万邦也"，更是引申出了诸侯国万邦信服的和平之意。

《师卦》"六三"的爻辞："师或舆尸，凶。"《象传》曰："'师或舆尸'，大无功也。"六三的爻象居下卦的上端，其位不得"中"，阴爻居阳位（三爻奇数为阳），又不得"正"，象征将领的行为偏激，刚愎自用，如此必然造成战争失败的严重后果，以至于死亡士卒的尸体要成车搬运，相当凶险。《象传》中所说的"大无功也"也是指将帅狂妄用兵，结果却造成了兵凶将危的严重后果。这一爻直指战争造成的灾难和凶险，警示将帅莫要好大喜功，喻示战争中的慎战思想，使和平思想更加凸显。

《师卦》"六四"的爻辞："师左次，无咎。"《象传》曰："'左次无咎'，未失常也。"在古代战争中，将帅部署用兵的一个基本原则是右背高，即低地在军队部署的左前方，高地在军队部署的右后方，如此可以较好地利用地势，依托高地，进行出击或防守。六四的爻象阴柔，又不在中位，但阴爻居偶数位，这象征着将帅能够摆正自己的位置，并依托地形取得有利的主动地位，不至于因轻举妄动而失败。这是战争实践中"中庸"思想的体现，也有象征吉祥的和平意蕴。

《师卦》"六五"的爻辞："田有禽。利执言，无咎。长子帅师，弟子舆尸，贞凶。"《象传》曰："'长子帅师'，以中行也。'弟子舆尸'，使不当也。"六五的爻象居上卦的中央位置，象征至尊的君位。爻辞的基本内容是，当要夺取战争的胜利之时（田有禽象征前方有战利品），君主就应用人不疑、说话算数，既然已经把战争的指挥权交给了刚正年长德劭者，就应该充分地信任他，让他率师作战，否则，任命无德小人去领兵，必将得到"以车载尸"的凶险结局。这里仍然体现出尽力规避战争凶险的和平意蕴。

《师卦》"上六"的爻辞："大君有命，开国承家，小人勿用。"《象传》曰："'大君有命'，以正功也。'小人勿用'，必乱邦也。"上六是《师卦》的最后一爻，象征战争结束后，君主要巩固统治、维护正常秩序，其关键在于公平公正，用好中正的贤人，规避奸邪的小人。对此，《象传》的解释更加明确，君王颁布命令，必须坚持公正，论功行赏，同时还要警惕一些小人投机钻营，因为小人一旦得势，必定造成国家混乱。这一爻显然在说明战后和平、良好社会秩序的维护问题。

除师卦之外，《周易》中的其他卦辞也蕴含着许多和平思想，大概可以分为三个主要方面：

其一，主张国家之间应和睦相处，反对恃强凌弱。这种和平思想主要体现在《兑卦》之中。比如，《兑卦》"初九"的爻辞："和兑，吉。"意思就是，国家之间和睦相处，才能吉祥。"九二"爻辞："孚兑，吉，悔亡。"意思是，国家之间以诚相待就吉祥，反之就会灭亡。"六三"爻辞："来兑，凶。"就是说，如果穷兵黩武去侵略别人，强迫别人服从自己，就会得到凶险的结果。

其二，强调师出有名，要坚持自卫性质的防御作战。比如，《谦卦》"上六"爻辞："鸣谦，利用行师征邑国。"意思是，谦虚的美德声名远扬，利于出兵作战，征讨那些不服的邑地或抵御来犯之敌。《蒙卦》"上九"爻辞："击蒙，不利为寇，利御寇。"这里包含两层意思：一是在用责罚的方式启发蒙昧时，措施要适中、适当，否则就会激化矛盾，使双方成为仇寇；二是不能主动去攻击别人，只有防御防守才有利，有人来攻击，他必败，所以要安静不动，积极防御。很明显，此两种含义均有避免矛盾与战争，主动求取和平之意。

其三，主张保持战争戒备状态。任何时候都要谨慎待敌，提高警惕，不打无把握之仗，不打无准备之仗，这是最基本的战争理论。对此，《周易》有多处反映。如《复卦》"上六"爻辞说："迷复，凶，有灾眚。用行师，终有大败；以其国，君凶，至于十年不克征。"这是说，如果行军因不熟悉地形而迷路，就会招致大败，因此要早做准备，不能让凶险持续。再如，《夬卦》"九二"爻辞说："惕号，莫夜有戎，勿恤。"意思是说要时刻警惕，防止敌人来偷袭，也是言剪除邪恶不是一件容易的事情，要有忧患意识，早做防备，防患于未然。还有，《同人卦》卦辞曰："同人于野，亨。利涉大川。利君子贞。"直接的意思是，在郊外聚集众人，吉利，有利于渡过大江大河，这是对君子有利的征兆。引申来理解，亦是早做防范、做好备战的意思，尽可能避免战争的凶险。

需要强调的是，《周易·序卦》中讲："师者，众也。众必有所比，故受之以《比》。""师"指的是军旅与战争，"比"是讲邦邻与和平（甲骨文中的“比”字，看起来像两人比肩而行的样子，直接的意思是互相辅助，引申表达的就是亲比、结盟的意思）。古人强调，战争为国家大事，但也是人类凶事，故紧接着《师卦》的就是《比卦》，意味着战争之后，定会迎来团结与和平，而且合约缔结之后，双方的实力都会有所积蓄，故《比卦》之后为《小畜卦》。再者，《比卦》卦辞中还谈到：“比：吉。原筮，元永贞，无咎。不宁方来，后夫凶。”这言明了，双方以合作取代对抗，总是好事，双方都能获得吉祥，也最终能够迎来和平。

综上所述，《易经》中关于和谐理念及和平思想的论述是十分丰富的，也是多层次、多视角的，它实际上代表了中国古代和平思想的发轫与萌生，也可以说是奠定了中国和谐社会的思想基础。

二、儒家的贵和与大同

儒家最大的贡献在于为历代统治秩序的建立和稳定提供了思想理论基础，而其最主要的途径在于，通过仁道、礼治、修身等德性手段，实现和合天下的最终目标，因此“贵和”与“大同”是儒家重要的思想取向之一。

孔子在春秋末期礼崩乐坏的形势下，从治国理政的基本思路出发，提出“礼之用，和为贵”的重要思想，其目的在于恢复周朝的“礼治”局面。因此，在战争暴力问题上，孔子虽然在“仁”的理想层面否定战争的作用，但在“礼”的现实层面又主张慎战和备战。这是一种基于现实的和平主义理念。

孟子在战国时代“天下溺”及列国纷争的形势下，基于其“仁政”的美好理想，对战争暴力表现出了强烈的批判态度，并主张通过以民本为基础的“王道政治”代替战争暴力的“霸道政治”，以实现天下一统的和平局面。

荀子较孔子和孟子具有更理性的现实主义态度，他承认战争和兵家谋略的作用，主张通过王霸并用、礼法兼容的手段实现天下统一。荀子强调“礼”是保证国家治理和维持社会秩序的根本大纲，仁义之兵是取得战争胜利的根本性力量。这仍然是一种和平主义的战争观。

总之，儒家思想是一种典型的道德主义和平理念。它立足于人性本善的乐观主义态度，相信人与人之间具有和睦共处的本性诉求和心理愿望。因此，当国家或集团之间不得已而发生争端或矛盾冲突的时候，儒家相信道德有着巨大力量，主张通过人的修身与自省，用互助、诚信的手段取代战争暴力，进而实现“四海一家”的天下大同理想。

1. 贵和与大同是儒家思想的核心价值观

和谐理念是儒家最基本的思想观念，大同社会是儒家追求的终极目标，二者相辅相成，在儒家思想体系中具有重要地位。整体来看，贵和与大同可以分为以下三个基本层次：

其一，天人合一观念下的宇宙和谐。在很多人看来，儒家是不太注重研究宇宙问题的，天人合一主要是道家的思想观念，事实上，这一看法是有失公允的，儒家也在追求一种和谐的宇宙秩序，天人合一同样也是儒家追求的理想境界。德国著名社会学家、政治学家、经济学家、哲学家马克斯·韦伯曾认为，儒家对宇宙和谐的提倡当是一种秩序的理性主义，儒家的唯一终极目的就是实现社会的和谐——宇宙和谐在人世间的影子。

从儒家经典记载的相关内容看，儒家先人们在论述自己的思想主张时，也确实经常以宇宙和谐为借鉴和依据。

《论语·子罕》有言：“子在川上，曰：‘逝者如斯夫！不舍昼夜。’”这可谓孔子的宇宙观，比喻一切事物都在不断流动和变化之中，这与西方哲学家赫拉克利特“一切皆流”的观点是相通的。

在孟子的思想体系中，天有三种含义：自然之天、道德之天和命运之天。与其对应的有三种气：自然之气、道德之气和命运之气。而孟子重点讲的“浩然之气”就是道德之气，它建立在自然之气（载体）的基础之上，具体有两种培养途径：一种途径是直养而无害（即按照四大善端认识和处理事物），另一种途径是集义而养气。最终，作为人之大丈夫的浩然之气既是人的旺盛生命力的集中体现，也是宇宙伟大生命力的最高体现。

荀子对于宇宙与人生和谐的问题论述得更为明确。他一方面强调天地有自己的自然规律，如《荀子·天论》所讲："天行有常，不为尧存，不为桀亡。"另一方面，他又认为人应该积极地利用自然和改造自然，如《荀子·天论》说："从天而颂之，孰与制天命而用之？"在万物和谐方面，荀子也有集中论述，如《荀子·王制》中强调对自然界的一切草木禽兽都不能随意砍伐或捕杀，不能断绝它们的生长，要做到"万物皆得其宜，六畜皆得其长"，最终的结果要使"群生"（包括人在内）都能够繁衍生长。

儒家经典之一的《礼记·乐记》有云："乐者，天地之和也；礼者，天地之序也。和，故百物皆化；序，故群物皆别。"这是以儒家六经的"乐"和"礼"来比喻天地宇宙的和谐问题，其实也是在谈论人类艺术与自然艺术的统一。《礼记·乐记》中还有直接关于"和平"一词的记载："故乐行而伦清，耳目聪明，血气和平，移风易俗，天下皆宁。"在古人看来，优美动听的音乐不仅使身体得到享受，而且能够调节人的身心，缓和人内心的矛盾和痛苦，并由此起到教化民众、推动社会和谐的作用。作者在这里讲到音乐流行的最终效果是"天下皆宁"，也确实发人深思。

再看《中庸》中对宇宙和谐的记载和论述。《中庸》的第一章明确讲："中也者，天下之大本也；和也者，天下之达道也。致中和，天地位焉，万物育焉。"这就是说，"中"是天下一切道理的最大根本所在，"和"是天下一切事物最普遍的规律，二者结合起来，天地万物就找到了它的秩序，万物在这种有机的秩序中得以生长发育。这一思想引申到人伦和社会领域，又是一个自然适度的问题，如果人人不偏激、不极端，则有利于人世间的和谐与安宁。

再如《中庸》第三十章讲道："万物并育而不相害，道并行而不相悖。小德川流，大德敦化。此天地之所以为大也。"这里更明确地阐释了"和"的内在本质与伟大价值，也揭示了天地的宽容与博大。所谓大德教化苍生，这种天地之大德对人类而言不正是深刻的启示吗？尤其是所谓的"万物并育而不相害，道并行而不相悖"，不就是今日"和衷共济"的理论根基吗？

其二，家国政治观念下的社会和谐。家国政治是儒家思想的主体内容，也是其对中国古代思想和文化的最大贡献。它立足于人伦亲情，提倡从家庭长幼次序到社会秩序管理，再到国家天下治理的统治模式，而这种政权或政治模式的核心正在于"和谐"二字。

儒家关于家庭和谐的论述，重点在于"孝悌"二字。"孝"是指报答父母的养育之恩，"悌"是指兄弟姊妹之间的友爱。这其中，"父慈子孝"是最基本的伦理要求，且二者之间是双向的，本质是要求顺畅和谐的。孝悌的根本价值不仅在于促进家庭和谐，更在于教导人们关爱他人，与人为善，效忠国家，进而推动整个社会的和谐。《论语·学而》有云："君子务本，本立而道生。孝弟也者，其为仁之本与！"

儒家的德性思想正是在这种家国政治中发展起来并发挥作用的。儒家强调以德服人，把"和"作为德之最大者，进而要求政治精英或知识精英以道德力量领导整个小邦社会，并达成整个社会的和谐。

《尚书·虞书·尧典》中讲："克明俊德，以亲九族。九族既睦，平章百姓。百姓昭明，协和万邦。黎民于变时雍。"这是对家国政治内在逻辑的最基本阐述。

《论语·季氏》有云："盖均无贫，和无寡，安无倾。夫如是，故远人不服，则修文德以来之。既来之，则安之。"这是将社会公正视为人类和谐的基础，并将它作为华夏文明的根基来进一步阐释。

《孟子·梁惠王上》言："老吾老，以及人之老；幼吾幼，以及人之幼，天下可运于掌。"孟子是儒家思想中的激进者，他对民本思想的推崇、对王道政治之下"四海一家"的美好秩序的向往，将儒家的家国政治推向了高峰。

值得注意的是，儒家对家国政治和谐的追求是建立在利他和宽容的基础之上的，如《论语·雍也》讲："夫仁者，己欲立而立人，己欲达而达人。"《孟子·公孙丑上》则云："故君子莫大乎与人为善。"在这种利他的逻辑之下，儒家又表现出在社会治理和实现天下安定中的宽容态度，如《论语·子路》云："君子和而不同，小人同而不和。"将"和而不同"作为君子区别于小人的重要标准和基本要求，正是儒家追求社会和谐的非常重要的价值取向。"和"并不是要求趋同和一致，否定和抹杀人类及事物之间的各种差异，而是要在充分尊重差异的基础上，人各遂其性，物各得其所，彼此关联而存在，万物并存而成长，世界相融而安宁。此种"和"高于"同"的重要理念，对于今日人类及世界和平而言，无疑是十分重要的借鉴和启示。

其三，天下大同观念下的世界和谐。中国人很早就有自己的天下观，儒家习惯上称世界为"天下"，称天下之人为"兄弟"。这种"四海之内皆兄弟也"的天下观念，没有强烈的边界意识，而是有着充分的开放性和包容性，因此对建立和谐的世界秩序具有重要的意义。同时，这种天下观与儒家的大同理想又是密切联系在一起的，从仁和天下，到天下为公，再到实现天下大同，这是儒家政治思想的一个基本逻辑。

儒家的大同思想最早是与王道政治联系在一起的，《尚书·周书·洪范》有云："无偏无党，王道荡荡；无党无偏，王道平平；无反无侧，王道正直。"《诗经》中的《伐檀》《硕鼠》等篇章，也反映出下层百姓对上层剥削者的怨恨及对王道政治的美好向往。

儒家提出的“大道之行，天下为公”的口号，最早见于《孔子家语·礼运》（亦见于《礼记·礼运》），实际彰显了儒家对大同理想社会的根本追求。同时，孔子还提出“均无贫”的主张。《论语·季氏》载曰：“丘也闻有国有家者，不患寡而患不均，不患贫而患不安。”这一论断是非常有见地的，自古以来人类社会发展最核心的主题有两个：一是竞争，一是公平。没有竞争，社会就没有发展的动力；没有公平，就没有稳定的社会秩序。孔子从“仁”“和”的观念出发，注重公平的价值和作用，既有利于社会和谐，也彰显了人之为人的本性和尊严。

孟子继承了这一思想，提出了王道和仁政基础上的天下观。这是孟子思想中最核心、最精华的部分，代表了华夏族对天下安定与和平的美好向往，也意味着人民地位的空前提升。同时，他又把仁政思想和大同理念结合起来，希望通过仁政可以实现其人人富足安乐的王道政治理想。《孟子·梁惠王上》载曰：“故推恩足以保四海，不推恩无以保妻子。古之人所以大过人者无他焉，善推其所为而已矣。”

当然，儒家对大同理想最经典的表述记载在《礼记·礼运》中：

> 大道之行也，天下为公。选贤与能，讲信修睦，故人不独亲其亲，不独子其子，使老有所终，壮有所用，幼有所长，矜寡孤独废疾者皆有所养。男有分，女有归。货恶其弃于地也，不必藏于己；力恶其不出于身也，不必为己。是故谋闭而不兴，盗窃乱贼而不作，故外户而不闭。是谓大同。

从上述内容看，儒家大同社会最基本的特点是以公有制为基础，没有阶级和差别，没有剥削和压迫；政府与公权任人唯贤，实现民主；个人不独亲其亲，不独子其子；社会没有战争，没有犯罪，到处是不藏私财、不谋私利的和平景象。而且这种大同理想不仅限于华夏一族，而是"溥天之下，莫非王土"，"远人不服，则修文德以来之"，即将王道政治的恩泽延伸至远方的政治集团和外族部落。此种思路和逻辑，当然不再需要战争等暴力手段。

2. 崇仁尊礼是实现和谐大同的根本途径

"礼"和"仁"是孔子思想的核心概念，同时也是儒家实现其大同社会理想的根本途径。孔子主张克己复礼，其目的就在于改变春秋时期礼崩乐坏的局面，重新恢复西周时期的美好社会秩序。为了恢复心目中理想的社会秩序，他不仅寻求君子自我内在的平衡与和谐，同时，也提倡家庭、政府和社会的积极参与，进而维护一个国家的秩序与和平。为此，他提出了"仁"的概念。

《吕氏春秋·审分览·不二》有云，"孔子贵仁"。"仁"这一概念是孔子发展出的重要政治哲学范畴，是当时先人冲破巫的控制和束缚而推进人类理性发展的重要标志。何谓"仁"呢？"仁者，爱人"，它在本质上虽有亲疏、贵贱、等级之别，但同时也提倡"泛爱众，而亲仁"，并在政治上提倡"节用而爱人，使民以时"，这就使儒家的"仁"具有了无私、博爱的人道主义精神。如在《论语·雍也》中，当子贡提出"如有博施于民而能济众"是否为"仁"的问题时，孔子明确回答说："何事于仁！必也圣乎！尧、舜其犹病诸！夫仁者，己欲立而立人，己欲达而达人。"

在孔子看来，"仁"是处理人与人之间关系的根本准则，也是决定社会生活的基本原则，它要求人们要始终如一地贯彻"忠恕之道"。所谓"忠"就是"己欲立而立人，己欲达而达人"，所谓"恕"就是"己所不欲，勿施于人"。前者是积极进取的，自己富贵发达之后要设身处地帮助别人；后者是消极退守的，自己不愿做的事情也不要强迫别人去做。

儒家之"仁"之所以会有普世性的价值，是因为儒家学说不仅思考人性，也思考人应该如何处理彼此之间的关系。更重要的是，这种思考建立在人性本善的基础之上，具有积极乐观的精神，李泽厚将其称为“乐感文化”。这大大区别于西方的宗教价值观和世界观，西方人看待世界是悲观的，认识人性也是悲观的，但儒学却立足于人性中光明的一面，强调人本性善良，并由此寻求自我超越、超凡入圣的根据。所以，孔子所讲的“仁”，是人的一种内在心理品格，也是人生价值的根源。依此思路，“仁”的价值实现完全是一种自觉自愿的理性选择，应该是人主动地修身成仁，而非受某种外在神秘力量的胁迫，正如《论语·述而》所讲：“我欲仁，斯仁至矣。”

在孔子“仁”之普世思想的基础上，孟子又明确提出性善论，进一步为儒家和谐与和平思想提供了依据。性善论是孟子预设的一种价值理想。在孟子看来，人天生就具有向善的能力和求善的意识（“人皆有不忍人之心”），这叫作“良能”或“良知”，它就是善的源头，并由此形成善的“四端”，即《孟子·公孙丑上》讲的：“恻隐之心，仁之端也；羞恶之心，义之端也；辞让之心，礼之端也；是非之心，智之端也。”善的“四端”，本质上就是四种道德观念（仁、义、礼、智），内存于人的本性之中。这也是人之所以为人的根本道理，同时也是儒家相信善的力量能够代替战争暴力进而平服天下的内在依据。

要立足“仁”的境界实现社会秩序的和谐，又必须通过外在的“礼”来实现，如《礼记·哀公问》中所记，孔子认为“民之所由生，礼为大”；《论语·尧曰》也记载孔子之语，“不知礼，无以立也”。在孔子看来，只有知“礼”，方能成“仁”。《论语·颜渊》记载，当颜渊问孔子怎样才能达到“仁”的境界时，孔子回答说：“克己复礼为仁。一日克己复礼，天下归仁焉。”进一步而言，没有“礼”，亲疏就不能辨；没有“礼”，天地神祇就不能敬；没有“礼”，人就不能立足于世；没有“礼”，伦理关系就会错位，社会秩序就不能和谐。当然，“仁”作为“礼”的内在品质，也使“礼”融入了人道主义精神，进而使“礼”规定下的各种关系具有了人文的、宽容的张力，所以，《论语·八佾》讲：“人而不仁，如礼何？人而不仁，如乐何？”总之，“礼”是“仁”的外在的表现或形式，“仁”是“礼”的内在精神，二者相辅相成，共同推动和维系和平、幸福的大同世界。

还有一个需要阐明的问题是，通过“礼”达到“仁”的境界，进而推动社会秩序的和谐，还需要个体的修身养性。用现代心理学理论来解释，一个人积极学习，并努力修养自身，不仅会使自己产生对实践的清晰认知，也会使其不断排除焦虑和疑惑，进而表现出沉着与满足的平和的心态。正如《论语·子罕》所讲：“知者不惑，仁者不忧，勇者不惧。”所以，修身养性是儒家特别强调的功夫。

孟子更是从宏远的视角强调人身修养的重要性，他在《孟子·离娄上》中说：“天下之本在国，国之本在家，家之本在身。”他还强调，人要“反求诸己”。如果人人能够做到“反求诸己”，则人间之争讼、暴力及祸端自然会消弭。孟子也正是从这一视角反思战争与用兵问题的，《孟子·公孙丑上》载：“仁者如射，射者正己而后发，发而不中，不怨胜己者，反求诸己而已矣。”这就是说，一个人也好，一个国家也好，要想自身强大或在竞争中立足，就要多反思自己，不要过多地埋怨对手有多强大。就国君而言，孟子认为，不要时刻考虑如何对外用兵征服别人或如何防御备战战胜别人，要更多地思考如何内施仁政、善待人民，进而通过仁政和道德的力量吸引民众，壮大自己，最终实现一统天下的美好目标。

总之，儒学具有一种内在的淑世主义导向，它的思想体系中包含着仁者爱人、尊重他人、与人为善、推己及人、利群利他、忧国忧民等进步的人文价值观念。这些观念不仅推动了人类个体的身心和谐及社会的人际和谐，而且为国与国之间和谐、和平关系的维系，提供了一种坚实的理论支撑和文化根基，同时也为中华民族的成长壮大提供了内在的向心力和凝聚力。

3. 儒家思想在战争问题上的和平主义导向

儒家的贵和、大同理想以及崇仁尊礼的政治伦理思想，决定了儒学在战争问题上具有鲜明的和平主义导向，这从孔子、孟子、荀子三位儒学大师的战争观理论上可以充分地表现出来。

首先，孔子基于儒家的道德和平理念，对战争持非常慎重的态度。据《史记·孔子世家》载，孔子高度重视战争，主张“有文事者必有武备”，而且认为战争和祭祀与防范疾病一样都是特别需要谨慎的事情。孔子还立足于民本与爱民的视角，强调统治者不能轻易让老百姓上战场送死，如《论语·子路》有云：“以不教民战，是谓弃之。”另外，孔子强调对战争必须谨慎，要注重谋略，如《论语·述而》中记载，孔子说：“暴虎冯河，死而无悔者，吾不与也。必也临事而惧，好谋而成者也。”从上述内容看，与孙子一样，孔子也对战争持重战、慎战和备战的态度。

然而，文圣孔子与武圣孙子的战争观理论，毕竟还是有很大差异的。孙子作为兵家的代表人物，在任何时候都肯定战争的作用，并希望通过战争实现自己所辅佐国家的争霸大业，也随之实现个人的理想抱负。孔子则明显不同，他在战争问题上具有非常复杂的心理和矛盾的态度，在现实层面（如尊“礼”的问题），孔子认同战争暴力的作用，而在道德理想层面（如修“仁”的境界），他又有明显的反对战争暴力的倾向。

比如，孔子对管仲的评价就颇能反映这一问题。《论语·宪问》记载，子路询问孔子，管仲辅佐公子纠，公子纠被杀，管仲却没有像召忽那样自杀殉节，管仲不是仁人吧？孔子回答说：“管仲辅佐桓公，称霸诸侯，匡正天下。百姓至今还受着他的恩惠。如果没有管仲，我们大概都是披头散发、很不文明的样子。”本来，孔子是有点厌恶管仲的，认为管仲“器小”且不“知礼”，但是他对于管仲不以武力实现诸侯联盟的成就，大加赞赏，认为其达到了“仁”的境界。

孔子的这种态度，同样表现在对舜和武王的不同评价上。《论语·八佾》记载了孔子对《韶》乐和《武》乐的评价：“子谓《韶》，‘尽美矣，又尽善也’。谓《武》，‘尽美矣，未尽善也’。”这里的《韶》是歌颂舜的音乐，《武》是歌颂周武王的音乐。为什么孔子认为前者“尽善”，后者“未尽善”呢？这是因为，舜的天下是通过禅让取得的，是靠美好的品德自然赢取的，因而是美极了，也好极了；而武王的天下是通过武力取得的，毕竟是有流血斗争的，所以虽然美，但还不够好。

在相关史料的记载中，还有两件事情明确反映了孔子对战争的反对态度。在《论语·卫灵公》中，当卫灵公向孔子问军队陈列之事时，孔子回答说：“俎豆之事，则尝闻之矣；军旅之事，未之学也。”再如，《左传·哀公十一年》曾记载，当孔文子向孔子请教如何进攻太叔疾之事时，孔子直接回答说：“胡簋之事，则尝学之矣。甲兵之事，未之闻也。”在这两件事中，孔子的反战态度为什么如此坚决呢？这是因为，卫灵公是无道昏君，孔文子与太叔疾也都是违道之人，他们的战争诉求都与孔子心目中的“仁”的理想境界相悖，孔子不屑于与他们为伍，所以直言拒绝。

另外，在孔子的理想观念中，仁德与善政的功效完全可以取代战争和暴力的作用。《论语·子路》记载了孔子的治国主张：“善人为邦百年，亦可以胜残去杀矣。”由此可见，治国以道是孔子最坚定的治国信念，孔子认为凭借它就完全可以实现和维护理想的社会秩序，根本不需要战争。

然而在现实的层面，尤其在关乎国家治理方面，孔子对战争暴力又持肯定态度。比如，《论语·颜渊》记载，子贡问孔子怎样治理政事时，孔子回答说：“足食，足兵，民信之矣。”尤其在礼的维护问题上，孔子认为战争是实现礼治的工具，正如《论语·季氏》所记载的："天下有道，则礼乐征伐自天子出；天下无道，则礼乐征伐自诸侯出。"也就是说，只要符合君臣大义，符合礼制，由周天子发动的战争就是合理的，是应该支持的。当然，符合礼制的战争在进行过程中，也要符合礼的规范。从这些内容看，孔子的"礼战"思想具有一定的进步意义，因为在人类战争还无法根本消除的情况下，通过"礼"取得合法的战争权利，进而惩暴除恶，平定暴乱，对于维护百姓和平安宁的生活，完全是合理的、必要的。同时，通过"礼"的规范约束战争和控制战争，对维护世界和平也具有重要意义。有学者曾提出：

> 他为我们民族确立了一项评价战争的价值标准——"礼"，给战争这个"自然野性之物"套上了人类理性的缰绳，具有东方文明特征的"礼"成为历史上制约战争暴力最早的社会性规范之一，这是人类文明进步的重要标志之一，同时也凝聚为中华民族文化传统中最有影响的战争价值观之一。①

孟子所处的战国时代，已是"仁义荒怠"的时代，所谓"先王大道，陵迟隳废"②。正是在这种情况下，孟子不再像温情脉脉的孔子那样主张"克己复礼"与"必也正名"，而是大胆提出了他的以仁政、民本为核心的王道政治理想。这一政治理想，一方面表现为对下层民众的尽心关爱，如孟子在《孟子·梁惠王上》中论述"王道政治"的时候提出："谷与鱼鳖不可胜食，材木不可胜用，是使民养生丧死无憾也。养生丧死无憾，王道之始也。"另一方面表现为主张以仁政王道代替战争暴力，如《孟子·梁惠王上》记载：

---

① 倪乐雄：《孔子与战争》，《军事历史研究》1999年第4期。
② 谢祥皓、刘宗贤：《中国儒学》，四川人民出版社，1993，第294页。

“如有不嗜杀人者，则天下之民皆引领而望之矣！诚如是也，民归之，由水之就下，沛然谁能御之？”这里面充分体现了孟子战争观中的和平意蕴。

正是基于自己的天下观念和王道政治理想，孟子对战争暴力表现出强烈的批判态度。《孟子·尽心下》云：“春秋无义战。彼善于此，则有之矣。征者，上伐下也，敌国不相征也。”《孟子·离娄上》更是指斥战国时期的兼并战争：“争地以战，杀人盈野；争城以战，杀人盈城，此所谓率土地而食人肉，罪不容于死。”在《孟子·尽心下》中，孟子甚至提出了对武王伐商这一历史记载的怀疑，所谓“尽信《书》，则不如无《书》”。因为孟子坚信仁人是无敌于天下的，像周武王这样的至仁之人去讨伐商纣王这样的最不具备仁德的人，必定会不战而胜，绝对不至于出现“血之流杵”的景象。

孟子抨击各国君主靠血腥和暴力取得天下是最不义的行为，如《孟子·公孙丑上》中所说：“行一不义、杀一不辜而得天下，皆不为也。”同时，孟子也指责这样的战争给人民带来了无尽灾难，如《孟子·梁惠王下》中记载了当时的情况，“凶年饥岁，君之民老弱转乎沟壑，壮者散而之四方者几千人矣”。孟子还直言警示那些称雄称霸的诸侯：“今日的五霸（指春秋时期的五位霸主），都是背叛古之圣王的罪人，因为他们背弃了圣王的仁政，都是不仁不义之人。”

同时，孟子对研究和直接指导战争的兵家也进行了猛烈批判。《孟子·告子下》记载，孟子认为，那些自称“我能为君辟土地，充府库”的事君者，实际是帮助“桀”这样的暴君变得富裕；那些自称“我能为君约与国，战必克”的事君者，实际是辅佐“桀”这样的暴君变得强盛，所以，今日的所谓“良臣”实际就是古时候的“民贼”，君主如果依靠他们绝对不能坐稳天下。孟子甚至主张对好战分子处以最重的刑罚。《孟子·离娄上》中指出，那些为了争夺土地和城池而征战的人，实际上是在统领着土地而吃人肉，这样的人应该受最重的刑罚，即使被处死也不能够抵偿他们的罪行。

正是在对战争暴力强烈批判的基础上，孟子提出了他的仁本战争观念。《孟子·公孙丑上》有云：“以德行仁者王，王不待大，汤以七十里，文王以百里。以力服人者，非心服也，力不赡也。以德服人者，中心悦而诚服也，如七十子之服孔子也。”在此基础上，孟子在《孟子·梁惠王上》中又提出了“仁者无敌”的战争理论：如果王对民众施行仁政，轻徭薄赋，让年轻人在劳作之余修习孝悌忠信之道，在家侍奉父兄，在外尊敬长辈和上级，如果能做到这些，即便让民众拿着木棒也可以打赢秦楚的坚甲利兵。

后世评价者往往指责孟子的上述思想是一种脱离现实的理想主义，其实它是有其内在合理性的。在古代冷兵器时代，国与国之间的战争博弈主要依靠人力来完成（军事技术和武器的影响和作用不大），哪国的人多，哪国的兵多，获胜的希望就大。那么，庞大的人力和兵员从哪里来？从良好的政治和社会秩序中而来。一个国君行仁政、施仁义，给老百姓的实惠多，老百姓就会“归之如流水”，国家就会人丁兴旺、兵强马壮。这是很自然的道理，只不过实施这样的仁政需要时间，需要统治者有长远和宏观战略视野，所以战国时期那些急功近利的君主们难以采纳孟子的建议。

总之，孟子的主要贡献在于打通了道德与战争的界限和壁垒，使得仁道、王政、民本、天下等儒家道德观念融入战争思想领域，进而为儒家的以道德代替暴力的和平观念插上了翅膀，同时，也为天下人反对战争与暴力、期盼和平与统一的美好愿望提供了更进步、更人文化的路径。

荀子与孔子和孟子相比，是更理性的现实主义者，他的军事思想虽然仍是以儒家的道德伦理和政治理想为根基，但已经认识到兵学本身的独立价值。所以，他不像孔子那样一切以“礼”作为评论战争的依据，也不像孟子那样高举“以至仁伐至不仁”的仁战大旗，他主张的是“王霸并用”“礼法兼容”，并在合理汲取兵家思想的基础上，提出自己的王道政治和大同理想。

首先，荀子将“礼制”作为社会治理的核心内容。荀子的“礼”与孔子的“礼”已大为不同，它是整个国家政治、道德和法律的总纲，并在与“法”充分结合的基础上，用以节制个人欲望，规范个人行动，调和社会矛盾，最终达到维护社会秩序的目的。如《荀子·议兵》有云：“礼者，治辨之极也，强国之本也，威行之道也，功名之总也。王公由之，所以得天下也；不由，所以陨社稷也。”由此来看，荀子不仅视“礼”为治国的根本，也将“礼”视为决定战争胜负的根本因素。这与孔子的“礼战”已经有了实质性的差异。

其次，荀子与孟子不同的是，他虽然也主张仁政在战争中的作用，但其思想更透射出政治支配军事、军事服从于政治的理念。在荀子的军事思想中，仁政、仁战是与兵家的谋略结合在一起的，二者都发挥作用，只不过君主和政治是最重要的问题，将帅谋略和指导是次要问题，《荀子·议兵》讲：“凡在大王，将率末事也。”

再次，面对大国兼并的社会现实，荀子明确提出了“以德兼人”的主张。他在《议兵》中把当时的兼并战争分为三种类型：“凡兼人者有三术：有以德兼人者，有以力兼人者，有以富兼人者。”在这三种方式中，荀子最推崇的当然还是“以德兼人”，他仍然相信儒家的道德信义和仁爱礼仪的作用，只不过他清醒地认识到兼并战争与统一战争根本不是一回事，关键区别在于是否真正得到民心。如《荀子·议兵》所言：“兼并易能也，唯坚凝之难焉。”这里的“坚凝”是一个独创性的概念，它强调的是一个国家对于民众的凝聚力和向心力，也是天下终止纷争、走向和平统一的关键。

当然，荀子也未能完全摆脱孟子“仁者无敌”的理想局限，在他看来，道德和仁义的力量终究要胜过武力和暴力，正如《荀子·议兵》所云："故齐之技击不可以遇魏氏之武卒，魏氏之武卒不可以遇秦之锐士，秦之锐士不可以当桓、文之节制，桓、文之节制不可以敌汤、武之仁义，有遇之者，若以焦熬投石焉。"

综上所述，儒学中的和谐思想与和平理念是中华民族爱好和平优良传统的最宝贵基因。儒家思想中"协和万邦""万国咸宁"的和谐理念是中华民族与外族和睦共处的基础。同时，儒家有自己的政治信仰和道德理想，其从"己所不欲，勿施于人"的仁德品格，到"修身、齐家、治国"的和谐理念，再到"四海之内皆兄弟"的平天下理论，是儒家追求天下和平的内在逻辑。当然，儒家的和平不是任人欺凌和宰割的软弱和平，而是以刚健精神为基础的正大和平，正如《周易·大壮卦》的《彖传》所言："'大壮利贞'，大者正也。正大而天地之情可见矣！"王夫之对此注解说："'正大'，正其大也。"正其大，则其阳不散，其大可固可久。正其大，然后能保和平。

儒家的和平主义观念，与西周时期的进步政治观念和哲学思潮是密切相关的。周朝统治时期，虽然仍然存在天命论思想，但也出现了有德者才能受到"天"的支持和庇佑（德的中心内容就是爱护人民和善待民众）的思想，由此就形成了道德伦理辅助政治统治的基本模式，也开启了道德力量先于战争暴力的基本思路和传统。在儒家圣贤看来，道德的力量既可以取代国家权力机器以解决内部冲突，也可以取代军队和武装力量以抵御外部威胁。这种泛道德主义的战争观虽然具有很大的理想主义成分，却也奠定了中国和平主义观念的理论基础。

三、道家的无为与反战

在中国历史上，道家是反对战争暴力，维护社会和平秩序的比较重要的一派。无论是道家之"道"中的和谐理念，还是老子的无为无争思想、守柔示弱思想，抑或庄子的齐物论、"至德之世"

的境界，都包含着丰富的和平因素。这些思想与儒家以道德力量为主的和平论相互补充，最终共同形成中国和平文化的基本内容和框架。战争暴力的无限性源于人类逐利的贪婪本性和不同利益集团之间的根本矛盾，这就需要统治者能够从宏观和长远的视角理性审视战争问题，同时要尽可能地淡化个人对物欲和名利的过分追逐。这正是道家认识世界和改造社会的基本思路与方式。

关于道家的基本思想倾向，班固在《汉书·艺文志·诸子略》中曾有一段经典的概括："道家者流，盖出于史官，历记成败存亡祸福古今之道，然后知秉要执本，清虚以自守，卑弱以自持，此君人南面之术也。"这就是说，作为出自史官的思想流派，道家因为"历记成败存亡祸福古今之道"，不仅懂得了"清虚以自守，卑弱以自持"的统治之术，而且形成了放眼长远、高度冷静的理性态度。此种理性态度不仅使道家认识到天地之道和顺应自然的深刻哲理，更使其对驾驭政治、约束和控制战争有了丰富的体验和总结，此乃道家和平理论的深厚根基。

1. 道家之"道"中的和谐理念

老子是中国思想史上最早提出"道"这一哲学范畴的人物。他把"道"看作宇宙的本体（天地未开辟之前就存在的浑然一体的实体），并认为"道"永不停息地自然运行着，成为宇宙万物生成的本源。《老子·二十五章》讲："有物混成，先天地生。寂兮寥兮！独立而不改，周行而不殆，可以为天地母。吾不知其名，字之曰道，强为之名曰大。"这段阐释"道"的话，本身就蕴含着和谐的哲理，因为它既说明了宇宙万物的统一性（道生万物），又说明了宇宙万物的多样性和复杂性（最终万物复归于道）。

在《老子》一书中，尽管直接提到"和"字的次数不多，但它的整个思想的终极关怀却是"和"。《老子·四十二章》有云："道生一，一生二，二生三，三生万物。万物负阴而抱阳，冲气以为和。"这里的"和"就是和谐与统一的意思。"道"最初产生出浑然一体的“元气”（也叫作“一”），然后“元气”分化为相互对立的“阴阳”二气，“阴阳”二气之间的对立统一又产生出“冲气”，最后冲气相“和”而产生出宇宙万物。从这一解释看，老子所说的“道”或“无”并不是真的“虚无”，它虽然无形、无限、无名，但还是一种具体的实体存在，与“有”相互对立，又相互依存和转化，本身蕴含着自然的和谐之理。就像车轮光有辐条是不行的，辐条之间还必须有“空”和“无”才能行进轻便；盛东西的器物光有壁是不行的，中间还得留出空间才有使用价值；屋子光有墙壁和门窗是不行的，其中必须有空间才能居住。所以“有”和“无”都是具体的，二者之间也是和谐的。

正是基于“道”的基本内涵，老子又观察到宇宙万物的辩证和谐之理，即自然界和人类社会的任何事物都存在着对立的两个方面，而且它们之间是相反相成、相互依存的。比如，《老子·二章》中说：“故有无相生，难易相成，长短相形，高下相倾，音声相和，前后相随。”老子还认识到，任何事物的对立矛盾双方最终会向它相反的方向转化，这就是“反者道之动”，也称为“物极必反”。

在认识了“道”的本体价值及和谐理念之后，老子还主张个体和人类社会也要按照“道”的运行规律去做事。比如，《老子·二十五章》中说：“人法地，地法天，天法道，道法自然。”作为最高本体的“道”又是自然而然、无法直接效仿的，故王弼在给该章作注时说：“法自然者，在方而法方，在圆而法圆，于自然无所违也。”这就是说，老子的“道”是自然而和谐的，人们做事也要自然而和谐。比如，做事情要先易后难、先小后大，这样才能成功，正如《老子·六十三章》中讲的：“图难于其易，为大于其细。天下难事，必作于易；天下大事，必作于细。是以圣人终不为大，故能成其大。”在这里，老子已经认识到事物由量变到质变的发展规律，并意识到量的积累可以引起质的变化，所以在老子“道”的内容中，蕴含着极其丰富的和谐理念，这是老子和平思想的根本基础。

在《庄子》一书中，关于“和”的论述非常丰富。如《庄子·天运》曰：“夫至乐者，先应之以人事，顺之以天理，行之以五德，应之以自然，然后调理四时，太和万物。”《庄子·天道》亦言：“夫明白于天地之德者，此之谓大本大宗，与天和者也；所以均调天下，与人和者也。与人和者，谓之人乐；与天和者，谓之天乐。”庄子对“道”及“和”的理解与老子是有很大差异的，他在强调宇宙自然的和谐及人与自然的和谐的同时，更强调人在精神上的自由，使心灵不再受羁绊和束缚。这是对老子思想的良好补充，主要体现在齐物论方面。

在《庄子·秋水》中，庄子提出了“万物一齐，孰短孰长”的观点，体现了世界万物是平等齐一的齐物论思想，即没有什么强弱、大小、高低、贫富的差异，比如鲲鹏与蜩鸠、小草棍和大屋柱、生癞病的丑女人和美貌的西施、早晨生晚上死的小虫与夏天生秋天死的寒蝉以及世间所有稀奇古怪的东西，从“道”的视角看，它们都是一样的，所以万物之间不应该有矛盾，也不应该有斗争，它们应该和谐地并存。

庄子认为，要做到齐万物，首先要齐“物我”，即泯灭主体与外物、主观与客观的界限。《庄子·齐物论》有云：“天下莫大于秋毫之末，而太山为小；莫寿于殇子，而彭祖为夭。天地与我并生，而万物与我为一。”著名的“庄周梦蝶”就是讲的人与自然的交融变化。

同时，庄子又强调，所有的生命是平等的，所有的议论也是平等的，谁也没有资格嘲笑谁。如《庄子·逍遥游》中描述，北海有一条名叫“鲲”的鱼，体型巨大，变成鸟，名为“鹏”。它奋起飞翔，展开的翅膀好像天边的云。它随着汹涌的波涛迁徙到南海。在大海上，它扇动翅膀激起的水花可达三千里。它乘风而起，可飞至九万里的高空。在这个故事里，学鸠、蝉、斥鴳都在讥笑鲲鹏的志向和努力，庄子却没有讥笑它们的无知，而是仅言“此小大之辨也”。庄子在这里所表现出的是一种宽容、一种对生命尊严最高的敬意。在庄子的心目中，最高的理想是“至德之世”。在这种社会里，没有人类与鸟兽的区别，也没有君子和小人的差异，所有人都没有贪欲，也不用智谋，他们不失去本性地“日出而作，日入而息”，“自然而生，自然而死”，快乐地与动物们聚在一起，逍遥于天地之间而自得。这无疑是一种令人向往的人与万物自由发展、和谐共处的和平状态，过的是一种“不失其性”的回归本原状态的生活。在这种生活的世界里，人们根本不需要人为地去管理，更不需要做违反人类本性的事情，如《庄子·骈拇》所云：“彼正正者，不失其性命之情。故合者不为骈，而枝者不为跂；长者不为有余，短者不为不足。”

从上述内容看，庄子提倡的人性和谐是更令人向往的和平理念，它反对的是人类灵魂和精神的不自由以及物欲世界对人身心的异化。这在今天仍然有很大的进步意义。然而，庄子仅仅是深刻理解了事物的客观必然性，却没有深刻理解人的主观能动性，他在强调遵循客观规律的同时，连人的社会生活目标也一并摒弃了，这可能会引导人们走上消极避世的道路。中国历史上很多僻居深山的隐士正是受了他的影响，而不能面对现实世界去抗争。这或许是庄子思想局限性的一面。

2. 道家“无为”与“平等”思想之下的反战观念

道家强调自然和无为。老子认为，“道”是高于一切的绝对精神，而它的精神实质又是“自然”的，即所谓“道法自然”。按此逻辑，既然自然之道默默无言，没有什么追求和建树，人类也就应该没有什么追求和建树；自然之法至大无边，无所不包，无所不容，人类也应该无所不包，无所不容。这样的自然和包容精神对于国家统治者和战争决策者而言，当然是极为可贵的优秀品质。

道家还主张“无为”，它在很大程度上是一个政治概念。《老子·五十七章》讲："我无为，而民自化；我好静，而民自正；我无事，而民自富；我无欲，而民自朴。"这里的意思是，统治者应该少谋划去指挥老百姓做这做那，不要去过多地干涉老百姓，要让万物自己生息，让百姓自由自在地生活。对于一切事物，都应该任其自然的状态，顺其自然的趋势，而不以人的意志强加其上。

无为有什么好处？《老子·六十四章》云："圣人无为故无败，无执故无失。"《老子·十七章》则言："功成事遂，百姓皆谓我自然。"由此看，"无为"乃是通达于自然人性、走向"道"之境界的必由之路。这无疑为老子反对战争提供了最可靠的依据，因为在老子看来，战争乃是最大的有为之事，是君子最不应该做的事情。

战争为什么会发生呢？老子认为，是由人的私欲造成的。《老子·四十六章》讲："罪莫厚于甚欲，咎莫憯于欲得，祸莫大于不知足。"正是因为统治者贪得无厌的私欲，才牺牲了大多数人的生命去发动战争。这完全违背了"道"和自然无为的根本规律，所以，该章又讲："天下有道，却走马以粪；天下无道，戎马生于郊。"

老子还从战争的巨大灾害性来表明他的反战态度。《老子·三十章》曰："以道佐人主者，不以兵强天下，其事好还。师之所处，荆棘生焉；大军之后，必有凶年。"这里的"其事好还"颇具深意，即是说，战争这种凶事很快就会得到报应，尤其是连年征战，会导致民不聊生，战争发动者即使暂时取得了胜利，最终也会民心背离，国家动乱，自食恶果。

在《老子·三十一章》中，老子更系统地表达了自己的反战态度。

首先，该章中关于"兵者，不祥之器"的论述，是有所指的。在老子看来，"器"与"道"是既对立又统一的，然而"兵"作为不吉祥的凶器，是不符合天道的，是背离天道的运转和事物发展趋势的，所以君子对其应怀有敬畏之心。

其次，该章中“物或恶之，故有道者不处”一句，也有着深刻的寓意。所谓“物或恶之”是指战争已导致血流成河，它不仅使得百姓流离失所，也使得飞鸟、野兽远离逃遁，所以说万物都讨厌战争；所谓“有道者不处”是指有道之人不通过、不依赖战争解决问题。由此，我们看出老子是真正的和平主义者。

再次，关于“用兵不祥”的观念，老子还用“左”“右”的礼仪规定和历史依据来说明。古人认为左阳右阴，阳代表生，阴代表杀。君子平时以左边为尊贵，打仗时以右边为尊贵。这是要人们彻底领悟战争是阴事，君子不可以“战胜”为美事。《诗经·小雅·裳裳者华》曰：“左之左之，君子宜之。右之右之，君子有之。”《毛诗故训传》解释“左右”内涵时说：“左，阳道，朝祀之事。右，阴道，丧戎之事。”这是典型的以“阴阳”理论来解释“左右”的做法，左边的路，是阳道，正气旺盛，所以与代表着吉利的“朝祀”之事相连；右边的路，是阴道，阴气主杀，所以与代表着死亡、战争的“丧戎”之事相连。

最后，关于“战胜，以丧礼处之”，更表达了老子对生命的敬重及其对战争的反对态度。《老子·三十一章》所谓“吉事尚左，凶事尚右；偏将军居左，上将军居右”，意思就是喜庆之事当以左边为上，凶悲之事当以右边为上。之所以要“偏将军居左”，是因为偏将军是带头冲杀的，需要居左位借助生生不息的正气以克敌制胜。之所以要“上将军居右”，是因为上将军是指挥全局的，他要对千千万万的士兵的生命负责任，所以以“居右”表示慎重用兵。杀人是十分悲哀的事情，不可以胜利为美，而是要“战胜，以丧礼处之”。这里表达的是对士兵生命的关爱与敬重，由此可以看出老子兵学具有鲜明的反战格调。

庄子也反对战争，而且基于对人性和自由精神的深刻认识与挚爱，庄子较之老子对战争表达了更强烈的反对态度。庄子借寓言反映了战争的暴烈性和破坏性。如《庄子·则阳》用一段寓言描绘说："有国于蜗之左角者曰触氏，有国于蜗之右角者曰蛮氏，时相与争地而战，伏尸数万，逐北旬有五日而后反。"这里的一句"伏尸数万"，表现出战争对无数个体生命的摧残和践踏。个体最重要的权利便是对生命的拥有权，而战争正是剥夺个体生命权利的最大威胁。

庄子还借颜回之口描绘出战争给民众带来的无尽灾难。《庄子·人间世》载："回闻卫君，其年壮，其行独，轻用其国，而不见其过。轻用民死，死者以国量乎泽若蕉，民其无如矣！"这里用来斥责卫君穷兵黩武的"轻用民死"一句，充分表达出庄子对战争的愤恨之情，也强调了战争是一种违背道德基本准则的事情。

难能可贵的是，庄子还表达了人们在面临或身处战争时的精神痛苦。如《庄子·人间世》有这样一段对天下战乱的描述："已乎已乎，临人以德！殆乎殆乎，画地而趋！迷阳迷阳，无伤吾行！吾行郤曲，无伤吾足！"这充分表现出人们面对战争的巨大悲伤与无奈。战争为什么会发生？庄子认为其根本原因在于人类的不平等，一旦人与人之间的平等关系被打破，就有人会为了自己的名利和贪欲去控制和奴役别人参加战争，个体的生命安全就会受到战争的威胁和戕害。这其中的名利也包括儒家的"仁义"之名。在庄子看来，儒家以"仁义"为名而倡导的道德伦理，实际上已成为束缚人们的社会关系。这种关系不仅造成人类本性的异化，也破坏了人与人之间的平等与和平关系，正如《庄子·骈拇》所言："且夫待钩绳规矩而正者，是削其性者也；待绳约胶漆而固者，是侵其德者也；屈折礼乐，呴俞仁义，以慰天下之心者，此失其常然也。"

既然如此，该如何消除战争呢？就在于要破除人类复杂的社会关系，改变人与人之间的不平等现状。《庄子·徐无鬼》有云："夫杀人之士民，兼人之土地，以养吾私与吾神者，其战不知孰善？胜之恶乎在？君若勿已矣，修胸中之诚，以应天地之情而勿撄。”在这里，所谓“应天地之情”的实质就是摒除儒家的所谓“仁义”，消解道德对人性的扭曲与异化，当然这也进一步化解个人膨胀的欲望，进而获得一种人性自由的和平状态。

庄子所描绘的“明王”是实现和平途径中的完美形象。《庄子·应帝王》曰：“明王之治：功盖天下而似不自己，化贷万物而民弗恃；有莫举名，使物自喜；立乎不测，而游于无有者也。”在这里，庄子心目中的“明王”与儒家所称颂的“圣人”是截然不同的，儒家的“圣人”是恪守“仁义”的，而庄子的“明王”却是抛却“仁义”的。并且，庄子所写的“明王”其实就是指现实中的“帝王”，不过这种“帝王”是视万物为平等的，且不对万物加以支配。

总之，庄子的和平思想，是围绕人与人之间的关系而立论的。他认为，人与人之间关系的不平等决定了一部分人奴役和掠夺另一部分人，进而导致了战争的发生。要消除战争，就要彻底消解人们之间的社会关系，使人回到“应天地之情”的单纯朴素的自然状态，由此世间再无矛盾和战争。这无疑是一幅颇为诱人的理想画卷，却难以实现。因为，在以竞争为主导的现实世界中，战争的对立双方绝对不是那种简单的非此即彼的关系，庄子对和平途径的追求无疑太过理想化了。庄子的和平理想尽管难以实现，却能给我们带来有益的启发。人类社会发展的历史证明，人们不能彻底消解社会关系，却可以调整和平衡社会关系，通过平衡及改变人与人之间过分对立和矛盾的社会关系，特别是消除统治者在占有生产资料上的不平等（即消灭私有制），就有可能获得真正的和平。

3. 道家“不争”与“守柔”思想下的反暴力倾向

在无为的处世哲学之下，道家在社会现实面前表现出的是与世无争和随遇而安的态度，在老子之时已经奠定了此种思想的基调，到庄子之时，更表现出摆脱世俗名利、追求精神自由的强烈愿望。

首先，老子提倡无欲。在老子看来，人的欲望是最可怕的东西，简直就是洪水猛兽，如《老子·十二章》中所说的："五色令人目盲，五音令人耳聋，五味令人口爽，驰骋畋猎令人心发狂，难得之货令人行妨。"更重要的是，欲望会导致天下纷争，为此必须遏制欲望的发展，避免其带来罪恶和动乱；如果人们都没有贪欲，天下自然而然地就会稳定安宁。

其次，在遏制欲望的基础上，老子强调"知足"与"不争"。《老子·八章》曾以水设喻："上善若水，水善利万物而不争。处众人之所恶，故几于道。"《老子·四十六章》又说："罪莫厚于甚欲，咎莫憯于欲得，祸莫大于不知足。故知足之足，常足矣。"老子指出，正是因为人的不知足，欲望过度，才导致了各种祸患。老子强调人要"知足""不争"，这样不仅能够从根源上削减暴力对抗的意识，而且还可以医治战争暴力给人类留下的心灵创伤。更重要的是，"知足"与"不争"是立足长远的行为，正如《老子·八章》所言："夫唯不争，故无尤。"而且终有一天会"天下莫能与之争"。到那个时候，"不争"就是君主或统帅以退为进的至高权谋了，它与直接的战争暴力对抗相比，大大减少了战争的血腥和灾难。

再次，老子还强调，"知止"和"知足"是相互映照的关系。《老子·四十四章》说："故知足不辱，知止不殆，可以长久。"人懂得满足就不会遭受屈辱，懂得适可而止就不会有危险，做到了这两点，人们就可以获得长久的安定。恰如《老子·八十章》所设计的"小国寡民"的美好图景一样，"虽有舟舆，无所乘之；虽有甲兵，无所陈之；使民复结绳而用之。甘其食，美其服，安其居，乐其俗。邻国相望，鸡犬之声相闻，民至老死，不相往来"。

最后，老子还主张"守辱"与"守静"。《老子·二十八章》云："知其荣，守其辱，为天下谷。为天下谷，常德乃足，复归于朴。"老子认为，自然之道是柔弱至上，所以人类也应效仿自然，守柔守弱，守辱守静，故文句中的“朴”即素朴，意为回归人类自然本性，同时也是一种“辱”和“静”的状态。而且，“辱”和“静”两种状态之间也有内在的密切关系，“辱”的最高境界是“宠辱不惊”，此时人心地坦然，不为一切强力所征服，也不为一切屈辱而改变，最终也就达到了“燕处超然”的“极静”境界，这正是《老子·十六章》所言的“致虚极，守静笃”。另外，《老子·四十五章》还谈到：“躁胜寒，静胜热。清静为天下正。”在这里，守辱和清静不仅是做人的基本修养，也是智者处理政治事务及军事活动的基本原则。

庄子更表现出一种摆脱世俗名誉、功利欲望的生活态度，主张人在生活中要恢复自己的本性，要不计较人世间的生死存亡、贫富贵贱及美誉毁辱，要摆脱仁义礼智的枷锁和控制，使自己的精神自由地不受任何限制地遨游在天地之间，要与“道”同体，达到“逍遥游”的境界。庄子还由此谈到了养生的问题：人为了谋求更多的财富，就会劳苦身体，使疾病缠身，最终集聚了大量的财富，却不能完全使用，这岂不是对自己的身体有害？再者，拥有权力的贵人为保全自己的禄位日夜焦虑、忧思成疾，岂不同样对身体有害？

在《庄子·至乐》篇中，庄子也强调了清静无为的生活状态。他要求人们通过修身养性，抛弃世间的一切物质欲求，忘掉世俗社会的一切烦恼事务和身外之物，乃至自己的存在，最后达到“忘己”“无己”的最高境界。此时，人不仅摆脱了自己的形体，也摆脱了自己的聪明智慧，从而真正获得了最大的精神自由，也达到了绝对虚寂的静心状态，这也就是人与“道”融为一体的最高境界。

道家此种恬淡处之的精神和态度，是非常难能可贵的。战争是刚性的暴力活动，猛如烈火，因而特别需要主体参与者的冷静和理智态度，正如《孙子兵法·九地篇》所言：“将军之事，静以幽，正以治。”然而，兵家是以获取功利为主要目的的，人类对财富、名利的贪欲往往会使自己过度有为，迷失自我，进而陷入难以从战争中自拔的癫狂状态。兵家的这一缺陷，似乎可由道家做出弥补。众所周知，道家源于史官，善于总结和把握历史经验，因而特别具有冷静理智的静观气质和淡泊的心境。这种静观的气质及淡泊的心境，往往能使战争指挥者超越一时一地的荣辱得失，进而理性地把握大局，放眼长远，从而将国家、军队，包括自身从战争困境或迷局中解放出来。

值得注意的是，道家还有一种守弱哲学，叫“守柔曰强”，即特别重视“柔”“弱”“贱”“无”的一面。这在战争过程中，对化解和削弱战争暴力也具有很大的意义。比如，《老子·四十章》有云，“弱者道之用”；《老子·七十六章》则言，“是以兵强则灭，木强则折。强大处下，柔弱处上”；《老子·四十三章》亦讲，“天下之至柔，驰骋于天下之至坚”等。在《老子·七十八章》中，老子特别强调了水的柔弱与坚韧：“天下莫柔弱于水，而攻坚强者莫之能胜，以其无以易之。”这就是说，水这种东西很特殊，它至柔而又至刚，无形而又有形，论天底下的事物，没有比水更柔弱的，但论起刚强来，水又能“滴水穿石”。正因如此，水具有不争的品格，然而“天下莫能与之争”。人亦如此，你越是安于雌柔，却越能成为雄主；你越是安于卑辱，却越能获得荣耀；你越是处处示弱，却越能变得强大无比。另外，老子把“柔弱胜刚强”视为一种必然规律，而且认为这是无条件的，因为在老子看来，柔弱中总是蕴含着新生的力量，且这种新生的力量乃是不可战胜的因素。这一观点，无疑也成为老子和平思想的理论支撑。

在国际关系领域，老子提出了“大者宜为下”的著名观点。在历史的发展中，由于不同国家所处的地理位置和环境不同，各国往往有大小强弱之分，这势必带来一个普遍的问题，即如何协调它们之间的矛盾和冲突，维护整体秩序的安定与平衡。在这一问题上，老子是有先见之明的，他主张小国要持“安静柔顺”的态度，而大国更要有“如水之下流”的“谦下”风度，不能以大欺小，倚强凌弱。《老子·六十一章》说："大邦不过欲兼畜人，小邦不过欲入事人。夫两者各得所欲，则大者宜为下。"

老子还提出"善摄生"的观点。对于生活在乱世的人来说，到处都是战争凶险，危机四伏，但老子并不主张用战争暴力来保护自己，他强调要遵循"道"的基本原则，顺应自然，不妄为，如此别人就不能伤害到自己。如《老子·五十章》讲："盖闻善摄生者，陆行不辟兕虎，入军不被甲兵；兕无所投其角，虎无所用其爪，兵无所容其刃。夫何故？以其无死地焉。"这虽然是一种消极的思想理念，却也明显表现出了反暴力、反战争的倾向。

在战争思想领域，自老子提出"贵柔""守雌""不为天下先"的思想主张之后，这就一直成为兵家重要的战争指导原则。老子相信，面对不得已的战争，善用兵者首要的目的是保护自己不受侵害。所以，他在《老子·六十九章》中主张："用兵有言：'吾不敢为主而为客，不敢进寸而退尺。'"而且，他还强调："祸莫大于轻敌，轻敌几丧吾宝。故抗兵相若，哀者胜矣。"当然，从战争博弈理论的角度讲，上述思想无疑可以更好地隐藏己方的力量和优势，而后或"哀兵必胜"以励士，或积蓄力量以壮大，或出其不意以攻敌，从而最大限度保护自己，使我方力量能够持久而有韧性。更重要的是，这种智慧依然承续了不动情感、清醒冷静的理智态度和不失主体活动（无为而有为）的特征，进而对兵家推崇的刚性和破坏性力量起到良好的制约作用。

《庄子·让王》中讲的一个故事正体现了这样的大智慧。大王亶父率部众居于邠地，遭到狄人的攻击。他们送给狄人皮帛、犬马、珠玉，均遭到了拒绝，因为狄人要的是土地。这在别人看来是根本无法接受的，然而大王亶父却说："与别人的兄长一起居住却杀死他的弟弟，与别人的父亲一起居住却杀死他的子女，我不忍心做这样的事情。你们去和狄人住在一起吧。做我的臣民与做狄人的臣民没什么不一样。我还听说过，不能为了用来养育人民的土地去伤害人民。”亶父说完之后，就拄着拐杖离开了邠地。民众不但没有离开他，反而始终跟随着他。后来，他们在岐山之下又建立了一个新的国家。

总之，道家所坚持的基本文化精神是自然和无为，其秉承的根本原则是“去甚，去奢，去泰”。这就为限制人们的贪欲和无限暴力提供了理论依据。在这一方面，道家的贡献是其他学派所无法比拟的。因为道家理论的核心和灵魂就在这里，甚至于在老子的眼中，连“道”都具有这种无为的精神。

更值得注意的是，道家之“道”或“无”表面上似乎是某种空洞的混沌整体，而实际上是根源、真理、本体，其最终是要超越“有”或“器”的。因而，“道”之内涵用于战争领域，便有了统揽万物、总摄一切的大格局、大战略特征，它可以使兵家的眼界更加开阔，对事物的把握更加全面，对于规律的认知也更加深透。这当是道家和平思想最深厚的理论根基。

四、墨家的兼爱与非攻

俞樾在《〈墨子〉序》中对于墨子的兼爱与非攻思想，曾做出一个逻辑性的推理总结：“墨子惟兼爱，是以尚同；惟尚同，是以非攻；惟非攻，是以讲求备御之法。”①

墨家在兼爱的基础上讨论战争，实际就是从大爱的角度提倡战争中的仁爱与人本思想。而其非攻思想，则是对人类和平思想的美好设计。非攻思想在逻辑上必然导出止战命题。所谓“止战”就是制止敌人发动侵略战争的阴谋与企图，将战争隐患消除在萌芽状态，以维护各国的和平与安全。为了止战，墨家又提出自己独特的积极防御理论（救守），以帮助弱小国家抗击大国的侵略和掠夺。

---

① 冯天瑜、彭池、邓建华编著：《中国学术流变》，上海人民出版社，2019，第134页。

墨家是从提升人的道德和精神境界出发，来构筑其和平理论的（当今西方世界更多围绕“权利”问题构筑其和平理论）。墨家提倡兼爱，实际上就是在消除人的自私和贪婪心理的基础上，促进人们之间互助友爱，进而协调好人们的关系，缓和社会冲突和矛盾，最终实现社会的和谐发展。同时，墨家也将兼爱思想上升到国家层面，要求统治者从爱的视角出发，正确审视战争对各国的利害关系，进而以实际行动彻底避免战争祸端。这实际就是在倡导人类博爱、加强互利合作的基础上消除战争，进而达到永久和平。此种和平理论，虽然带有一定的空想性，却在规范国际秩序、引领世界和平发展方面具有深远意义。

1. 墨家的“兼爱”思想与和平理想

“兼爱”是墨子和平理论的思想基础，在当代社会也具有深刻的借鉴价值。西方著名历史学家汤因比曾评价墨子的兼爱思想说，“把普遍的爱作为义务的墨子学说，对现代世界来说，更是恰当的主张”①。

墨子是位大爱无言的圣贤，是中国历史上第一位为广大劳动人民和弱势群体说话的人。这一点，可以说是墨子与孔子的一个很大差异。孔子出身没落贵族，基本站在贵族阶层的立场上进行思想设计，为统治阶级的长远和未来构建理想蓝图。而墨子出身手工业者家庭，其思想代表的是下层劳动人民，他始终站在劳动人民的立场上，为劳苦大众奔走呼号，争取权利。

《墨子·非乐上》谈到，人是劳动的存在物，人与动物具有根本性的不同。动物可以用羽毛作为衣服，可以用蹄爪作为鞋袜，可以以水草为食物。人却不可以，人的本质特点是：依靠自己劳动的就能生存，不依靠自己劳动的就不能生存。这无疑是强调了人之异于

① 池田大作、阿·汤因比：《展望21世纪——汤因比与池田大作对话录》，荀春生、朱继征、陈国梁译，国际文化出版公司，1999，第410页。

动物的本质在于依靠劳动才能生存。由此，这也决定了社会分配的原则应该是：劳动者得，不劳动者不得；多劳动者多得，少劳动者少得。然而，社会的现实情况却是存在严重的不公，最大的问题就是弱肉强食和以强凌弱，其中以战争问题最为突出。《墨子·兼爱下》有云："若大国之攻小国也，大家之乱小家也，强之劫弱，众之暴寡，诈之谋愚，贵之敖贱，此天下之害也。"

那么，天下为什么会经常发生战争呢？最主要的就是因为《墨子·兼爱上》中记载的"诸侯各爱其国，不爱异国，故攻异国以利其国，天下之乱物具此而已矣"。概而言之就在于相互"亏害"，具体表现为三个层面：一是国与国之间相互亏害；二是君臣、父子、兄弟之间相互亏害；三是人与人之间相互亏害。

为了改变上述不公的社会状况，墨子在《墨子·兼爱中》中提出兼爱的主张："视人之国若视其国，视人之家若视其家，视人之身若视其身。"墨子坚信，只要能做到这一点，就可以实现互助互爱的大同理想：诸侯之间相爱，就不会互相攻伐；家族宗主之间相爱，就不会相互掠夺；人与人相爱就不会相互残杀；君臣之间相爱，就会君惠臣忠；父子之间相爱，就会父慈子孝；兄弟之间相爱，就会和谐融洽。应该说，墨子这一思想具有进步性和超越性，甚至在当今世界亦具有深刻的借鉴价值。

个人主义在西方世界的价值体系中是最高层次的价值观念，为资本主义社会政治、经济实践及个人道德行为提供了基本指导原则。然而，个人主义在人性的自私和贪欲的驱动之下，会不遗余力地攫取财富和利益以满足自己，只顾个人，不顾他人；只关心自己的生活和权利，不考虑他人和社会整体的未来及长远利益。这势必会使社会上的每个人都处在争斗和防范之中，如此既缺失了家庭的亲情和温暖，也抛弃了人性的良善和道德，人的心灵因缺乏敬畏而背叛上帝，无数人都处于孤苦伶仃和孤立无援的状态中而等待末日的审判。这正是墨子兼爱思想在今天仍具有普世性价值的原因所在。

在国际外交层面，西方发达国家也以个人主义思想观念为基础处理国与国之间的关系。具体表现为：只尊重本国主权和利益，而肆意损害和践踏他国主权和利益。尽管他们有着诸多保护人权的漂亮理论和口号，然而在现实中却总是以满足自己国家利益为根本出发点，尤其是随着近代以来民族国家的出现，人类的纯洁之爱被扭曲的国家主义所替代，人的真实情感被卷入大国之间的矛盾和冲突之中，国家意识形态代替了人类之间的博爱与友好，国家之间的经济利益关系也演变为以利害冲突为主的敌对关系。更可悲的是，国家公民追求个人生活与生存的纯真之爱也变成了对其他国家和民众的憎恶、谩骂和斥责，他们已经演变成国家主义的牺牲品。两次世界大战的爆发正是这种国家主义或军国主义在经济竞争领域泛滥和延伸的结果。

与西方以个人主义思想为基础的价值观和世界观相反，墨家思想以群体利益至上和利他原则至重为主要特色。在墨子的观念里，人类要实现和平，必须有一个基本的逻辑前提，那就是每个人或群体都要遵循既“自爱”“自利”又“爱他”“利他”的原则，而且每个人或群体从“自利”的原则出发时，都不会去做伤害他人或危害其他群体的事情，这样就可以使天下归于和平，正如《墨子·兼爱上》所说：“若使天下兼相爱，爱人若爱其身，犹有不孝者乎？……视人国若其国，谁攻？”

墨子这一“以类反观”的思想，虽然没有高度的理论抽象，却在人类文明发展史上具有极其重要的意义。那就是，人类只有具有了博大深厚的人道情怀，才可以使人们之间的“爱”超越血缘、地域、国家、民族和阶级的局限，进而奠定人类和平的现实根基。具体言之，既然每个人都知道自爱与自利，为什么就不能以这种自爱和自利之心去对待他人而换取更多的“爱”与“利”呢？如果能做到这些，人类又怎么会去发动战争而相互攻击和残杀呢？

从历史上看，墨子兼爱思想的提出，是对儒家仁爱思想的突破与超越。墨子的兼爱是一种不分亲疏、等级、贵贱的普遍平等的爱。因而，“兼爱”与近代西方启蒙时代资产阶级的“博爱”相当接近，从而显示出其世界和平主义精神。尽管建立在兼爱基础上的美好理想，在战国时代难以付诸实践，但它以超越时代的先进性和合理性，在当今世界获得了广泛的现实基础。也正因如此，今天人们对“兼爱”思想的诠释与现代转化，将是人类在21世纪争取世界和平的宝贵财富。

值得注意的是，墨子不仅提倡“兼相爱”，而且主张“交相利”，也就是说，人们之间的互爱与互利是统一在一起的。《墨子·兼爱中》讲，“夫爱人者，人必从而爱之；利人者，人必从而利之”。由此出发，就可以改变人们不相爱的现实，进而以兼爱代替争斗。墨子的这一思想观念其实是建立在相信人性良善的基础之上的。同时，墨子又抓住了人的一种普遍心理，即大家都希望在困难或绝望的环境中得到别人的有力帮助。其实，人世间所有美好的东西都是以善的人性为基础的，比如“爱”“宽容”和“和平”，世界上大多数宗教的核心思想也都是这些。所以，墨家的兼爱思想与西方柏拉图“理想国”的构想，都是对人类善性的肯定、发掘与引导。

2. 墨家的“非攻”思想与反战观念

“非攻”是墨子和平思想的第二个层面，也是“兼爱”思想延伸至战争领域的必然结论。《墨子·鲁问》记载，魏越问墨子：“如果能见到四方诸侯，你会说些什么？”墨子回答：“凡是到一个国家，要选择最重要的事情去做。如果一个国家混乱，就告诉他们尚贤、尚同的道理……如果一个国家总是侵略凌辱别国，就要告诉他们兼爱、非攻的好处。”

墨子还提出了“兼以易别”的主张。所谓“兼”，即兼爱，指不分亲疏远近、贵贱悬殊的平等的普遍的爱。如果从兼爱出发，大国就不会攻打小国，大家族就不会侵扰小家族，强者就不会劫掠弱者，人多的就不会去侵略人少的，奸诈的就不会去算计愚笨的，高贵的就不会轻视卑贱的。所谓“别”，即偏爱，自私。如果从别爱出发，就会出现恃强凌弱、以智诈愚、以贵傲贱的现象。墨子极力提倡“兼”，反对“别”。拥有兼爱思想、能实行兼爱原则的人，墨子称之为“兼士”，反之，只考虑自己利益的人就是“别士”。由此来看，非攻是兼爱的必然结果。

战争是一种暴力活动，既会伤及无数士兵的性命，也会造成国家财富的流失和严重的财政危机。墨子从正义和功利的双重角度表达了对战争的反对态度。《墨子·非攻》和《墨子·公输》篇中对此有系统的总结和论述。

其一，从历史史实考察，“古者封国于天下，尚者以耳之所闻，近者以目之所见，以攻战亡者，不可胜数”。因战争而亡的国家不可胜数，所以战争对大多数国家而言，是凶事，是祸事，是巨大的灾难。

其二，从现实状况考察，掠夺性战争给人民的生命财产带来了巨大的损失。墨子用了多个“不可胜数”来描述这种灾难，如战争会造成百姓冻死饿死者不可胜数，战争器械用后损坏者不可胜数，百姓因战争流离失所、生病而死者不可胜数，士兵阵亡者不可胜数，鬼神因战争丧失后代祭祀者不可胜数等。

其三，从义与不义的角度来看，战争行为是最大的不义。墨子说，对待“窃桃李”“攘人犬豖鸡豚”“取人马牛”“杀不辜人”等行为，人们均会斥之为不义。事实上，为满足大国君主私利的以大欺小、以强凌弱、掠人财富、杀人性命的兼并战争，才是最大的不义。

其四，从利与害的角度来权衡，那些从事兼并掠夺战争的大国，最终结果都是得不偿失。《墨子·公输》中说：“荆国有余于地，而不足于民，杀所不足，而争所有余，不可谓智。”攻战杀伐会造成大量人员伤亡，牺牲自己本就不足的人口去争夺本就富余的土地，太不划算。更可贵的是，墨子认识到，战争虽然使少数几个国家获得了利益，但是更多的国家和人民则在战争中遭受了巨大灾难。在墨子看来，即使几个国家从战争中获得了利益，也不能说它是仁义的举动。这就好比一个医生给天下人开药方，一万个人用了药，但只有四五个人治好了病，这就不能说它是通用的药方。因此，攻伐是不可取的。

总之，墨子极力反对大国对小国的非正义战争，他提醒统治者要像古代仁人那样，多做“利人多，功故又大”的事情，这样才能最终实现天下兼爱平等的理想。

在后世传承中，墨家弟子坚定维护墨子“兼爱”“非攻”的思想主张。在《吕氏春秋·审应览·审应》中，讲到一个事例，当赵惠王向墨家弟子公孙龙提出“我致力于消除战争有十多年了，可是却没有成功。战争不可以消除吗”的疑问时，公孙龙回答说：“消除战争的想法，体现了兼爱天下的善良之心。但兼爱天下不能空有虚名，必须落到实处。今蔺、离石二县被并入秦国，您就穿上丧国之服；向东攻打齐国夺取了城邑，您就摆酒加餐庆贺，您这不是真正的兼爱之心啊！这也是您偃兵不能成功的根本原因。”

《吕氏春秋·审应览·应言》中还有关于墨者“师”的一段记载，也充分反映了后世墨家弟子坚定不移地践行着墨子的“非攻”思想。中山国相国司马喜与墨家学派师在中山国国王面前讨论“非攻”问题。司马喜问：“先生是主张非攻的，假如国王发兵攻打燕国，您责备国王吗？”师反问说：“相国您赞成攻打燕国吗？”司马喜回答：“是的。”师再问：“假如赵国发兵攻打中山国，相国您也赞成吗？”司马喜无言以对。墨家善辩，并常常将这种功夫用于墨家思想的宣传中。

从上述内容中，我们还可以发现一个问题，即不能简单地把非攻理解成反对战争，它更主要的是反对兼并战争和侵略战争。有人曾以“禹征有苗”“汤伐桀”“武王伐纣”这三个古代圣王发动的战争为例，指责墨子提出的非攻主张。墨子在《墨子·非攻下》中回答说：“子未察吾言之类，未明其故者也。彼非所谓攻，谓诛也。”墨子明确指出，“攻”和“诛”是不一样的，“攻”是掠夺性战争，是不义之战；“诛”是以“有道”伐“无道”，是正义之战。由此可见，墨子关于战争问题的认识，是严格区分了正义和非正义性质的。对于以大欺小、以强凌弱的不义战争，墨子坚决反对；对于禁乱诛暴的正义战争，墨子则坚决支持和赞同。所以，墨子的非攻思想也应该有两层基本内涵，它既包括反对非正义的侵略战争，又包括认同诛暴的正义战争。

值得注意的是，墨家不仅有“非攻”思想，还有“非斗”主张。《墨子·耕柱》中记载，子夏的弟子询问墨子：“君子之间有争斗吗？”墨子回答：“君子之间没有争斗。”子夏的弟子提出疑问：“猪狗之间尚且有争斗，士人之间又怎么会没有争斗呢？”墨子说：“你们言必称商汤、文王，行为却与猪狗进行类比，真是可悲啊！”在《墨子·非儒下》中，墨子也提出，仁人的做事方式是用是非之理去劝告别人，没有理的服从有理的，无知的服从有知的，仁人之间怎么会相争呢？虽然上述事例中，墨子的意图在于批评儒家的某些思想，但也可以看出，在墨子的心目中，仁人君子是不会发生争斗的。另外，《吕氏春秋·孟春纪·去私》中也记载了著名的“腹䵍杀子”的故事。说的是墨家大师腹䵍的儿子在秦国杀了人，当时的秦惠王鉴于墨家的侠义和贡献，欲下令赦免其子，然而腹䵍并不领情，回复秦王说：“严禁杀人、伤人，这是天下的大理。大王您虽然赐给我恩惠，命令司法官不杀我的儿子，但我腹䵍却不可不执行墨家的法律。”最终，腹䵍仍坚持执行了墨家法律。

从上述内容看，墨家有鲜明的“无斗”或“非斗”思想，坚决反对个人暴力。这种“非斗”思想同样基于墨家的兼爱思想而产生和流传，与墨家的“非攻”思想是一脉相承的。

3. 墨家的“救守”思想及和平导向

墨家在主张“兼爱”和“非攻”的同时，还提出著名的“救守”思想。“救守”包括止战救弱和防守自卫两个方面的含义。这是基于“兴天下之利，除天下之害”的兼爱思想而产生的正义实践行动，也是墨家和平思想的重要组成部分。墨子曾经以自身的实际行动做过三件大事，即“止楚攻宋”“止齐攻鲁”和“止鲁攻郑”。这在征战频繁的战国时代，可谓伟大的创举。大凡历史上一种道德思想或道德理论的问世，最重要的是能否真正应用于实践，墨家在这一方面可谓典范。

在救守思想积极实践的过程中，墨家还创立了自己独特的防御理论，并特别重视军事科技在阻止侵略战争中的作用，以至于取得了可与兵家比肩的军事成就。

中国古代兵学思想中有非常辩证的攻守理论。如《孙子兵法·形篇》有言：“不可胜者，守也；可胜者，攻也。守则不足，攻则有余。”比较而言，墨子在攻守理论上偏重“守”，其“救守”思想就是要帮助那些弱小国家抵抗大国和强国的侵略，而其核心的“城守”思想，更是形成了一套完整的思想理论体系，影响非常深远。墨家可谓我国古代防御理论的奠基者，其救守思想是我国积极防御理论的雏形。大家所熟悉的成语“墨守成规”，即因墨子善于守城而产生。

墨子的防御理论体系主要包括以下内容：

第一，修明政治，动员民众。注重凝聚民心是中国兵学思想的一个重要特色。如兵圣孙武就讲到“令民与上同意”[①]之“道”，儒家孟子更是提倡“天时不如地利，地利不如人和”[②]，而墨子则是出于救守的目的而动员民众。《墨子·备城门》有云：“我城池修，

① 陈曦译注：《孙子兵法》，中华书局，2011，第3页。
② 方勇译注：《孟子》，中华书局，2010，第65页。

守器具，推粟足，上下相亲，又得四邻诸侯之救，此所以持也。”墨家之所以特别强调动员民众，是因为它所救守的都是弱国、小国，它所进行的战争都是以弱抗强的战争。所以，墨家强调，一定要调动国家的一切力量，包括政治、军事、经济、外交等各方面的力量来支撑战争。同时，除了国家的正式军队外，要把所有人全部纳入战时编制，男女老少都要参战，女子作战也要像男子一样勇敢，有一技之长的人要发挥其专长。总之，就是要做到万众一心，全民皆兵，同仇敌忾。

第二，有备无患。《墨子·七患》中说：“故仓无备粟，不可以待凶饥；库无备兵，虽有义不能征无义。城郭不备全，不可以自守；心无备虑，不可以应卒。”这里非常全面地讲到了城守所需要的基本力量和要素，既包括粮，也包括兵；既包括城池的建设，也包括将帅的谋略和细致的作战规划。该篇又讲：“故备者国之重也，食者国之宝也，兵者国之爪也，城者所以自守也，此三者国之具也。”这里明确强调，战备是国家的大事，要特别做好三个方面的准备，即粮食、军队和城池，粮食是国家的财宝，军队是国家的利爪，城池是国家用以自守的基础条件。除此以外，还要有一个必备条件，即要有善于防守的人，国君信任并且能够重用他。

第三，积极防御，守中有攻。在攻守统一的理论上，《墨子》所论丝毫不逊于《孙子兵法》。如《墨子·号令》讲：“凡守城者以亟伤敌为上，其延日持久以待救之至，明于守者也，不能此，乃能守城。”这句话有四点值得分析：其一，整体战略上积极主动，绝不被动防御；其二，在机会出现的时候，及时组织反击，绝不贻误战机；其三，反击以消耗敌人有生力量为主，目的在于改变力量对比和实现攻守转换；其四，凡出击一定要迅速，出其不意地杀伤敌人，这符合弱敌对抗强敌的基本规律。墨子特别强调，如果一味延长时间或被动地坐以待援是不明智的，这是不明白守城的法则与关键。只有大量地消灭敌人的有生力量，才能真正守住城池。可见，墨子窥破了城池防御战的理论玄机。

第四，讲求战术多变，手段多样。野战中的战术多变是战争指挥的常态，然而，在城池防御战中讲究多变的战术和手段，乃是墨家的特殊贡献。比如，《墨子·备城门》中详细列出了“临、钩、冲、梯、堙、水、穴、突、空洞、蚁傅、轒辒、轩车”十二种攻城战法，并且从宏观到微观探讨了防御的相关对策。除了“备城门”之外，《墨子》一书中还记载了“备高临”“备梯”“备水”“备突”“备穴”“备蛾傅”等富有实效的多样化的防御战术。同时，墨家守城也很注意战术的整体变化，如《墨子·备梯》记载了墨子与其弟子禽滑釐讨论针对云梯攻城的守城方法一事。经过一番交谈，最后墨子说，当敌人因持续进攻疲惫不堪，撤兵而去的时候，就要命令敢死队从左右杀出，追击溃败而逃的敌人；命令勇士和主将根据城鼓声杀入或杀出；半夜的时候，可以在城墙上四面鼓噪呐喊，敌人必定惊慌失措，此时可以乘机攻击敌军或击杀敌人将领，不过要用白衣作军服，要凭口令做好联络工作。

第五，守城与伐谋、外交活动相结合。《孙子兵法·谋攻篇》中提出了著名的伐谋、伐交思想，其目的是实现战争和战略上的全胜。墨子为了救守，也非常重视对伐谋、伐交思想的运用。

据《墨子·公输》记载，墨子听说公输盘制造了云梯将要助楚攻宋，于是步行十天十夜赶到楚国都城进行伐谋活动。墨子先是指责公输盘帮助楚国攻打宋国的行为不符合道义，继而批评楚王攻打宋国犹如舍弃自己的华丽彩车，去偷邻居家的破车；舍弃自己的锦绣衣裳，去偷邻居家的粗布短衫；舍弃自己的精美食物，去偷邻居家的粗食糟糠。最后，墨子与公输盘在楚王面前“解带为城，以牒为械”，进行沙盘推演。公输盘使用了很多攻城的巧妙战术，墨子都能够抵御。结果公输盘攻城的器械已经用尽了，墨子守城的器械却还绰绰有余。最终楚王放弃了攻打宋国的计划。由此来看，墨子乃是凭自己的智慧和建立在技术基础上的防守实力，成功缔造了中国历史上一次典型的伐谋全胜案例。

关于墨子的伐交思想，在《墨子·鲁问》中有具体的体现。鲁国国君担心齐国来进攻鲁国，向墨子询问解决的方法。墨子给出的解决方案是，尊重上天，事鬼敬神，爱护百姓；此外还要准备好钱财，辞令谦恭地向四邻的诸侯求助。然后驱使本国百姓去抵御齐国入侵，祸患就可以解除了。由此可以看出，墨子非常重视战前的外交活动，强调与他国合作，以结成广泛的统一战线，彻底孤立敌人。这展现了墨子非常远见卓识的战略眼光。

根据上述内容可看出，墨子的救守思想已经形成完整的思想体系，其核心宗旨就是“积极防御，守中有攻”，可谓中国积极防御理论的雏形，同时也是对中国和平文化的又一重大贡献。

综上所述，墨家提出兼爱与非攻的和平思想，是有自己深刻的理论依据的。这种理论依据的核心就在于《墨子·法仪》中所说的“天必欲人之相爱相利，而不欲人之相恶相贼也”。需要注意的是，它所强调的乃是天之意，是天理。其更深刻的意义在于，作为“天”的臣民，每个人都有平等的权利，同样，每个人也都有不被他人伤害的权利。在今天，我们讲天赋人权，实际讲的也是人与生俱来的权利，也是强调任何一个人在法律面前不能被侵害的平等权。从这一角度讲，墨子的兼爱与非攻思想是具有超越性和普适性的。尤其在当代社会全球化的背景下，信息化、智能化及人类命运一体化的汹涌浪潮，都对以往的国际关系规则、民族国家理论以及国家主权和人权问题提出了新的挑战。全球化意味着人类命运作为一个整体要共同接受挑战，也意味着人类越来越需要真正的普遍平等的全球性关爱，而墨子的兼爱与非攻思想必将成为制定新的国际关系准则和形成新的道德理念的重要理论依据。

五、兵家的伐谋与全胜

中国兵家思想中之所以有和平理念，是因为它既在春秋战国的腥风血雨中诞生，同时又在和合文化的大背景下孕育成长。因而，兵家对战争暴力持非常复杂和矛盾的心态，既依赖它、利用它，又万分谨慎地防范它。在战争决策上，《孙子兵法·火攻篇》中讲："非利不动，非得不用，非危不战。"在军事行动上，要灵活应变，适可而止，如《孙膑兵法·见威王》曰："然夫乐兵者亡，而利胜者辱。兵非所乐也，而胜非所利也。事备而后动。"更重要的是，用兵切不可一味求胜而穷兵黩武，如《吴子兵法·图国》就告诫人们："'天下战国，五胜者祸，四胜者弊，三胜者霸，二胜者王，一胜者帝。'是以数胜得天下者稀，以亡者众。"

面对战争的惨痛后果，人们产生了节制和求全意识。高明的兵家会有这样的思考：如果在打败对方的同时，自己也有很大损失，这难道不是灾难？如果能不流血而让对方臣服，岂不是兵学的高阶智慧？于是，《孙子兵法·谋攻篇》提出了战争指导的最高理想境界："是故百战百胜，非善之善者也；不战而屈人之兵，善之善者也。"此种战争智慧虽然是由孙子明确提出的，却是远古以来历史文化积累的产物，无论是大禹时的"涂山之会"，还是武王伐纣时的"孟津观兵"，抑或是齐桓公时的"召陵之盟"，都贯穿着"不战而屈人之兵"的用兵理念。

至于后世，历史的经验一再证明，和平来之不易，用兵不可不慎，一味追求战争胜利只能带来无尽的灾难，所谓"杀敌一万，自损八千""一将功成万骨枯"，真正的战略不是同对方打个头破血流，不是要斗个你死我活，而是用巧妙而智慧的方式实现不战而全胜。这反映了中国兵学迥异于西方的超越战争、超越暴力的和平理念，而此种理念，又立足于中国和合价值观的肥沃土壤之中，因而具有强大的生命力。

1. 全胜是兵家和平思想的集中体现

在《孙子兵法》中，最能集中反映孙子全胜思想的是《谋攻篇》中的这样一段话："凡用兵之法：全国为上，破国次之；全军为上，破军次之；全旅为上，破旅次之；全卒为上，破卒次之；全伍为上，破伍次之。”意思是说，用兵的一般规律是：使敌人整个国家（或城邑）完整地降服为上策，击破它为下策；以此类推，对于敌人的军、旅、卒、伍等也都是以完整地降服为上策，击破它为下策。这里的“全”就是保全的意思，不仅保全自己，也要保全敌人。总之，尽量避免使用战争暴力，故而它是一种间接的和平思想。

在《孙子兵法·谋攻篇》中，孙子还提到：“故善用兵者，屈人之兵而非战也，拔人之城而非攻也，毁人之国而非久也，必以全争于天下，故兵不顿而利可全，此谋攻之法也。”这里的“全”是方法论层面的整体与综合的意思，就是说要综合运用政治、经济、军事、外交等各方面的手段以取得胜利。它已经不是在军事领域谈战争，而是上升到国家大战略的层次来讨论战争问题，所以它更侧重于非军事、非暴力手段的运用，由此更向和平迈进了一步。

另外，在孙子的思想中，还有一种全胜的手段叫“破中求全”，即在战争不得已开始之后，战争指挥者用最巧妙的方法胜敌，如此使我方力量得以最大程度地保全，这也就是孙子所讲的“善战者”“善用兵者”“善攻者”“善守者”“善动敌者”等。这些“善”字，都是言最巧妙、最有利的方法，本身就有削弱战争暴力的和平之意。孙子把“巧战而胜之”，谓之“取”，把“力战而胜之”，谓之“战”。在一般情况下，要巧取、轻取，只有面临险境，深处“死地”，才“战”，才“斗”，要“胜于易胜”“胜于先胜”“胜于无形”。此即所谓“破中求全”。

就孙子全胜思想的本质内涵而言，就是要以最小的代价获取最大的胜利。换言之，战争指挥的最高境界是超越战争。高明的战争指导者不是将作战的重心放在力量的直接对抗上，而是将其放在关乎全局的间接或无形的对抗上，或者说，是将双方的暴力对抗转换为一种战略和心理层面的对抗，让战争决策者的精神和意志起到决定性作用，一方认输放弃，另一方“不战而屈人之兵”，这样才可以化战争矛盾和冲突为最后的和平结局。

从现代军事理论讲，全胜实际是一种战争控制思想，它要求战争指挥者对战争保持一种敬畏意识，同时在战争过程中始终坚持“守度”原则，以最大限度化解战争暴力，并以此尽可能消除战后带来的矛盾和隐患。中国兵家对待战争的这种谨慎又节制的态度，与西方军事文化形成了鲜明的对比，它使得中国传统兵学形成了非暴力、非扩张的主导倾向。

这种与全胜思想相联系的战争控制理念，在中国历史上有着悠远的传统，我们从春秋时期楚庄王争霸的军事行动中，可以略见一斑。公元前598年，楚国攻破陈国以后，楚庄王在申叔时的劝告下，根据“兴灭国，继绝世”的军礼精神，允许陈国复国，再造社稷；公元前595年的楚宋战争中，当宋国顽固抵抗之后再求媾和的时候，楚庄王同意与其结盟，然后退兵；在公元前597年的邲之战中，楚国打败晋国，许多手下将领要求将晋军尸体叠垒筑为京观，以耀后世，但楚庄王坚决拒绝了这一建议，并解释说：“夫武，禁暴、戢兵、保大、定功、安民、和众、丰材者也，故使子孙无忘其章。”①

与西方的战争观念相比，全胜这种和平理念体现了中华民族对“胜”的一种独特的理解。在中国人看来，“胜”之关键，不在于是否将对方打倒，更不在于是否已经消灭了敌人的武装力量，而在于是否真正达到了自己的战略目标，而这完全可以通过非暴力的手段，让对方在意志上、精神上自觉承认失败而实现。与之相反，在西方人看来，战争要遵循“尽敌为上”的歼灭原则，整个战争的进程和结局最终都要取决于敌对双方有生力量的消长和博弈。

在全胜问题上，北京大学李零教授曾有一番深刻的感悟：他读英国战略学家哈特对《孙子兵法》的评价，始终不明白哈特为什

① 杨伯峻编著：《春秋左传注·宣公十二年》，中华书局，1981，第745～746页。

么对孙子的全胜思想那么欣赏，认为孙子比克劳塞维茨讲得好。后来比较孙子和克劳塞维茨的书才发现，东西方对战争过程的理解很不一样。孙子认为，应该先礼后兵，他把“不战而屈人之兵”当作理想状态，伐谋不服才伐交，伐交不服才野战，野战不服才攻城。而克劳塞维茨则相反，他不讲先礼后兵，而是把最大限度使用暴力作为理想状态，退而求其次才使用比较缓和的手段，打服了才讲客气。[①]

倪乐雄也在比较东西方军事文化的基础上提出过类似的看法：“虽然在古代西方文明史上，在具体战争中有迫使敌人投降的无数例子，但相比之下，从来没有像汉民族那样把不战而胜自觉地提高到战略思想的层次并形成一种军事理论加以高度重视，从而凝聚为军事思想体系的重要内容。”[②]

总之，孙子的全胜思想着眼于长久的胜利，更准确地说，它着眼的是立足于以战止战基础上争取和平的真正意义上的胜利。正是围绕着这种和平全胜的目标，中国的军事家们强调的是制服的目标而非击毁的目标，突出了以德胜敌、以智胜敌而非以暴力胜敌。这就在战略的运用上表现出了与西方截然不同的风格。在西方人看来，战争就是暴力无限、目的无限和手段无限。“对不惜一切流血牺牲地使用暴力的一方来说，在对方没有采取同样做法时，一定会获得优势。如此一来，对方就被迫也采取同样的做法，于是，双方便走向极端，这种走向除了受内在的牵制力量的限制外，不受其他限制。”[③]而在中国兵家看来，战争虽然是暴力活动和暴力行为，却可以在追求和平的理念指导下实现全胜。

---

① 李零：《民主支持下的战争——读〈剑桥战争史〉之二》，《读书》2002年第9期。

② 倪乐雄：《战争的文化透视》，《读书》1992年第3期。

③ 克劳塞维茨：《战争论》，魏止戈译，华中科技大学出版社，2016，第4页。

2. 全胜思想产生的历史文化渊源

首先，孙子的全胜思想及和平理念奠基于中国传统文化的沃土之中，它的产生与中华农耕文明的生产和生活方式有关。农耕文明立足的基础在于稳定与安宁。只要有土地在，只要能保证农民在土地上“日出而作，日落而息”，大家就能过上太平的生活，农耕文明就能发展和延续下去。然而，任何性质的战争都会与农耕文明的正常生产和生活发生尖锐的冲突。战争不仅是破坏农田、延误农耕的罪魁祸首，也是荼毒生灵、离散家庭的人间恶魔，“白骨露于野，千里无鸡鸣”，这正是战争给农耕文明带来深重灾难的真实写照。农耕文明是中国农民反战意识和厌战情绪的终极根源。所以，中国的战争或竞争文化中总是蕴含着和平观念，如文字上的止戈为武、政治上的兼爱非攻、军事上的不战屈人、哲学思想中的仇必和而解等。

与中国崇尚稳定的农耕文明相反，西方主要是游牧文明和航海文明。游牧民族习惯于不停息地流动和掠夺，战争对他们而言，是一种补充生活资料的基本方式。航海民族亦然，战争本质上就是开拓和维护殖民地的重要途径，同时也是他们创造财富的一种基本手段。所以，西方人崇尚暴力型的战争方式，他们在海外作战，完全继承了古罗马人的传统，毫无怜悯，肆意屠杀，一切以彻底击败和摧毁为原则，战争的最终结局必须是对方无条件投降。杰弗里·帕克在《剑桥战争史》中曾指出：“西方的历史，无论是本国的还是海外的，都以强硬的、野心勃勃的大国们为争夺控制权而展开的竞争为中心，在竞争中，残忍者、革新者和果断者取代了自满者、模仿者和优柔寡断者。”①

其次，孙子的全胜思想也是对过去军礼文化传统的继承，是当

① 杰弗里·帕克：《剑桥战争史》，傅景川、李安、李安琴译，吉林人民出版社，1999，第590页。

时新旧战争文化的一种交汇与融合。

中国春秋中期以前的战争，规模较小，时间较短，战争方式简单，战争目的也比较单纯，即以使敌人屈服为基本宗旨，很少有真正的主力会战。而且，双方的交战程度也不惨烈，大都带有一些温情脉脉的味道，如在晋楚邲之战进行过程中，晋国军队的战车陷入泥淖中不能行进，楚国军队随后追来，不但没有乘机攻击，反而教其如何摆脱困境。结果，晋国人按照楚军教的办法脱困之后，竟讥笑楚国人说："我们不如你们会逃跑啊！"这样的作战，在今天看来就像一个笑话，然而这却是当时真实战场的反映。此种战争方式无疑为孙子全胜思想的产生提供了历史的温床。

至春秋末期，战争的规模越来越大，程度越来越激烈，突袭、迂回、包抄、埋伏等作战手段被大量地运用在战场上。然而，传统是一种巨大的惯性力量，孙子虽然已经认识到战争方式在改变，而且也提出了"兵者诡道"的用兵原则，但他无法彻底地回避和抛弃传统，过去那种以威服敌人为主要目的战争方式仍然在不断促使他进行现实的理性的思考："现在的战争愈演愈烈，岂不是给人们带来很大的伤害？诡诈手段既然已经广泛运用于战场，如果能够运用好这种谋略，不通过战场交战的方式就可以使敌人威服，岂不是更好吗？创新复活'屈敌'的作战方式，实现'兵不顿而利可全'的全胜目的，岂不是战争的一种理想境界？"以此论之，孙子的全胜思想必然是在继承和总结以往的历史经验的基础上形成的，是军礼文化传统的一种延续和发展。

著名历史学家雷海宗先生对春秋至战国时期战争方式的转变有过总结，他说："春秋时代的战争由贵族包办，多少具有一些游戏的性质。我们看《左传》中每次战争都有各种的繁文缛礼，杀戮并不甚多，战争并不以杀伤为事，也不以灭国为目的，只求维持国际势力的均衡。到战国时代，情形大变，战争的目的在于攻灭对方，所以各国都极力奖励战杀，对俘虏甚至降卒往往大批的坑杀，以便早日达到消灭对方势力的地步。”[①]这段描述可以帮助我们进一步了解孙子在春秋末期这一过渡时期对战争的思考。他既认识到战争的新变化，同时又纠结于过去战争的浪漫温情方式，所以说，历史与现实的交汇与碰撞，催生了全胜这一伟大的思想。

最后，孙子全胜思想的提出，还与齐文化的兵学文化传统及和平理念有着密切的关系。

齐文化有着尚智不尚力的兵学文化传统。齐国的开国君主姜太公是有名的军事家，司马迁在《史记·齐太公世家》中就指出："其事多兵权与奇计，故后世之言兵及周之阴权皆宗太公为本谋。”从齐国本身的经济发展来看，齐国滨海，擅鱼盐之利，工商业发达，齐人也形成了机智灵活、擅谋略的处事风格，如班固在《汉书·地理志》中就称齐人“舒缓阔达而足智”。因此，齐国兵学文化很早就形成了不喜暴力拼杀，喜用谋，求巧胜和全胜的特点，正是这样的特点催生了齐国兵学的和平理念。

反映齐人和平理念的最典型的例子，莫过于历史上齐桓公“九合诸侯，不以兵车”的称霸业绩。齐桓公在位四十余年，一生指挥和参与的战争有二十多次，这些战争大都是以智取胜或者说是以军事上的威慑行动而获得全胜的。另外，齐桓公称霸期间，多次主持诸侯之间的会盟，这些会盟也都是以不战而威服他国为最终结局。正因如此，孔子对齐桓公及辅佐齐桓公的管仲大为赞赏。在《论语·宪问》的记载中，孔子的弟子子路和子贡，都因为管仲没有自杀以殉公子纠而质疑管仲是否算得上仁人，孔子却极力称赞管仲的仁德：“桓公九合诸侯，不以兵车，管仲之力也。如其仁，如其仁。”又说：“管仲相桓公，霸诸侯，一匡天下，民到于今受其赐。微管仲，吾其被发左衽矣。”

值得注意的是，齐国在当时是兵学大国，在《孙子兵法》成

① 雷海宗：《中国文化与中国的兵》，商务印书馆，2017，第12页。

书前已经有古本《司马法》等兵书流传，与孙武同为田氏家族成员的兵学家司马穰苴就曾对古本《司马法》进行过阐发。这些兵书虽然多记录的是律令和军法，但也有军事谋略思想的萌芽，如《司马法·用众》讲“击其疑，加其卒，致其屈，袭其规”，《司马法·严位》说“击其微静，避其强静；击其倦劳，避其闲窕；击其大惧，避其小惧”等。这些思想不仅孕育了全胜的智慧思想，而且也蕴含着诸多和平思想的理念，它们被孙子继承下来，并进一步发展而产生飞跃，进而成为一种宝贵的军事思想理论。

3. 实现全胜思想的基本思路与方法

对于实现全胜的思路与方法，世人常以孙子的“伐谋”与“伐交”论之。事实上，问题远非那么简单，真正现实战争中的全胜，是立足于以战止战基础上的一套全面而系统的制胜逻辑。

首先，这一逻辑的前提是慎战。慎战是保障和平的第一要素，战争对和平的破坏，往往与决策者的轻率或感情冲动有关。为此，孙子反复强调将帅非理性所带来的战争灾难。如《孙子兵法·九变篇》中论述的“将有五危”：“必死，可杀也；必生，可虏也；忿速，可侮也；廉洁，可辱也；爱民，可烦也。凡此五者，将之过也，用兵之灾也。”孙子强调，过分的非理性的勇敢、怯懦、急躁、好名、爱民都会招致用兵的灾难。再如，《孙子兵法·行军篇》中论用兵的骄傲轻敌：“夫惟无虑而易敌者，必擒于人。”意思是，不能慎重考虑敌我情况而轻视敌人的，必然被敌人所擒。《孙子兵法·火攻篇》在论述火攻时，以大段篇幅论证君主和将帅的盲目决策问题，如：“主不可以怒而兴师，将不可以愠而致战；合于利而动，不合于利而止。怒可以复喜，愠可以复悦，亡国不可以复存，死者不可以复生。故明君慎之，良将警之，此安国全军之道也。”强调君主和将帅对于战争问题必须慎重。

其次，在慎战思想的基础上，孙子特别强调先胜和备战问题。《孙子兵法·形篇》中言：“昔之善战者，先为不可胜，以待敌之可胜。不可胜在己，可胜在敌。故善战者，能为不可胜，不能使敌之可胜。”这里特别强调了存己与胜敌的辩证关系问题。很明显，存己是第一位的，胜敌是第二位的，真正高明的兵家绝不将自己的决策和行动建立在轻易试险的基础之上。因此，要追求先胜和备战，功夫用在战前而不是战后，功夫用在战场之外而不是战场之内，要讲究先弱敌而后战，使敌人在交战之前已经遭到最大程度的削弱，从而把对方的力量和威胁消灭于萌芽之中。

另外，孙子的备战思想还要求有一种“求其在我”的思想意识，即不要把胜利的希望建立在对方失误或不打的基础之上，而要建立在自己积极准备而让敌人无可乘之机的基础之上。正如孙子在《孙子兵法·九变篇》中明确指出的：“故用兵之法，无恃其不来，恃吾有以待也；无恃其不攻，恃吾有所不可攻也。”这就是说，要想胜敌，先要把自己的事情做好，提高自己的实力，要将自己的隐患、漏洞、虚弱和不足之处尽最大努力消除，还要将对整个战场形势的判断及敌我力量的对比情况建立在科学与客观的基础之上，如此才能修“自保”之道，保“全胜”之果，最终牢牢把握战争的主动权。

关于实现全胜的伐谋思想，是推进和平进程的关键环节。所谓“伐谋”，即在双方军队正式交战之前，已经通过高深的谋略和行动，挫败敌人的战略计划，使敌人自觉放弃进攻或抵抗，从而实现不战而胜的和平目标。在春秋战国时期，自孙子明确提出“伐谋”的概念以后，许多学派也特别注意阐述自己的伐谋思想，如《鹖冠子·武灵王》就讲“工者贵无与争，故大上用计谋，其次因人事，其下战克”，主张在战前主动展开己方的伐谋行动，如迷惑敌国的君主、离间敌国的君臣、搅乱敌国的朝廷，使敌方上层人物变得骄奢淫逸、恣意妄为，进而自掘坟墓、自取灭亡。另外，《文子》一书也将战前的伐谋与天道结合在一起来论述，如《文子·自然》讲：“庙战者帝，神化者王。庙战者，法天道；神化者，明四时。

修正于境内而远方怀德，制胜于未战而诸侯宾服也。”这些内容都体现出先秦时期人们对孙子伐谋思想的自觉继承和总结。

历史上最典型的伐谋案例，莫过于《墨子·公输》记载的“止楚攻宋”。公元前440年前后，楚国让巧匠公输盘制作了攻城用的云梯，准备大举伐宋。主张非攻救守的墨子听闻消息后，一方面令墨家弟子赴宋国助其做好守城准备；另一方面，他本人不辞辛劳，长途跋涉前往楚国劝说楚王停止侵略战争。墨子到楚国后，与楚王和公输盘进行了激烈辩论和实战演绎，“公输盘九设攻城之机变，子墨子九距之，公输盘之攻械尽，子墨子之守圉有余”，最终取得了不战止敌的和平结果。

“伐交”是实现全胜和平策略的另一种方法。这一方法实施的关键在于通过外交途径，瓦解敌人的盟国，团结自己的盟国，削弱敌人的力量，使敌人陷于孤立无援的困境，进而实现不战而屈敌的目的。通过伐交而制止战争、获取和平的案例也有很多。《晏子春秋·内篇杂上》中记载了这样一则事例：晋平公欲讨伐齐国，派大臣范昭前往打探情况。范昭想试探一下齐国的实力，于是在齐景公举办的款待酒宴上，故意两次侮辱齐景公。范昭先是提出用齐景公的酒具饮酒，齐景公命人将酒倒进自己的酒杯然后拿去给范昭。范昭饮过之后，晏子立刻命人撤掉这个酒杯，为齐景公重新换了酒杯。因为按照礼的规定，酒席之上，君臣应该各自用自己的酒具，范昭的行为是不符合礼的。接着范昭又装醉起舞，并要求乐师为他弹奏周王朝的音乐，他来伴舞。因为周王朝的音乐是天子之乐，非人臣所能演奏，所以齐国的乐师断然拒绝。范昭回到晋国后，告诫晋平公说，齐国是不可以讨伐的，因为齐国上下知礼，君臣和睦，团结有序。也就是说，齐国君臣在酒宴上的知礼行为无形中击破了晋国欲征伐齐国的战略计划。对于这件事，孔子由衷地赞叹说：“不用武力在酒宴中就可以御敌于千里之外，晏子就是这样的人。”

历史上最成功的伐交活动是由战国时期的纵横家们完成的。《孟子·滕文公下》中，孟子的弟子景春说，公孙衍、张仪等人"一怒而诸侯惧，安居而天下熄"。此语虽然有些夸大其词，但纵横家对缓和当时各国之间的暴力对抗局面以及对推动天下的统一进程确实起到了积极作用。以范雎的《客卿对》为例，《史记·范雎蔡泽列传》记载，范雎在客观分析当时战略形势的基础上，为秦国提出了"远交近攻"的战略构想。第一步，先用外交和军事威慑手段迫使居中央地带的韩、魏与秦结好，继而控制这两个国家。第二步，威逼楚国与赵国，进而威慑处于最远地带的齐国。第三步，待齐国依附之后，放手吞并韩、魏，其中又以取韩为先。而最具体的策略则是"王卑词重币以事之；不可，则割地而赂之；不可，因举兵而伐之"。就整体内容而言，这一谋略与孙子的"上兵伐谋，其次伐交，其次伐兵"思想十分相似。

当然，纵横家们的伐交思想也有很大的局限，它只能暂时维护或打破实力的均衡，而不可能使天下达到长久的和平。真正的全胜及和平方案的实现还要建立在强大的实力基础之上。所以，孙子不仅提倡不战而屈人之兵，而且注重实力建设。他在《孙子兵法·形篇》中谈到："故胜兵若以镒称铢，败兵若以铢称镒。胜者之战民也，若决积水于千仞之溪者，形也。"胜利军队的实力远远强于失败军队，其将领指挥作战时的威慑力就像从八千尺高的山涧倾泻而下的积水一样令人无法抵挡，这就是"形"的含义。

如何全面积累战胜敌人及维护和平的实力呢？首先，孙子重视政治实力建设。孙子提出，要想取得战争的胜利，不仅要争取军队官兵的支持，而且要争取广大民众的支持。其次，孙子重视经济实力和综合国力的建设。《孙子兵法·形篇》中提出了"度""量""数""称""胜"的概念以及五者之间的关系，认为"地生度，度生量，量生数，数生称，称生胜"。这句话揭示了一个国家综合实力生成的基本规律，即一个国家所处的区域决定了它的面积大小，面积大小决定了生产物资的多少，生产物资的多少决定了兵员的众寡，兵员的众寡决定了双方的实力对比，双方的实力对比最终决定了战争的胜负。另外，孙子还论及人才实力建设的问题，特别强调将帅的地位和作用，如《孙子兵法·谋攻篇》讲："夫将者，国之辅也。辅周则国必强，辅隙则国必弱。"

值得注意的是，通过"不战而屈人之兵"而实现和平的全胜策略与手段，并不具有普遍意义，它只能算是战略方案之一。而且，只有在双方实力悬殊，且抵抗的那一方因各种因素彻底丧失了抵抗意志的情况下才能实现。

那么，如何更好地运用全胜和平方案呢？要将武力威慑与武力交战有机结合起来。李际均将军曾谈到毛泽东主席对孙子全胜思想的创新发展，即通过不战、小战、备战、敢战、硬战（即以战止战）等多种作战方式，实现不战而屈人之兵。举例言之，解放战争后期，我军先武力攻取天津然后实现北平和平解放就是经过交战较量之后的"不战"而屈人之兵；20世纪50年代中期，我军通过攻占一江山岛，迫使敌人退出浙东沿海岛屿，就是"小战"而屈人之兵；抗美援朝时我军在朝鲜西海岸登录备战以及1962年我军为防止蒋介石反攻大陆而入闽备战，都属于"备战"而屈人之兵；1958年金门炮战，属于"敢战"而屈人之兵。[①]

从世界近代史来看，全胜思想与和平理念的实现还与核武器的出现有着密切的关系。在核武器出现以前，在常规武器运用的时期，经过酝酿的战争往往很难避免，因为决策者总是会发生误判，认为自己有机会或有把握取胜，即使在双方势均力敌或明显力量薄弱的情况下，有些指挥者也认为可以通过谋略的运用，充分发挥己方的优势，避开劣势，继而取得战争的胜利。所以，在这种情况

① 李际均：《信息制胜与不战屈人之兵的辨析》，《解放军报》，2005年6月21日第6版。

下，很少有人主动退出战争，人类的侥幸心理总会使人头脑发热，然后做出愚蠢的事情。

然而，在核武器出现之后，尤其是几个大国都拥有核武器之后，自觉不战或止战的情形越来越多。比如，1962年的“古巴导弹危机”、1973年的“第四次中东战争危机”等，本来都是足以引发新的世界大战的事件，然而各参与国却都在大战正式来临之前停下了脚步，因为双方都知道，在“确保相互摧毁”的核武器使用的情况下，任何一方都不可能做到独立幸存，也不可能单方面取得战争胜利。再如，在2020年的“克什米尔危机”中，印度在常规武器方面拥有绝对优势，但巴基斯坦方面表明了自己坚决使用核武器的决心，最终印度没敢轻举妄动，两国之间也没有爆发大规模冲突。而在此之前，无核状态下的印巴之间曾爆发过三次全面战争。

最早将核武器与孙子“不战而屈人之兵”的全胜思想联系在一起的人物，是英国著名战略学家利德尔·哈特。他在为塞缪尔·格里菲思的《孙子兵法》英译本所作的序言中曾指出：“由于足以导致人类自我毁灭，带有灭绝性质的核武器研制成功，更加完整地重新翻译《孙子兵法》一书的必要性更为增大了。”[①]利德尔·哈特还在自己所著的《战略论》一书中说，最完美的战略，也就是那种不必经过严重战斗而能达到目的的战略——所谓不战而屈人之兵，善之善者也。

4. 政胜是全胜思想的进一步深化

全胜思想体现了中国古代军事思想的一种理想战争境界，蕴含着中国传统文化的和平理念。在全胜思想与和平理念的关系问题上，政治居于核心地位。具体言之，全胜思想能否真正实现，最重要的支点还在于国家政治与军事问题的辩证统一，这也就是古人常讲的政胜问题。为此，我们还要再进一步分析全胜思想的本质。

---

① 吴如嵩：《孙子兵法新说》，解放军出版社，2008，第74页。

全胜是对战争和暴力的超越，最终体现的是一种大战略的思维方法。台湾学者钮先钟认为，“全”字在孙子兵法中有广义和狭义之分。从狭义上讲，“全”与“破”相对，是保全的意思，即力求将损失降到最低；从广义上讲，“全”是综合与整体的意思，此时的“全”变成了一种抽象的哲学概念，而在思想方法的领域中也代表一种特殊的思考途径。①

这一分析非常有见地，全胜意味着解决战争问题不是仅仅局限于军事领域和军事层面，而是要从政治、经济、外交、文化等多个层面入手，关注整体的全面的胜利，同时还要立足长远，分析战争目标实现的彻底性。这实际就是一种国家战略，也是一种高远的政胜思想。此种政胜思想在《孙子兵法》中已经初露端倪，如孙子将“道”置于战略要素的首位，强调“道者，令民与上同意也”，并在此基础上提倡“修道而保法”，以此造就“上下同欲”的清明政治局面。

从银雀山汉墓竹简《孙子兵法》中的《吴问》篇的内容来看，孙子对于政治的作用高度重视，其在政胜问题上，也非常有远见。当时，孙子觐见吴王之后，吴王问孙子关于晋国六卿“孰先亡，孰固成”的问题，孙子没有空言其事，而是从六卿田制的宽狭、官吏的多少、赋税的轻重以及对人民的态度等方面，对这一问题进行了大胆的预测分析。

孙子认为，最先灭亡的是范、中行氏，其次是智氏，再次是韩、魏。因为这几个大族都是剥削较重、上下离心，且急功好战：“其□田狭，置士多，伍税之，公家富。公家富，置士多。主骄臣奢，冀功数战，故曰先亡。”②而最后的成功者是赵氏，因为其剥削

---

① 钮先钟：《孙子三论：从古兵法到新战略》，广西师范大学出版社，2003，第235页。

② 银雀山汉墓竹简整理小组编：《银雀山汉墓竹简：孙子兵法》，文物出版社，1976，第94页。

较轻，让利于民，且政治清明、上下同心，“公家贫，其置士少，主佥臣收，以御富民，故曰固国”[①]。这是非常深刻的政治见解，同时也对政治与军事的关系进行了透彻的揭示。

吴王对孙子的回答非常满意，直言这是“王者之道，□□厚爱其民者也”[②]。春秋时期的其他典籍，也反映了政治对于军事的影响，如《老子·六十七章》云：“夫慈，以战则胜，以守则固。”《左传·成公十六年》也谈到：“德、刑、详、义、礼、信，战之器也。”

战国时期的《吴子兵法》较之《孙子兵法》，更重视政胜的作用和价值。《吴子兵法·图国》就明确强调，治理国家“必内修文德，外治武备”。所谓“文德”就是以“道、义、礼、仁”为核心来管理民众，最终达到“百姓皆是吾君而非邻国，则战已胜矣”的境界。所谓“武备”，就是加强军队建设，这不仅要做到《吴子兵法·料敌》中说的“夫安国家之道，先戒为宝”，而且要能够做到《吴子兵法·图国》中说的“简募良材，以备不虞”。这两个方面，实际就是理顺政治与军事的辩证关系，进而在修明政治的前提下，为大国兼并战争创造条件。在《图国》篇中，吴子分析要做到以下五个方面：

其一，“必先教百姓而亲万民”，即首先注重国家内部的团结和统一。吴子曾明确地提出四不和思想：“不和于国，不可以出军；不和于军，不可以出阵；不和于阵，不可以进战；不和于战，不可以决胜。”这可以说是非常卓越的政治军事见解。

其二，要重视选拔和任用贤德之才为吏。所谓“君能使贤者居上，不肖者处下，则陈已定矣”，这就是说，能否选拔和任用有才

---

① 银雀山汉墓竹简整理小组编：《银雀山汉墓竹简：孙子兵法》，文物出版社，1976，第95页。

② 银雀山汉墓竹简整理小组编：《银雀山汉墓竹简：孙子兵法》，文物出版社，1976，第95页。

能的人为官至关重要，能否让贤者得到重用，让不贤者遭受冷落，这直接决定了军事上的胜负。

其三，要使百姓能够安居乐业，信任政府。所谓“民安其田宅，亲其有司，则守已固矣”，这是讲老百姓能安居乐业，信任和亲近政府，上下同心，如此方能有效抵抗外来势力的入侵。

其四，要求君主能虚怀若谷、善于纳谏，同时还要真正关心民众、爱护民众。所谓“民知君之爱其命，惜其死，若此之至，而与之临难，则士以进死为荣，退生为辱矣”，强调的是君主爱惜和保护百姓生命，百姓因此感恩报国，不惜牺牲，进而能够与君主同生死、共患难。

其五，要建设一支强大的军队。要“简募良材，以备不虞”，“内修文德，外治武备”。关于这支军队要达到怎样的境界，吴子提出了自己独特的治军思路，如《吴子兵法·治兵》讲：“与之安，与之危，其众可合而不可离，可用而不可疲，投之所往，天下莫当。名曰父子之兵。”

在政胜的问题上，战国时期另一部经典兵学著作《尉缭子》有着更集中、更精彩的论述。

其一，它把军事和政治的关系比喻为“植”（枝干）与“种”（根基）的关系。如《尉缭子·兵令上》指出：“兵者以武为植，以文为种。武为表，文为里……文所以视利害，辨安危；武所以犯强敌，力攻守也。”在这里，作者明确强调，文德是根基和内在实质，武力是主干和外在形式，二者相辅相成，有机统一。

其二，《尉缭子》明确提出了“兵胜于朝廷”的主张。他强调，要做好应兴应革的各类事情，对流散的民众应当安抚，对荒芜的土地应该充分利用起来。土地得到开发利用，国家就会富足；人口众多又能得到良好的组织和管理，国家就会安定。如此就能做到战车不必出动，盔甲不必启用，凭借声威就可以使天下顺服。这也就是《尉缭子·兵谈》所言的“兵胜于朝廷”。

其三，在分析政治与军事关系的基础上，《尉缭子》明确划分了战争的不同层次。《尉缭子·战威》有载：“凡兵，有以道胜，有以威胜，有以力胜。讲武料敌，使敌之气失而师散，虽形全而不为之用，此道胜也。审法制，明赏罚，便器用，使民有必战之心，此威胜也。破军杀将，乘阃发机，溃众夺地，成功乃返，此力胜也。”很明显，作者明确将体现政治作用的“道胜”和“威胜”置于主要地位，而对于依靠暴力取胜的“力胜”则明显持贬低态度。

当然，政胜思想作为全胜思想的一种深化，之所以能够有利于和平思想的实现，是因为其背后有着当时最进步的政治观念，即民本与仁本思想。

首先，政胜思想的背后是民本主义。这在孟子的战争观念中表现得最为突出。如孟子曾总结了先王的成功经验，最终将先王重民、爱民看作赢得天下的必然规律。对此，孟子以燕国为例，进行了正反两个方面的论述。《孟子·梁惠王下》有云：“今燕虐其民，王往而征之，民以为将拯己于水火之中也，箪食壶浆，以迎王师。若杀其父兄，系累其子弟，毁其宗庙，迁其重器，如之何其可也？”另外，从影响战争胜负的决定因素看，古人心目中的人的力量和作用亦非常突出，许多历史人物和典籍都承认，天大，地大，人亦大，进而也肯定人在战争甚至宇宙中的重要地位和作用。

《鹖冠子·近迭》有一段记载，充分说明了当时人的至高地位和作用，也说明了西周时期以民为本的进步思想意识。庞子向鹖冠子提出一个问题：“圣人之道何先？”鹖冠子回答：“先人。”庞子又问：“人道何先？”鹖冠子回答：“先兵。”庞子非常迷惑，为什么要舍弃“天”而先重“人”呢？鹖冠子解释说：“天高而难知，有福不可请，有祸不可避，法天则戾。地广大深厚，多利而鲜威，法地则辱。时举错代更无一，法时则贰。三者不可以立化树俗，故圣人弗法。”

其次，政胜思想的背后也是以德胜敌。《左传·僖公四年》

中曾记载了这样一个例子：齐桓公让诸侯的军队全部列好阵势，然后自己与楚国使臣屈完一起去检阅军队。齐桓公非常自豪，问屈完说："以此众战，谁能御之？以此攻城，何城不克？"屈完的回答大大出乎齐侯意外，他说："君若以德绥诸侯，谁敢不服？君若以力，楚国方城以为城，汉水以为池，虽众，无所用之！"这一例子充分说明了周朝以德治国的进步思想观念，也充分反映了军事领域以德胜敌的用兵主张。

《史记·秦本纪》中还记载了这样一个例子。戎王派由余出使秦国，秦穆公借此机会炫耀自己的富有，由余不以为然，笑着说，这些东西如果让鬼神营造，那么就使鬼神劳累；如果让百姓营造，那么就使百姓受苦。秦穆公不认同这一观点，又强调中原地区是礼治国家。由余觉得更加可笑，认为这正是中原地区国家祸乱不断的根本原因。上古圣人黄帝能够制作和运用礼、乐、法度，是因为他能亲自带头贯彻执行，而后世治理者"日以骄淫"，只顾自己享乐，必然造成上层官吏"阻法度之威，以责督于下"，下层百姓"以仁义怨望于上"，如此岂能不乱？那么，戎国的治理为什么能够成功呢？因为上下都是纯德之心："上含淳德以遇其下，下怀忠信以事其上，一国之政犹一身之治，不知所以治，此真圣人之治也。"

中国这种民本主义的战争观念与政胜思想，西方在近代的法国大革命时期才得以充分发展。欧洲在拿破仑战争之前，战争还是少数人才能参与的专门工作，一般平民根本无资格参军。法国大革命之后，由于民主政治的出现和民众觉悟的提高，平民阶层成为国家的主人，他们不仅能够参与政府投票选举，也能够拿枪从军服役，为国参战。这就使得当时的反对武装干涉战争演变成了全体人民参加的总体战，国家所有的人力物力资源也全部变成了战争资源。所以，近代的民主政治与义务兵役制使得西方人的军事组织观念向政胜和全胜的理想境界大大跨越了一步，也使得西方人在政胜的基础上真正理解和接受了中国的民本主义战争观。

综上所述，全胜是战争的最高理想境界，政胜是全胜思想的深化，它们对人类和平思想及良好国际秩序的建立具有很好的指引作用。尤其在当今社会，全胜与政胜的战争观念，对于超越大国霸权政治和世界丛林法则，具有宝贵的启迪价值。正如倪乐雄所指出的："任何战争都是对现有合理的生活秩序的破坏，同时又是维护现有合理的生活秩序的必要手段。这一情形既导致了古代中国产生'不战而胜'观念，也是现代西方欣然接受'不战而胜'观念的真正原因。"①

① 倪乐雄编著：《寻找敌人：战争文化与国际军事问题透视》，经济管理出版社，2003，第361页。

第二章 中国古代战争观中的和平理念

自古以来，战争在历史上扮演着十分重要的角色。在如何看待战争的问题上，中国传统兵学与西方兵学有着明显的不同。与西方极力推崇战争的作用、致力于侵略扩张不同，中国传统兵学对战争的态度是谨慎的，将战争看作不得已而为之的事情，认为战争力量不是可以随意使用的，必须符合道义原则。战争的目的不应该是扩张和掠夺，而是以战止战、捍卫和平。中国传统兵学反对那种“杀敌一千，自损八百”的流血战争，提倡“不战而屈人之兵”的“全胜”，力争用非暴力的、和平的方式来实现战争目的。即便不得已必须要用流血的方式来解决，也要尽量做到以智克力，借力打力，尽可能减轻战争带来的破坏和伤亡。总之，无论是中国传统的兵学思想，还是具体的战争实践，都体现出对战争这一暴力行为的强烈的节制意识和对和平的追求。

一、“兵凶战危”的慎战观念

纵观整个中国历史的发展，“慎战”是中国传统兵学对战争的基本态度。“慎战”就是提倡要慎重对待战争，谨慎决策，不要意气用事，草率用兵，力争以和平方式来解决争端。这一思想的形成是建立在人们对战争危害性以及战争严重后果的认识基础之上的。任何战争的进行都是以消耗大量的人力、物力为代价的。战争一旦发起，无论谁胜谁负，都会造成大量士兵和无辜百姓的伤亡，严重破坏经济的发展，甚至会造成国家的灭亡。

古代思想家们对此有深刻的认识。《管子·法法》说：“贫民伤财，莫大于兵；危国忧主，莫速于兵。”《管子·参患》曰：“故一期之师，十年之蓄积殚；一战之费，累代之功尽。”《老子·三十章》中也指出：“师之所处，荆棘生焉；大军之后，必有凶年。”春秋时期兵家代表人物孙武对战争的消耗进行过详细的计算，《孙子兵法》的《作战篇》《用间篇》对此都有描述。其中说到，凡兴兵十万，出征千里，要出动轻车千辆、重车千辆，加上前后方的费用、招待各诸侯国使者的开支、修造作战器械所需用的物资、武器装备保养补充的费用，每天需要耗费千金。如果军队远征久战，军粮就需要远距离运输，因为战乱而不能耕作的人有七十万家。因为战争导致全国混乱不安，百姓的资产会耗去十分之七，公家资产会耗去十分之六。庞大的军费开支和频繁的赋役征派，会造成“国用不足”“中原内虚于家”的不利形势，其他诸侯国可能会趁机来攻，国家就会面临亡国的危险。孙武的后人孙膑在其兵书《孙膑兵法·见威王》中也指出：“战胜，则所以在亡国而继绝世也。战不胜，则所以削地而危社稷也。”一个国家取得了战争的胜利，就可以避免被其他诸侯国灭亡，从而使江山世代延续下去；如果打了败仗，就会割让土地，丧失领土，甚至会灭亡。《左传·隐公四年》中也说：“夫兵，犹火也；弗戢，将自焚也。”基于兵凶战危的理念，中国古代思想家告诫人们，在选择运用战争手段解决争端时一定要慎之又慎，不能因为一时的冲动、一己的好恶挑起战端。

先秦时期的思想家们身处征战频繁的乱世，虽然对战争的态度各有不同，但有一个共同的特点，那就是“慎战”。儒学创始人孔子认为，为政者应该以礼乐治国，以仁德服人，所以他对战争基本持否定态度。《论语·述而》中说，孔子一生有三件事情最为谨慎小心，那就是斋戒、战争、疾病。《论语·卫灵公》记载，当卫灵公向孔子询问军阵作战之事时，他对之以“未之学也”。《论语·颜渊》也记载，当子贡向孔子问政时，他认为需要做到三个方面，即“足食”“足兵”“民信之”。但是当子贡问如果三个里面必须去掉一个，先去哪一个？孔子毫不犹豫地回答：“去兵。”从中我们可以感受到孔子对战争的厌恶，虽然他也将军备看作治国理政的重要因素，却将其放在了民信、足食之后。孟子更是认为“春秋无义战”。《孟子·离娄上》曰：“争地以战，杀人盈野；争城以战，杀人盈城，此所谓率土地而食人肉，罪不容于死。”孟子对当时的社会现实感到失望，极力提倡统治者要施行“仁政”，认为那些好战者应该受最重的刑罚。

道家学派创始人老子将战争的出现视为“无道”的表现，是不吉祥的事情。《老子·三十一章》中指出：“夫唯兵者，不祥之器，物或恶之，故有道者不处。”《老子·三十章》中记载，老子主张“以道佐人主”，而反对“以兵强天下”。即便迫不得已要发动战争，也要尽力把战争暴力的危害降到最低，以哀戚恬淡的心情来对待战争和胜利，如果打了胜仗就扬扬得意，说明这是一个乐于杀人的人，这样的人是不可能治理天下的。

墨子更是旗帜鲜明地提倡“非攻”。他在《墨子·兼爱上》中说：“若使天下兼相爱，国与国不相攻，家与家不相乱，盗贼无有，君臣父子皆能孝慈，若此则天下治。”频繁地进行攻伐，对天下来说是最大的祸害。

兵家虽然研究如何克敌制胜，但并不穷兵黩武、嗜血好战。作为兵家经典的《孙子兵法》，其首篇《计篇》的第一句话不是谈论战胜攻取之道，而是开宗明义地提出："兵者，国之大事，死生之地，存亡之道，不可不察也。"孙武强调战争关系着国家的存亡、民众的生死，必须认真研究和对待。孙武提醒人们，战争有"利"和"害"两个方面，不能只看到战争的"利"，更要充分认识到战争的"害"，要看到战争会造成像《火攻篇》中说的那样"亡国不可以复存，死者不可以复生"的严重后果。因此对战争必须慎之又慎，不要轻启战端。孙武还提出战争指导必须遵循三个原则：一是需要判断准备发动的战争是否符合国家根本利益；二是需要衡量战争有没有必胜的把握；三是需要认真考虑战争是不是目前解决争端的唯一方式。孙子提出的这三个原则，其实是强调对战争这一暴力行为的使用必须保持节制，不到危急关头不要出兵。

在1972年山东临沂银雀山汉墓出土的竹简中，有一篇名为《见吴王》，详细记述了孙武与吴王阖闾见面的情景。其中提到，吴王读完孙武的兵书以后，向孙武表示自己很喜欢兵法，希望孙武为之演示一番。针对吴王"好兵"的言论，孙武当即表达了自己对战争的不同看法，他义正词严地告诉吴王："兵，利也，非好也。兵，□［也］，非戏也。君王以好与戏问之，外臣不敢对。"①意思是说，战争不是为了好玩，而是要把争取国家利益作为目标；不能把战争当成儿戏，对待战争一定要慎重。

其实慎战也是整个中国传统兵学对战争的态度。孙武之后的中国历代兵书、军事家无不强调要慎重对待战争。《吴子兵法·图国》中指出穷兵黩武的巨大危害："故曰：'天下战国，五胜者祸，四胜者弊，三胜者霸，二胜者王，一胜者帝。'是以数胜得天下者稀，以亡者众。"此外，吴起还提出治军必须要做到四"和"，即"和于国""和于军""和于阵""和于战"，只有做

① 银雀山汉墓竹简整理小组编：《银雀山汉墓竹简：孙子兵法》，文物出版社，1976，第106页。

到四个方面的和谐、协调，国家才能治理好，作战才能取胜，即“先和而造大事”。吴起的这一思想，可以说对兵学和平理论有重大贡献。

孙膑在《孙膑兵法·威王问》中提出了“用兵无备者伤，穷兵者亡”，在《孙膑兵法·见威王》中提出了“然夫乐兵者亡，而利胜者辱”，强调既不要放弃战备，也不要穷兵黩武、以征战为乐事。《司马法·仁本》说“先王之治，顺天之道……诸侯说怀，海外来服，狱弭而兵寝，圣德之治也”，认为治国应该做到偃兵息甲，战争是不得已的选择。

当然，慎战并不是不战。中国传统兵学认为，战争的存在有其客观性，不会因为人们美好的愿望而消失。《孙膑兵法·见威王》中说：“我将欲责仁义，式礼乐，垂衣裳，以禁争挠。此尧舜非弗欲也，不可得，故举兵绳之。”《吕氏春秋·孟秋纪·荡兵》中也指出：“争斗之所自来者久矣，不可禁，不可止。”因此，必须重视战争，无论是战争决策，还是战争准备、战争实施乃至战争善后，都应该做到慎之又慎。孙武告诫大家，不要心存侥幸，幻想敌人不来进攻，在平时就要做好战争准备，就像《孙子兵法·九变篇》中说的那样“无恃其不来，恃吾有以待也；无恃其不攻，恃吾有所不可攻也”。一旦敌人来犯，要有足够的实力保国安民。两军交战前要进行周密的战略筹划，《孙子兵法·计篇》提倡要做到“经之以五事，校之以计，而索其情”，不打无把握之仗。孙武还提倡要谨慎采取军事行动，尽可能以不战的方式实现军事目的。他特别强调，战争结束以后，一定要“修其功”，即在完成“战胜攻取”的作战任务后，要注意做好对敌国军民的安抚工作，以争取民心，巩固战果。因为战争的获胜，不代表赢得了和平。如果没有做好对敌国军民的安抚，战争就会留下后遗症，战争的成果就可能会付诸东流。20世纪英国著名的军事和战略问题专家李德·哈特指出，战争的目的是获得一个较好的和平，“假使你只是专心集中全力去追求胜利，而不想到它的后果，那么你就会过分的精疲力竭，而得不到和平的实惠。这样的和平一定是一个不好的和平，蕴含着另一次新战争的细菌”[①]。而两千多年前的孙子对战争的认识就已经超越了战争本身，关注到了战后的和平。

综上所述，慎战是中国传统兵学对战争的一贯态度。虽然中国历史上的兵书典籍卷帙浩繁，但是我们从中却找不到有关武力扩张、兼并天下的内容，更不用说宣扬穷兵黩武和灭绝种族的法西斯主义的内容了。中国传统兵书和军事家无不将战争视为杀人的凶器和违背道德的野蛮行为，只有在万不得已的时候才会应用它。“自古知兵非好战”正是中国传统兵学的一大特色。

慎战思想并不是仅仅停留在理论上，在实践层面，中国历代统治者对战争问题大都非常慎重，绝不轻启战端。西汉前期“文景之治”的出现与诸帝王对战争的谨慎态度是分不开的。西汉初期，面对国家经济凋敝、百废待兴的局面，统治者选择以黄老思想作为治国理政的指导思想，轻徭薄赋，与民休息。面对北方匈奴人的威胁，刘邦在遭遇白登之围后，以和亲政策稳定北方局势，而对待南方的南越态度则更为谨慎。

秦朝统一岭南地区之后，设置了桂林、南海、象郡三郡。秦末农民起义爆发后，三郡与中央断绝了联系。南海尉任嚣在临终前，任命赵佗为南海尉，并暗示他拥兵自立。任嚣死后，赵佗杀死秦派置的官吏，举起反秦旗帜。秦朝灭亡后，赵佗兼并桂林郡、象郡，自立为南越武王。刘邦建立西汉以后，因中原久经战乱，面临内忧外患，不想再大动干戈，于是对南越采取安抚政策。公元前196年，刘邦派大夫陆贾出使南越，向南越王宣扬西汉国威。赵佗最终接受刘邦赐予的“南越王”封号，向西汉称臣，服从西汉的管理。南越

① 李德·哈特：《战略论：间接路线》，钮先钟译，上海人民出版社，2010，第305页。

成为西汉王朝统治下的一个属国。此后，南越国和汉朝通商互市，友好相处。刘邦通过和平方式，争取到南越的归顺，使得南方边境得以安定。

吕后执政时期，对南越实行经济封锁，禁止向南越出售铜铁等器物以及马牛羊等牲畜，双方关系恶化。于是，赵佗宣布独立，重新沿用南越武帝的称号，不断进犯西汉城邑，双方一度兵戎相见。

汉文帝即位后，对周边少数民族采取和亲安抚政策。他效法刘邦和平解决争端的方式，不但没有出兵攻打赵佗，反而派人修缮赵佗父母的坟墓，并定期祭扫；又对赵佗家乡真定的亲属，给予高官厚禄；同时派陆贾再次出使南越，赐书赵佗，令其去帝号，仍然对汉称臣。陆贾到南越后，向赵佗晓以利害。赵佗本就不愿意与汉对抗，于是听从陆贾劝说，决定去除帝号，恢复对汉臣属的关系。从此，南越王又称臣于汉，每年进贡、朝请，一直到汉景帝时期，双方始终保持着和平稳定的关系。

史学家司马迁在《史记·律书》中还记载，将军陈武等人曾建议汉文帝应该趁着人民愿意为其所用的机会征伐南越、朝鲜，汉文帝对此持反对态度。他指出："战争乃凶器，即使能够实现愿望，发动起来同样会带来损耗和弊病，百姓不可避免会抛家舍业去远方征战。先皇知道不能烦扰百姓，所以不轻易动用军队。现在匈奴侵略内地，戍边的官吏没有战功，边疆百姓作战时日已久，对此我常常会感到不安和心痛。如今虽不能消除战争，实现长久的安定，但愿能够坚守边防，与匈奴缔盟结好，使北方边疆休战安宁，暂且不要议论出兵之事。"司马迁对于汉文帝谨慎对待战争的做法给予了充分肯定，他认为汉文帝不轻易发动战争，在他统治时期，人民安居乐业，因此汉文帝可以称得上有德君子了。正是由于西汉前期统治者对内采取休养生息的政策发展生产，对外交往采取谨慎的态度，不轻易发动战争，所以社会经济才得以恢复并且稳定发展，百姓生活安宁，出现了"文景之治"的局面。

《汉书·萧望之传》记载，西汉宣帝五凤年间，匈奴内讧，相互厮杀，发生分裂，大臣们纷纷提议，趁机出兵将其彻底消灭。御史大夫萧望之坚决反对，他主张应该用安抚的手段对待匈奴，派遣使者去吊唁慰问，在他们困难的时候、衰弱的时候去帮助他们，周边民族必定会佩服汉朝的仁义。如果能使匈奴人在汉朝的帮助下复归王位，他们肯定会臣服于汉朝，这才称得上是天子的德政。汉宣帝最终听从他的建议，不但没有派兵讨伐，反而帮助呼韩邪单于整合了南匈奴各部落，呼韩邪单于率部下归附汉朝。

东汉光武帝即位后，奉行偃武修文、以柔治天下的政策。《后汉书·臧宫传》记载，臧宫建议刘秀趁着匈奴疲困乏力之际举兵征讨，刘秀引《黄石公记》之言，对“柔”“刚”“弱”“强”的意义进行分析，指出治国必须“舍远谋近”，实行“逸政”“务广德”。因此，他对于出兵匈奴的提议坚决表示反对。《后汉书·光武帝纪》也称，光武帝长年征战，产生厌战情绪，“退功臣而进文吏，戢弓矢而散马牛”，经常和大臣们讲论六经，绝口不言军事。

唐朝时期“贞观之治”盛世局面的出现同样与唐太宗对战争的谨慎态度密切相关。唐太宗虽然一生征战无数，但他并不好战。在即位之前，他亲身经历了隋朝末年的社会动乱，目睹了隋朝亡国的惨剧。在即位后，他十分注意总结隋朝灭亡的教训，采取轻徭薄赋、与民休息的统治政策，在对外战争的态度上也十分谨慎。《贞观政要·征伐》记载，贞观四年（630年），有官员认为位于今越南中部的小国林邑上表的言辞不恭顺，请求出兵讨伐。唐太宗却说：“兵器是凶险的器械，万不得已才用它。自古以来穷兵黩武，都难免灭亡的命运。前秦的苻坚自恃兵强马壮，兴兵百万，想要吞并东晋，结果在淝水之战中全军覆没。隋炀帝用兵高丽，连年劳役不断，导致民怨沸腾，自己也死于匹夫之手。突厥的颉利可汗，频繁骚扰我国边境，其部落疲于征伐，最终灭亡。这些都是前车之鉴，必须引以为戒。而且攻打林邑，军队需要经过山川险阻，那些地方瘴气弥漫，瘟疫横行，如果士兵因此染上疾病，即便消灭了林邑，对自己也无益处。因此，不必因为言辞不恭就兴师作战。”唐太宗最终也没有去讨伐林邑。

隋唐时期，中亚诸国与中国往来密切。昭武九姓国（中亚以昭武为姓的九个国家，西汉时期月氏人的后裔）经常派遣使者前来朝贡，民间商旅的往来也十分频繁。其中位于昭武九姓国之首的康国是西域的强国，也是遣使最频繁的国家。《贞观政要·征伐》记载，贞观五年（631年），康国请求归附唐朝。面对这个扩展版图的机会，唐太宗却表示拒绝。他说：“前朝的帝王有很多致力于扩展疆土，以博取虚名，实属耗费民力却无益于国家的举动。现在如果我们答应康国的内附请求，一旦它们遇到急难之事，我们从道义上来说不得不去援救，那就需要行军万里，如此劳民伤财，只是为了获取一个虚名，这样的事情不能去做。”基于以上考虑，唐太宗拒绝了康国的请求，双方关系仍然限于不定期朝贡而已。直到后来唐朝灭西突厥以后，昭武九姓国才成为唐朝的属国。

明朝时期对战争最为谨慎。明太祖朱元璋对战争的作用有着深刻的认识。洪武二十年（1387年），他与诸将领谈论用兵问题的时候指出，国家兴师作战，好比医生看病用药，平时储藏药品是为了给人医治疾病，没有病的时候就不用。用兵也是如此，国家不安定的时候，兴师作战是为了平定祸乱，而国家安定时期，只需要修缮兵器、训练士兵，使国家保持常备不懈即可。战争具有两面性，既可以消弭祸患，也可以招致是非。如果凭借国家富强就挑起战端，必然引发祸患。所以朱元璋得出的结论是“故为国者，但当常讲武事，不可穷兵黩武”[①]。明成祖朱棣同样强调战争不可以滥用，他说：“夫兵不可以黩，黩则玩，玩则败。苟不察国之虚实，不谋敌

① 张德信、毛佩琦主编：《洪武御制全书》，黄山书社，1995，第573页。

之强弱，而惟战是务，则国危矣。”[①]朱元璋在位时期，就制定了明确的睦邻友好的外交政策，并将朝鲜、日本等十五个海外国家列为“不征之国”，告诫后世子孙不得恣意征讨。

清朝虽为少数民族建立的政权，但是对战争同样十分慎重，力争通过和谈而非流血的方式来处理争端，即便在迫不得已抵御外来侵略时，也是在得胜之后及时偃兵息武。皇太极戎马一生，深知战争的残酷后果，因此主张用兵征战的同时，要进行招抚，尽量减少人员损失和伤害。他还明确指出：“夫用兵杀敌，此岂朕心所乐？但临敌之际，我不杀彼，能禁彼之不我杀乎？”[②]应该说，皇太极对战争的看法是辩证的。用兵杀敌，非其所愿。但在战场上不杀敌人，那就连自己也保护不了，所以战争是不得已而为之的事情。不过，即便是征战也不能妄行杀戮，要尽量减少战争对人民的伤害。

《中俄尼布楚条约》的签订就是清朝慎战思想的最好证明。明朝末年，沙俄已经迈出了入侵亚洲的步伐。清初，沙俄的侵略势力已经渗透到黑龙江流域。康熙年间，沙俄又趁着清政府全力镇压“三藩之乱”无暇北顾之际，进一步扩大侵略范围，侵占了雅克萨、尼布楚等地，并在当地修建碉堡，强征当地军民的赋税。清政府多次提出交涉、抗议，他们都置若罔闻。清政府忍无可忍，于是在平定“三藩之乱”之后，集中力量，准备以武力驱逐沙俄侵略者。

康熙帝一方面加紧军事部署，另一方面仍然积极谋求政治协商解决，曾通过各种途径表示，只要沙俄停止侵略，清政府愿与之保持和平。直到1685年清军进军雅克萨之前，康熙帝还致函沙皇说，只要俄方愿意谈判，他就令征讨大军停止前进，撤至边界地区，如此，则边界地区永得安宁而无侵扰之忧，互相贸易遣使，和睦相

① 楼含松主编：《中国历代家训集成》（3），浙江古籍出版社，2017，第1404页。

② 《清太宗实录·卷二二》，中华书局，1985，第293页。

处。但是，沙俄政府对清政府的和平努力根本不予理会，反而继续扩大侵略范围。清政府别无选择，只得下决心以武力将侵略者赶出中国。哪怕在清军包围雅克萨之后，统兵大臣彭春仍遵康熙之命致书雅克萨俄军，要他们撤出雅克萨，企图和平解决争端。在沙俄仍不肯撤兵的情况下，清军只得炮轰雅克萨城。沙俄雅克萨督军托尔布津走投无路，只得出城投降，并发誓不再侵犯中国领土。清军准其投降，并将俘虏的俄军及妇女儿童六百余人遣回。不久，清军撤回黑龙江。清军撤走之后，沙俄立即违背誓约，托尔布津又率兵重返雅克萨，并加筑工事，重新盘踞此地。

康熙二十五年（1686年），清军再次围困雅克萨，并警告俄军，如不立即撤出，必将其全部歼灭。沙俄侵略者凭借坚固的防御工事，负隅顽抗。双方多次激战，最终托尔布津被击毙。守城俄军龟缩城内，等待援军。沙俄尼布楚方面也无力派来援军。尽管清政府在军事上取得重大胜利，但仍然积极谋求与沙俄进行谈判，以求实现边界上持久的和平。康熙通过荷兰使者，再一次致书沙皇，表示愿与俄国划定疆界，两国和好。沙俄政府不得已决定接受清政府的倡议，派出以戈洛文为全权代表的使团进行谈判，并要求清政府停止攻打雅克萨。

清政府在雅克萨城唾手可得的情况下答应了沙俄的请求，撤走围困雅克萨的兵力，并派太医赴雅克萨为患病俄军治疗，且发粮赈济，保住了被困城中坐以待毙的俄国人性命。最终，康熙二十八年（1689年），在中国方面作了一定让步的情况下，中俄双方正式签订了《中俄尼布楚条约》。《中俄尼布楚条约》是在平等的基础上签订的，明确划定了中俄两国东段边界。在此后相当长的一段时间时，两国边境相对安定，人民往来和贸易关系皆有所发展。

受慎战思想的影响，中国的战略文化一向把防御摆在重要地位。中国历朝历代在国防政策上，大都只求边境安宁，从不主动发起侵略战争；对于来犯之敌，也只是将其击退而已，很少去乘胜追击，更不会赶尽杀绝。北宋苏舜钦在奏疏《论西事状》中提出："来则逐之，去而勿追，御戎之善策也。"唐朝诗人杜甫《前出塞九首·其六》一诗中说："杀人亦有限，列国自有疆。苟能制侵陵，岂在多杀伤。"这些都深刻反映了中国战略文化的重点在于防御。中国历代中原王朝对土地的要求基本上以是否适合农耕为标准。在人们看来，"四方诸夷"地处偏僻，环境恶劣，即便得到了也不适合耕作，所以如果不是他们主动进攻中国的话，中国不必去征讨。防御思想体现最为鲜明的莫过于矗立千年、横亘于中国北疆的万里长城。长城是中国古代重要的军事防御性工程，前后延续了两千多年。它之所以能够被中国历史上的大多朝代认同，根本原因在于历代中原王朝在军事战略上共同遵循的指导思想，就是防御侵略、保卫和平。

与中国兵学思想对战争的谨慎态度形成鲜明对比的是，在西方主流文化中，诸思想家对战争则进行直言不讳的赞颂，极力夸大战争的价值，将战争视为维护和拓展自身利益的最有效的手段。这样的言论在西方的典籍中随处可见。古希腊的哲学家赫拉克利特特别信仰战争。他说："战争是万物之父，也是万物之王。它使一些人成为神，使一些人成为人，使一些人成为奴隶，使一些人成为自由人。"[①]著名的古罗马军事理论家雷纳图斯的《兵法简述》是备受西方学术界推崇的兵法著作，其中宣称："谁想要控制世界，就一定要做好战争的准备，谁若想摘取胜利的果实，就一定要加倍训练军队，一定要凭借本领和智慧，而不是寄希望于侥幸。"[②]在他看来，战争和军队是控制世界的重要手段和工具，其尚武观念由此可见一斑。

① 周辅成编：《西方伦理学名著选辑》（上卷），商务印书馆，1964，第12页。

② 雷纳图斯：《兵法简述》，魏止戈译，华中科技大学出版社，2016，第56页。

文艺复兴时期意大利的政治思想家马基雅维里认为："与人争雄，世间有两种方法：一种用法律，另一种凭暴力……不过第一种方法会时常觉得不足的，必须借助于第二种。"[①]他还认为，绝不能为了避免战争而犯下错误，因为战争是不可避免的，一味拖延只会将自己置身于不利之地。

19世纪德国军事理论家克劳塞维茨将战争视作维护利益的唯一有效方式。他认为战争是人的社会存在的一部分，是重大利益之间的冲突；而这种冲突只能在流血中获得解决，并且这是唯一有效的方式。在克劳塞维茨看来，"战争是一种暴力行为，暴力的使用是不受限的"[②]。

与之相类似的大肆鼓吹战争价值、强调军事力量的好战主义言论，在之后许多哲学家的著作中都可以见到。德国哲学家黑格尔对战争暴力推崇备至，认为战争可以防止现有的国家退化，因为和平会使人及其政权变得消极，通过战争，"各国民族的伦理健康就由于它们对各种有限规定的凝固表示冷淡而得到保存，这好比风的吹动防止湖水腐臭一样；持续的平静会使湖水发生相反的结果，正如持续的甚或永久的和平会使民族堕落"[③]。德国哲学家尼采对战争的态度更是狂热，他说"生活本身本质上就是侵占，就是侵犯，就是对外人和弱者的征服，就是弹压，就是严酷，就是强人从我，就是兼并他人，而往最轻处说，最缓和处说，也是剥削"[④]。他劝诫人们，"不要工作，而要斗争"，"不要和平，而要打仗"，"战争

① 马基雅维里：《君王论》，惠泉译，海南出版社，2001，第100页。

② 克劳塞维茨：《战争论》，魏止戈译，华中科技大学出版社，2016，第6页。

③ 黑格尔：《法哲学原理》，范扬、张企泰译，商务印书馆，1961，第341页。

④ 周辅成编：《西方伦理学名著选辑》（下卷），商务印书馆，1987，第792页。

使万事神圣化”，“战争和勇敢比博爱更能成就伟业”。[①]

上述思想在德国极为盛行，德国的统治者和政治家们也极力宣扬强权至上以及战争是生活中不可或缺的一部分的思想。德国陆军元帅毛奇说：“永远的和平是一个梦想，它甚至不是一场美好的梦想。战争是上帝制定的世界秩序的一个要素。没有战争，世界将停滞不前而沉没在实利主义之中。”[②]德国皇帝威廉二世极力提倡对外扩张：“德意志要有罗马帝国那样的精神，它必须扩张并强使别人听命。”[③]这些思想使得近代德国成为最富有侵略性的国家，同时也成为后来德国纳粹侵略扩张的重要思想来源。

由上所论，可见在西方军事思想中，极度缺乏中国式的对战争“不得已而用之”的谨慎态度，更没有非战、反战的思想，反而到处充斥着对战争、对武力的赞美和推崇。这种军事思想在中国的典籍中找不到丝毫踪迹。在军事实践中表现为，西方国家大都致力于侵略扩张，而中国则立足于防御。

二、“止戈为武”的战争目的

对战争的慎重态度不代表不战。面对战乱不休的社会现实，中国古代思想家很早就对战争问题进行了思考：战争为什么会爆发？战争存在的意义和价值是什么？如果战争不可避免，该如何去结束战争，维护和平？正是在不断探索和思考中，人们形成了对战争价值和战争目的的认识，那就是制止暴力、捍卫和平。这一认识在“止戈为武”的思想中有充分的体现。

---

① 尼采：《查拉图斯特拉如是说》，黄明嘉译，漓江出版社，2000，第44～45页。

② 乔治·威尔斯：《袖珍世界史》，卿光学、胡长明编译，人民日报出版社，2007，第508页。

③ 乔治·威尔斯：《袖珍世界史》，卿光学、胡长明编译，人民日报出版社，2007，第509页。

从甲骨文和金文中“武”的字形来看，“武”是由“止”和“戈”组合而成的，“戈”代表着武器，“止”是脚趾，代表行动。两部分组合起来其实就是一个士兵持戈站立的形象。因此，“武”的本意其实是征伐、示威，反映的是战争的行为和状态。但是“武”还有另外一层含义，春秋时期的楚庄王将其解释为“止戈为武”。

《左传·宣公十二年》记载，公元前597年春，楚庄王率军队围攻郑国。六月，晋国派荀林父率军援助郑国。楚晋双方在邲地展开争夺，最后晋军溃败。楚军获胜以后，大将潘党建议把晋军的尸体收集一起，做成“京观”，以此来纪念这次胜利。楚庄王不同意这样的做法，批评潘党不懂“武功”的真正意义。楚庄王认为，从文字构造来看，“武”字是由“止”和“戈”两个字组成的，“止戈”才是“武”。意思是说真正的“武功”是停止干戈。评判战争不是简单地看谁胜谁负，而是看能否使天下实现真正和平。他还指出，真正的“武功”应该具备七种德行，即禁止暴力、消弭战争、保持强大、巩固基业、安定百姓、调和民众、增加财富，也就是“武功七德”。只有做到这些，“武功”才能被后世子孙铭记。基于这种认识，他指出楚国虽然打败了晋军，却不等于建立了“武功”：楚晋交战，两国人民曝尸荒野，可以说是暴乱；以武力威胁诸侯，没有做到休兵。没有做到止暴乱和休兵，如何能保持强大？晋国依然强大，怎么能算完成功业？违背民意而战，如何能安定民心？德行不够却以武力与诸侯征战，怎能服众？从别人的危机中获利，以别人的动乱为荣，怎能增加财富？“武功”的七种德行，自己一种也没做到，没有什么可以向子孙展示的。而且晋国的士卒是为了执行其国君的命令而战死的，本身也没有什么错，怎么能用他们的尸体做京观呢？于是，楚庄王在黄河边祭祀了河神，修建了楚国先王的宗庙，报告了这次战争的胜利后就班师回国了。

在这里，楚庄王对“武”进行了创造性的解释，使得“武”不再是一个充满血腥的词汇，而是具有了正义的、和平主义的色彩。在诸侯争霸、崇尚武力的春秋时代，楚庄王能提出这样的军事观点，的确是难能可贵的，也符合当时人民追求和平的愿望。楚庄王对“武”的阐释，也成为中华传统文化中有关“武”的经典理解。通过战争来制止战争或平定叛乱，已经成为“武”的普遍意义。

古典兵书《司马法·仁本》中也明确指出，战争的意义在于“爱人”“安民”“止战”，认为如果战争的目的是安定人民，那就可以发动战争；如果攻打别的国家，是为了拯救和爱护那个国家的人民，战争也是可以进行的。总之，如果发动战争的目的是制止战争、恢复和平，那就可以开战。很显然，《司马法》以战争的目的来确定战争是否可行。

从战争目的这一角度出发，中国古代思想家提出了衡量战争合理与否的标准，即“义”或者“不义”。《左传》中就已经明确提出了战争“义”与“不义”的范畴。《左传·成公元年》记载，公元前590年春，晋景公派遣瑕嘉调解茅戎和东周王室的矛盾，使双方达成和解。东周的刘康公想趁茅戎因忙于和解疏于防备之际发起进攻，内史叔服表示反对。他指出，这样做既背弃了与茅戎的盟约，又欺骗了前来调解矛盾的晋国。背弃盟约是不吉祥的行为，欺骗晋国是不符合道义的行为，不会得到神明和百姓的帮助，出兵必然会失败。刘康公不听劝告，进攻茅戎，最终被打败。《左传·僖公二十八年》中还提出“师直为壮，曲为老”的思想，用“直”和“曲”来代指战争的正义性和非正义性。楚庄王在位时，楚国军事家申叔时提出了“战之六器”的思想，他认为，德行、刑罚、和顺、道义、礼法、信用都是战争取胜的重要手段，在战争中发挥着重要的作用。其中很重要的一点是“义以建利”，即战争中利益的取得必须以“义”为前提，不符合“义”的“利”是他所反对的。

春秋战国时期诸家学派在前贤的基础上，认真审视历史上和现实中的战争，对战争性质进行了严格的辨别与区分，并对战争性质和战争结果之间的联系进行了思考，形成了一套全面系统的“义战”理论。

儒家认为，战争力量不是随意可以使用的，必须符合道义原则，那就是禁暴除害。按照儒家的理解，凡是吊民伐罪、禁暴除害、保卫社稷、拯救民众于水火之中的战争，是正义的战争；凡是为满足统治者一己之私欲而发动的战争，是非正义的战争。比如，《荀子·议兵》中说：“是以尧伐驩兜，舜伐有苗，禹伐共工，汤伐有夏，文王伐崇，武王伐纣，此四帝两王，皆以仁义之兵行于天下也。”也就是说这些都属于义战。而春秋时代，礼崩乐坏，“礼乐征伐自诸侯出”，春秋时期的战争在孟子看来大多不是合乎义的战争。儒家旗帜鲜明地提倡正义的战争，反对非正义的战争。

儒家创始人孔子虽然反对战争，但是他对反抗外敌入侵、保卫祖国的义战，是持肯定态度的。《史记·仲尼弟子列传》记载，齐国派兵攻打鲁国，孔子听说后立刻召集弟子挺身而出，共赴国难。他对弟子说，鲁国是自己的母国，在祖国危急时刻，就要挺身而出为祖国而战，即使为之奉献生命，也当在所不辞。《论语·宪问》中也说，齐国的陈成子杀了国君齐简公，对于这种以下犯上、僭越礼制的不义行为，孔子是不能容忍的，于是斋戒沐浴之后去朝见鲁哀公，请求出兵讨伐。《孟子·梁惠王下》记载，燕国统治者暴虐无道，民众受苦，齐宣王率军前往讨伐，这属于吊民伐罪的正义战争，孟子对此持鼓励态度。儒家认为，推翻暴君的战争也是义战。《孟子·梁惠王下》记载了这样一段对话：齐宣王询问孟子，“汤放桀，武王伐纣”这种“臣弑其君”的行为是否正确。孟子回答说：“贼仁者谓之贼，贼义者谓之残，残贼之人谓之一夫。闻诛一夫纣矣，未闻弑君也。”在孟子看来，破坏仁义的商纣王已经不是君主，只是“一夫纣”而已，他已经不具备做君王的合法性，所以武王伐纣谈不上是弑君。

与儒家异曲同工的是，墨家虽然主张“非攻”，但也不是反对一切战争。墨子将战争区分为“攻”与“诛”两大类。“攻”是非正义战争，“诛”则是正义战争。历史上的大禹征讨三苗、武王伐纣这些战争，都是为民除残去暴的战争，是“以义诛不义”的正义之举，值得肯定和支持。而那些为了一己之私利而发动的掠夺性战争，属于“攻伐”，是造成社会灾难的非正义战争，当然要反对。

兵家虽然研究战争，但并不盲目推崇武力，更不认为杀伐是解决争端的最好办法。《孙子兵法》中虽然没有区分战争性质的正义与非正义，但如吴如嵩先生所指出的：“孙子虽然没有提到‘义’这个概念，但并不妨碍他对‘义战’的实质性认识，因为他所论及的‘修道保法’（《谋攻》）、‘道者令民与上同意’的‘道’都是关于‘政治’的范畴，换言之，他已清楚地看到得‘道’就是得正义、得人心，对战争的胜负有着重要的作用。”[①]《孙子兵法》提出“修道保法”“唯民是保”，其实就是强调战争的发动必须顺应民心民意，维护民众的利益，这样才能取得民众的支持。

战国时期军事家吴起，把战争分为义兵、强兵、刚兵、暴兵、逆兵五种。“义兵”，就是为了禁暴救乱而发动的战争，是正义的战争，是应该支持的；其他四种，都是非正义的战争，是要反对的。《孙膑兵法·见威王》记载，孙膑一方面强调只有通过“战胜而强立”“举兵绳之”的战争方式，才能保证国家的存在，实现国家的统一。另一方面，他也反对穷兵黩武，乐兵好战。对于战争，他提出了“义战”的标准，认为“卒寡而兵强者，有义也”，“守而无委，战而无义，天下无能以固且强者”，进行正义的战争，就可以取得人民的支持，即便兵力少也能取得最终的胜利。战国末期的兵书《尉缭子》，把战争分为“挟义而战”和“争私结怨”两种，支持“不攻无过之城，不杀无罪之人”的战争，反对“杀人之父兄，利人之货财，臣妾人之子女”的战争，认为战争就是要“诛

① 吴如嵩：《孙子兵法新说》，解放军出版社，2008，第45页。

乱禁不义”。《吕氏春秋》也认为，战争如同水火和药物，既可造福于人，也可致祸于人，关键在于如何去运用。义战是可以造福于人的战争，是治理天下的良药。

秦汉以后，中国历史进入大一统时代。儒家思想在汉武帝时期受到重视，成为国家的统治思想，其影响渗透到社会的方方面面。兵家思想也受到儒学的规范和改造，从而出现“兵儒合流”的趋向。兵家几乎全盘接受了儒家的“义战”观。如《黄石公三略》中指出，战争的目的应该是“诛暴讨乱”“扶天下之危”“除天下之忧”。这样的战争属于正义的战争，是合乎天道的，因而一定会所向披靡，战无不胜。《兵略训》是西汉时期的典籍《淮南子》中论述军事问题的专篇，认为战争的目的在于制止凶暴，讨伐叛乱。它反对“杀无罪之民，而养无义之君”“殚天下之财，而赡一人之欲”的非正义战争，主张推行“存亡继绝，平天下之乱，而除万民之害”的“义战”，认为以义兵去讨伐不义之兵，就能得到人民的拥护，可以“不战而止”。

“义战”思想不仅仅对战争性质进行了区分，在具体的战争行动中，也要求军队要遵循道德的约束，不做违背道义的事情，通过仁民爱民的行动争取敌国军民的归附。如《司马法·仁本》强调，兴师作战必须选择合适的时机，不违背农时；不在疾病流行时出兵，是为了爱护本国民众；不乘敌国举丧或者灾荒时进攻，是为了爱护敌国民众；冬夏时节不兴师，是为了爱护敌我双方的民众。军队进入敌国境内以后，不许损坏神位，不许打猎，不许破坏水利工程，不许烧毁房屋，不许砍伐林木，不许掠取牲畜、粮食和用具。遇到老人和小孩，要把他们送回家，不要伤害他们。对于不抵抗的壮年人，不要把他们当作敌人。要善待俘虏，对于受伤的敌人，要给予医治，然后放其回家。《逸周书·武称解》称，战争是为了诛杀有罪之人，而不是以杀戮为乐趣，在打败敌人之后，不要烧杀抢掠，对于无罪的平民百姓要给予保护，这样的战争才是得民心的战争。

《六韬·虎韬·略地》中也提出了义军在深入敌国后所需要遵守的作战纪律，即不要焚烧敌军仓库的物资，不要毁坏城内民众的房屋，不要砍伐敌人祖先坟地和神庙周围的树木，不要杀戮投降的敌军，不要虐待俘虏，要对敌国的人民表示仁义，施与恩德。然后向敌国民众宣布，有罪的只是国君一人而已。这样天下人民就会发自内心地服从了。这些充分显示了义战的作战原则。

"义战"思想最关注的是战争性质对战争胜负的影响。先秦思想家们认为，战争的动机和战争的最终结果紧密相连。"义战"可以充分利用道义上的优势，争取广泛力量的支持，以最终赢得战争。儒家明确提出"仁者无敌""义战必胜"的思想。儒家一向提倡为政者施行仁政德治，通过修治礼乐教化吸引人民归附。"义战"是顺乎天道而应乎民心的，必然受到人们的欢迎与支持，作战必定所向披靡，无敌于天下。《尚书·商书·仲虺之诰》中描述商汤兴仁义之师，深受百姓欢迎："东征，西夷怨；南征，北狄怨，曰：'奚独后予？'"百姓都渴望商汤出兵早日来解救自己。《孟子·梁惠王下》也称，商汤伐夏桀的时候，民众都翘首企盼商汤的到来。商汤诛杀夏桀，民心大悦。人民期待商汤的到来，好比大旱时渴望得到雨水一样。得到百姓的拥护，胜利自然是必然的。《荀子·议兵》也称，仁义之师"所存者神，所过者化，若时雨之降，莫不说喜……故近者亲其善，远者慕其德，兵不血刃，远迩来服，德盛于此，施及四极"。《吕氏春秋·孟秋纪·怀宠》指出，如果战争合乎道义，用来诛暴禁乱，救民于水火之中，就会得到人民的拥护和支持，最终实现"兵不接刃而民服若化"。

总之，中国古代思想家们很早就开始对战争进行道德层面的思考，深入探讨战争怎样才算正义、才算合法的问题，在此基础上提出了战争的目的就是要以战止战，维护正义，争取和平。这对于节制战争力量的使用、避免穷兵黩武有着重要意义。

"止戈为武"的战争目的论对中国的军事文化产生了深远影响。

受其影响，中国历史上中原王朝大都只求边境安宁，很少出现以掠夺其他国家和民族土地、财富、人口为目的的征伐。纵观中国历史上的对外战争，以中原政权对入侵的边疆少数民族或者其他国家的防御性反击居多，如西汉伐匈奴、唐朝伐突厥、明朝伐鞑靼瓦剌、明朝抗击倭寇、清朝驱逐沙俄侵略者等战争均属此类。以西汉反击匈奴为例，自西汉初年以来，匈奴屡屡南下掠夺侵扰，汉高祖刘邦率军抵御匈奴入侵，却遭遇平城白登之围，后来贿赂匈奴单于的阏氏才得以解围。汉王朝不得已只好采用和亲和岁贡等方式，维持与匈奴的关系，但匈奴经常背约犯境，于是汉武帝为了改变这种被动挨打的局面，决心出兵反击匈奴。经过几次大规模的军事打击之后，匈奴远遁漠北，其对汉朝边境的威胁基本解除。虽然汉武帝晚年穷兵黩武，以致海内虚耗，民不聊生，但他及时下轮台罪己诏，反思己过，罢兵休战，避免了汉朝灭亡的危险。从总体来说，汉与匈奴的战争是汉族反击匈奴侵略的自卫战争。

有些战争是为了维持国际秩序不得已而进行的战争。如明成祖时期征伐安南的战争、明神宗万历年间的抗倭援朝战争等。万历年间的抗倭援朝战争起因于丰臣秀吉发动侵朝战争，朝鲜向明朝求救，作为宗主国的明朝出兵援助。而明成祖时期之所以出兵安南，原因是多方面的：明朝初年，安南国相黎季犛专擅朝政，后废国王陈氏而自立，旋即传位其子黎苍。永乐元年（1403年），黎苍遣使朝贡请封，明成祖误以为安南国国王陈氏子嗣已断绝，故封黎苍为安南国国王。后来陈氏后裔陈天平来到京城，将实情委以明成祖，明成祖知道事情的真相后，宣诏谴责黎氏的篡逆之罪，责其迎立陈天平。黎苍假装答应，却设伏兵杀害了陈天平，并攻打护送陈天平的明朝军队。此外，洪武中期，安南屡屡侵犯思明府，即当今广西宁明县。起初，明太祖朱元璋不愿意劳师远征，所以仅是斥责而已，没有征讨。安南却愈加有恃无恐，屡屡兴兵侵犯明朝边境，甚至多次侵犯占城。明太祖、明成祖多次遣使谕令罢兵，但安南侵略如故，并侵夺明朝廷赐予占城的物品。在和平方式不能奏效的情况下，明成祖最终决心武力征讨。1407年，明军尽平安南，在下诏访求陈氏子孙不得的情况下，改安南为交趾省。

对于来犯之敌，中国历朝历代只是将其击退而已，很少去大肆掠夺，更不会赶尽杀绝。战国时期以前的战争，一旦将对方降服，往往会采取“服而舍人”的宽容态度，即战争目标达到后，便停止军事行动，给予对方继续生存的机会。如《史记·楚世家》记载，公元前599年，陈国夏征舒射杀陈灵公而自立为陈国国君。第二年，楚国以夏征舒弑君之罪为名讨伐陈国，杀了夏征舒。攻下陈国后，楚国把它划作自己的县。群臣都庆贺战争取得了胜利，唯有申叔时不庆贺。楚庄王问其原因，申叔时回答说：“一个人牵着牛践踏了他人的田地，田地的主人因此抢走了他的牛。践踏他人的田地固然不对，但抢走他人的牛不也很过分吗？楚国是因为陈国动乱才去攻伐它，是吊民伐罪，现在却贪婪地将它划为自己的一个县，这么做如何能号令天下呢！”楚庄王听从申叔时的劝告，恢复了陈国后代的地位。这样的事例并不鲜见，夫椒之战中吴国大获全胜，吴王夫差对越国没有赶尽杀绝，而是允许其继续存在。

经过战国时期的兼并战争，秦朝实现了中国的大一统。秦及其以后的历朝历代大多采取“来则捍御，去则不追”的防御性国防政策，对周边游牧民族和国家的战争，只是为了消除外来威胁而已，更没有出现将敌人打垮以后，将其部族变为奴隶的做法。通常的做法是在战争取得胜利后对少数民族地区实行羁縻统治，让他们继续在原地过游牧生活，或者让他们居住在离草原不远的塞下地区，甚至还经常帮助少数民族地区发展经济。

此外，在“义战”思想影响下，中国历史上的政治家和军事家们在进行战争的时候，往往把是否“师出有名”放在首要位置，强调自己所进行的战争的正义性。而且，还经常从道德上指责对方，以便争取到民众或者其他国家的支持。《礼记·檀弓下》曰“师必有名”，意思是说出兵必须有正当理由。夏商周三代时期的重大战争中，为政者就秉持“恭行天之罚”的名义发动战争，如据《尚书》记载，夏启在甘誓中称“有扈氏威侮五行，怠弃三正”，所以要代表上天讨伐他；商汤在讨伐夏桀以前，在汤誓中宣布夏桀罪状，称自己是“致天之罚”；周武王伐纣之前，在牧誓中宣称纣王有“惟妇言是用，昏弃厥肆祀，弗答；昏弃厥遗王父母弟，不迪”等罪行，所以“惟恭行天之罚”。

西周时期的政治家们提出了著名的“九伐之法”，对战争力量的运用进行道德上的约束。《司马法·仁本》记载：

> 会之以发禁者九：凭弱犯寡者则眚之，贼贤害民则伐之，暴内陵外则坛之，野荒民散则削之，负固不服则侵之，贼杀其亲则正之，放弑其君则残之，犯令陵政则杜之，外内乱、禽兽行则灭之。

“九伐之法”其实就是周朝天子征伐不法诸侯的出师之名。周天子虽为天下共主，但是也不可以随意出兵，只有当诸侯犯了“凭弱犯寡”“贼贤害民”“暴内陵外”等重大罪过时，才能出兵征讨他们。

至春秋时期，礼崩乐坏，“礼乐征伐自天子出”变成了“礼乐征伐自诸侯出”，甚至变成“自大夫出”，但是有一点没变，那就是大多战争仍然遵循“师出有名”的原则。比如齐桓公、晋文公等春秋时期的霸主们在对外用兵时，往往打着“尊王攘夷”的旗号，以显示自己出兵名正言顺。这一时期的战争中经常出现这样的现象：出兵者在出征前遍告诸侯自己兴师的理由，而被征伐的国家通常会派出使者询问对方兴兵的缘由，如果对方师出无名，使者就会据理力争，若出兵者感到理屈，往往就会退兵。《左传·僖公四年》记载，公元前656年，齐桓公率领诸侯联军南伐楚国。楚成王派使者质问齐桓公为什么来攻打楚国。管仲回答，是因为楚国没有向周王室进贡菁茅。楚成王又派屈完去齐国交涉，经过激烈辩论后，最终相互妥协，签订召陵之盟。《左传》中这样的事例有很多。

秦汉及其以后，战争发动者出兵的时候往往也会竭力打出“仁义之师”的旗号，甚至连蒙古、满族等少数民族进入中原时也自称“仁义之师”。《元史·伯颜传》记载，元朝名将伯颜进驻江州，命吕师夔为江州的守卫官，吕师夔挑选了两名南宋宗室美女进献给伯颜，伯颜十分愤怒地说：“吾奉圣天子明命，兴仁义之师，问罪于宋，岂以女色移吾志乎。”清军入京以后，摄政王多尔衮在答复吴三桂的来信中也宣称，清军入关是“率仁义之师，沉舟破釜，誓不返旌，期必灭贼，出民水火”[①]。

当然，发动非正义战争者，往往也借“师出有名”的手段来竭力掩盖其发动战争的真实目的，未必真的都是正义之战。但总的来说，“仁义之师”“师出有名”的规则在一定程度上对战争发动者形成制约作用，使得战争发动者不得不考虑民意，不能随心所欲地想战就战。

纵观西方战争，很少受道德因素约束。西方历史上发生的战争不计其数，也出现过许多经典战例和大量能征善战的军事统帅。但是，我们可以从这些战争的具体过程中领略到战争的气势磅礴和军事统帅高超的军事指挥艺术及他们的铁血武功，却很难找到像中国战争中那样鲜明的道德因素。在很多西方政治家、军事家的眼中，战争就是弱肉强食的利益之争，就是为了最大限度地消灭敌人，掠夺金钱、土地和人口。他们对此直言不讳。西方历史上这样的事例比比皆是。

在公元前5世纪前期的伯罗奔尼撒战争中，弥罗斯人支持斯巴达，但是因为他们靠近雅典，所以他们试图保持中立，不偏袒任何一边。雅典便对其施加压力：要么被奴役，要么参与战争。弥罗斯

---

①《清世祖实录·卷四》，中华书局，1985，第54页。

人抗议这种选择的不公平性。但是雅典使者根本不谈公理，而是赤裸裸地提出了“强权即公理”的言论：“都知道正义的标准是以同等的强迫力量为基础的；同时也知道，强者能够做他们有权力做的一切，弱者只能接受他们必须接受的一切。”[①]他们宣称：“所以征服了你们，我们不仅扩充了幅员，也增加了我们帝国的安全。我们是统驭海上的，你们是岛民，而且是比别的岛民更为弱小的岛民；所以尤其重要的是不要让你们逃脱。”[②]最终，弥罗斯人凡是在兵役年龄而被俘虏的人们都被雅典杀害，妇女及儿童则被出卖为奴隶。雅典人将弥罗斯作为自己的领土，后来派了五百移民移居在那里。

在公元前264到公元前146年间，地中海沿岸的两大强国罗马和迦太基为了争夺地中海霸权发生了三次战争，历史上称之为“布匿战争”。其中第三次布匿战争最为惨烈。在第三次布匿战争爆发前，迦太基的迅速复苏引起了罗马贵族的嫉恨，他们不希望迦太基成为他们贸易方面的竞争对手，不允许迦太基妨碍其海外利益。对于如何处理迦太基，罗马元老院曾经进行了激烈的辩论。罗马政治家加图几乎在每次演讲结束的时候，都毫不掩饰地宣称：“我认为迦太基必须被摧毁。”[③]这一主张受到了多数人的欢迎，元老院最终通过了对迦太基发动第三次战争的决定。经过三年的战争，西庇阿率领罗马军队最终攻占了迦太基。此时，迦太基由战争开始时的五十万人只剩下了五万人。罗马是这样处置迦太基的：将五万被俘的迦太基人全部卖为奴隶。将迦太基城彻底摧毁，夷为平地，然后用犁耕出沟来，并撒上盐，以防止任何生命迹象出现。元老院还

---

① 修昔底德：《伯罗奔尼撒战争史》，谢德风译，商务印书馆，2018，第466页。

② 修昔底德：《伯罗奔尼撒战争史》，谢德风译，商务印书馆，2018，第467页。

③ 杨共乐选译：《罗马共和国时期》（下），商务印书馆，1998，第21页。

发布命令，任何来这里居住的人都将遭到诅咒。在此次战争中那些和迦太基站在一起的其他非洲城市也遭受了同样悲惨的命运。就这样，曾是海上霸主的迦太基在罗马的铁蹄之下彻底从地图上消失了，而迦太基的领土则成为罗马的阿非利加行省。

18世纪，普鲁士国王腓特烈二世在位期间，极力扩充军队。他在位期间，军队从八九万扩充到二十多万，军费开支占到了国库开支的五分之四。他极力对外扩张，先是夺取了西里西亚，又参加了七年战争，接着与俄罗斯、奥地利瓜分了波兰，占领西普鲁士。自此，普鲁士的主要领土连成了一片。至腓特烈二世去世时，普鲁士的领土扩大了近两倍。腓特烈二世最常说的一句话是："假如你高兴别人的领土，那你就把它拿过来，而替掠夺辩护的律师总是可以找到的。"①他还说，国家不分大小，政府的基本法则都是扩张领土。②

在俄国历史上，彼得大帝在临终前的遗嘱中向后继者们明确勾画了俄国对外扩张、征服欧洲进而争霸世界的战略目标。虽然该遗嘱的真伪仍然是一桩疑案，但是遗嘱中提到的十四点计划，却在一定程度上真实地反映了彼得大帝对外扩张的设想，彼得一世及之后的历代沙皇正是按此计划在亚欧大陆进行扩张的。

当然，不可否认，在中国战争史上也有过残暴的杀戮，但是我们应该看到，人们对此种行为是极力批判的，战争的发动者在战后也大都进行自我反思和批判。在西汉时期司马迁的《史记》中这种反思的事例十分常见。《白起王翦列传》中记载，战国时期秦国名将白起在被秦昭王赐死时，自我反思到底犯了什么样的罪过导致如此下场。最后，他得出结论："我固当死。长平之战，赵卒降者数

① 叶菲莫夫：《近代世界史》（上册），陈山等译，中国青年出版社，1955，第48页。

② 吴于廑、齐世荣主编：《世界史·近代史编》（上卷），高等教育出版社，2001，第173页。

十万人，我诈而尽坑之，是足以死。”同篇中还记载，秦末陈胜起义之后，秦派王离攻打赵国，围困巨鹿，有人认为王离必然获胜；另有一人认为，王离家族已经三世为将，杀伐过多，必有不祥。后来王离果然战败。《李将军列传》中记载了李广与望气者王朔闲谈，李广不明白自己不得封侯的原因，王朔问他平生是否做过有所悔恨的事情，李广回答，自己在当陇西太守的时候，杀掉了投降的八百多个羌人，至今对此仍然十分悔恨。王朔认为是因为李广滥杀投降的羌人而导致不能封侯。总之，在中国人的传统价值观念中，对战争更多的是批判，是谴责，还有反思。

三、“不战屈人”的用兵境界

战争是残酷的，无论战争是正义的还是非正义的，只要有战争，就会有伤亡。中国古代典籍中对战争的伤亡程度有各种记述，如《尚书·武成》中就有周武王伐纣时“血流漂杵”的记载，《孟子·离娄上》描绘战国时期的战争场景是“争地以战，杀人盈野；争城以战，杀人盈城”。《史记·白起王翦列传》中列举了一系列数字来说明白起的战功：昭王十四年，白起在伊阙打败韩、魏联军，“斩首二十四万”；昭王三十四年，白起进攻魏国，俘获了韩、赵、魏众多将领，“斩首十三万”，并在一次与赵国的交战中，“沈其卒二万人于河中”；昭王四十三年，白起攻打韩国的陉城，“斩首五万”；昭王四十七年秦赵长平之战，赵军大败，“四十万人降”，白起“乃挟诈而尽坑杀之”，“前后斩首虏四十五万人”。这一个个触目惊心的数字背后，是一条条鲜活的生命。唐代诗人曹松一句“一将功成万骨枯”道出了战争血腥惨烈的本质。

面对着残酷无情的战争，大凡明智的将帅，总是会积极寻求不用兵力或者少用兵力就可以达到战争目的的途径，能不战的就不战，实在不能避免的话也要尽力将战争的规模控制在有限范围内，缩短战争时间，在战争手段的使用上高度慎重和节制。正是在此基础上，中国古代兵学家怀着悲天悯人的情怀提出了“不战而屈人之兵”的用兵思想。“不战而屈人之兵”语出《孙子兵法·谋攻篇》：

> 孙子曰：凡用兵之法：全国为上，破国次之；全军为上，破军次之；全旅为上，破旅次之；全卒为上，破卒次之；全伍为上，破伍次之。是故百战百胜，非善之善者也；不战而屈人之兵，善之善者也。

孙子认为，用兵打仗，“百战百胜”不是用兵的最高境界，而是“不战而屈人之兵”，即不经过直接或者激烈的交战，没有用流血的战争方式，就能使敌人屈服于我方的意志，这才是用兵的最高境界。用“不战”的方式既可以保全我方兵力、财力，又不破坏敌方的兵力、财力，还可以使敌方的兵力、财力为我所用，从而达到“自保而全胜”的战略目的。这样，就可以在最大限度地降低“用兵之害”的同时使战争的利益最大化。以此方式取得的胜利，是经过浴血厮杀所取得的胜利无法比拟的。英国著名的军事理论家李德·哈特，对孙子“不战而屈人之兵”的思想十分推崇，认为这是“战略的完美境界”[①]。因为对敌人伤害得越严重，使用的作战方法越是野蛮残酷，敌人的反抗也越强，所要克服的抵抗力也愈大，所以孙子在《孙子兵法·谋攻篇》中进一步提出，“故善用兵者，屈人之兵而非战也，拔人之城而非攻也，毁人之国而非久也，必以全争于天下”，用“非战”“非攻”“非久”的方法取得胜利，是最高明的战略。它与孔子的“和为贵”、墨子的“兼爱非攻”等和平理念是完全一致的。

---

① 李德·哈特：《战略论：间接路线》，钮先钟译，上海人民出版社，2010，第280页。

当然，“不战而屈人之兵”的思想并非孙子所独创。在《孙子兵法》之前的许多典籍中已经萌发出“不战”的思想了。如《逸周书·大武解》中提出“善政不攻，善攻不侵，善侵不伐，善伐不搏，善搏不战”，认为善于为政者是不需要使用武力的，如果迫不得已而使用武力的话也不要首先去进攻，要设法让敌人先动手，双方交战尽量不打大规模的阵地战，尽量不正面对垒，尽量不进行肉搏战，如果进行肉搏战的话，必须有胜利的把握才行。总之，能不用武力就不用武力，能少用武力就少用武力。此外，《管子·幼官》提出“至善不战”，《老子·六十八章》提出“善为士者不武，善战者不怒”，这些都强调战争最好的办法是以不战的方式来达到作战目的。孙子正是在继承前人思想的基础上，明确将“不战而屈人之兵”作为用兵最理想的境界而提出来的。

孙子之后的历代兵书对这一思想也进行了阐发。《六韬·龙韬·军势》说：“故善战者，不待张军；善除患者，理于未生；善胜敌者，胜于无形；上战，无与战。”《六韬·武韬·发启》中也说：“全胜不斗，大兵无创，与鬼神通。”主张在战争爆发之前就将其消灭在萌芽中，力争把战争带来的流血牺牲和灾难降到最低限度。《尉缭子·兵谈》则提倡“威胜”：“富治者，民不发轫，甲不出暴，而威制天下。”“‘兵胜于朝廷’，不暴甲而胜者，主胜也；阵而胜者，将胜也。”强调只要国家治理好了，为政者实行清明的政治措施，不需要军队的流血牺牲，凭借声威就可以使敌人降服。明代兵学家何良臣在《阵纪·赏罚》中指出，“能以威德服人，智谋屈敌，不假杀戮”，才可以称之为“不世功”。这些都是对“不战而屈人之兵”的全胜思想的发挥。

关于“不战”的形式，孙子在战略上提出了“伐谋”“伐交”两种方法。《孙子兵法·谋攻篇》曰：“故上兵伐谋，其次伐交，其次伐兵，其下攻城。攻城之法，为不得已。”“伐谋”是设法粉碎敌人与我方对抗的企图，将敌人的预谋消灭于萌芽之中。“伐交”则是利用外交策略，破坏敌方联盟，发展我方联盟，陷敌于孤立无援的状态，不得不向我屈服。这两种方式都属于“不战”的范畴。而“伐兵”“攻城”是在“不战”的方式不能奏效的情况下，不得已而为之的做法。“伐兵”是动用军队，在战场上同敌人一决胜负。“攻城”是攻打敌人的城池，毁坏敌人的城郭。“攻城”是最笨拙、伤亡率最高的战争方式，孙武最为反对。

孙子提出的“伐谋”和“伐交”实际上包含了非军事打击的所有手段，如经济战、心理战、外交战、军事威慑等，后世政治家、军事家对此极为推崇，并在战争实践中不断丰富其内容，从而创造出许多精彩的战例。

我们来看一下人们耳熟能详的“四面楚歌”的事例。楚汉战争的最后，刘邦的军队将项羽的军队重重包围于垓下，战争形势对项羽来说很不利。但是项羽本人骁勇善战，其军队亦是所向无敌，刘邦军队要想迅速击垮项羽军队，也并非易事。在此情景下，韩信开始施展攻心谋略，他命汉军晚上一起唱起了楚地的民歌。楚军此时正处于粮尽援绝、欲退无路、欲战无力的境地，此时听到四面皆是楚歌声，更是勾起了他们对家乡、对亲人的怀念，不禁心生厌战思乡之情。项羽听到以后也大惊失色，疑心自己的地盘全部被占领，精神防线一下被击垮。司马迁在《史记·项羽本纪》中用了十几个字很形象地说明此时楚军的状况：“项王泣数行下，左右皆泣，莫能仰视。”楚军彻底崩溃。项羽连夜带领士兵八百余人突围逃脱，汉军发觉以后进行追击，项羽大势已去，最终自刎于乌江。垓下之战中，韩信的攻心谋略成功避免了楚汉两军之间的一场恶战，加速了楚军的失败，历时四年的楚汉战争至此结束。“攻心”其实就是一种伐谋之术。在战争中，通过战场厮杀，敌人的肉体可以被消灭，财产可以被掠夺，但自己必然会付出较大的代价。如果从精神上击垮敌人，摧毁其战斗意志，那么用较少的兵力或者不费兵力就可以达到彻底征服敌人的目的。

在战争中，要想通过“不战而屈人之兵”这一非暴力方式取得理想战果，绝大多数情况下，需要强大的实力为后盾，然后通过各种非军事手段，向敌方传达我方的实力情况以及必胜的决心，对其心理产生震慑，从而达到屈敌的目的。韩信不战而下燕国就是利用军事威慑取胜的典型战例。韩信在井陉之战中背水列阵大破赵军之后，下一个攻击目标是燕国，他向赵国的降将李左车询问计策。李左车帮助韩信分析战争形势，他认为，韩信已经渡过黄河，俘虏了魏王，又在井陉之战中以少胜多，击破赵军，所向披靡，威震天下，这是他的优势。但是经过长期连续作战，军队已经疲惫不堪，如果此时引军攻燕，燕人如果凭城固守，韩信就会陷入欲战不得、日久粮尽的尴尬境地。而燕国不能攻克，齐国又在东面称强，两国相对峙，那么刘邦和项羽孰胜孰负，难以预料，这是继续进攻的劣势。基于此，他建议韩信先按兵息甲，镇抚赵民，犒赏将士，鼓舞士气，再暗中派一名能言善辩的谋士，拿着书信去拜见燕王，向他详陈利害，燕王畏惧韩信的威名，想来不敢不从。李左车提出的正是“不战而屈人之兵”的全胜之计。韩信听从李左车的建议，镇抚赵民，摆出攻燕的态势，同时又派使者游说燕国，燕国果然不伐而降。韩信兵不血刃而下燕，实际上是一种在武力威慑基础上的全胜。

而春秋时期齐国名相管仲最擅长同敌人打经济战。齐鲁两国相邻，表面上友好来往，其实都担心对方的强大会对自己不利。当齐桓公向管仲表达自己的忧虑之时，管仲提议，自第二日起齐国君臣只穿鲁缟。由于齐国君臣带头穿用鲁缟做成的衣服，所以齐国人民都纷纷效仿。管仲下令不准齐国人织缟，所有缟均从鲁国购买。这样就导致鲁缟供不应求，价格上涨。管仲还命人张贴告示，鲁国商人如果给齐国贩来一千匹缟，可获赏三百金；贩来一万匹，可获赏五千金。鲁国人见织缟有利可图，就放弃农耕全身心地织起缟来。一年之后，管仲突然下令不再进口鲁缟。而此时鲁国人由于忙于织缟，农田荒芜，导致粮食短缺。鲁庄公无奈之下，只好派人去齐国求购粮食，而管仲则趁机提高粮价，鲁国国库因此亏空。受此打击，鲁国一蹶不振。管仲这种“不战而屈人之兵”的做法，在没有耗费一兵一卒的情况下就打击了鲁国。后来，管仲又如法炮制，利用“经济战”击垮了楚国。

战国时期的纵横家可以说是最擅长“伐交”这一战略思想的群体。战国后期，六国合纵抗秦，秦惠王派谋士张仪出使六国，破坏六国的关系。为破坏楚齐联盟，张仪先是收买了楚国的奸臣靳尚，然后通过他去朝见楚王。张仪欺骗楚王，说秦国要与楚国联盟，如果楚国与齐国解盟的话，秦国愿意将秦国商於一带六百里土地送给楚国。楚王贪图眼前利益，不顾群臣反对，与齐国解盟。对秦国威胁最大的“楚齐联盟”宣告瓦解。当楚王向秦国索取商於六百里土地的时候，张仪却说仅答应送给楚国六里土地。楚王愤然出兵攻秦，结果战败而归。就这样，张仪不费一兵一卒，未动一刀一枪，一步一步破坏了六国的联盟，为秦国统一天下奠定了基础。

在用兵境界的追求上，东西方之间存在着明显的差异。与中国传统兵学将“不战而屈人之兵”作为最高用兵境界相反，西方兵学则将“直接歼灭敌人”作为用兵准则。德国军事理论家克劳塞维茨极力强调，战争中要不惜一切流血牺牲地使用暴力。他明确指出：“有些仁慈的人可能会这么认为：一定有巧妙的方法，无需太大的伤亡便能击垮敌人或者解除敌人的武装，并认为这是军事艺术发展的真正方向。不过，不管这种看法多么美妙，都是必须要消除的错误思想。……对不惜一切流血牺牲地使用暴力的一方来说，在对方没有采取同样做法时，一定会获得优势。”[①]在克劳塞维茨看来，战争的流血本质是不会改变的。他还认为，“不管在什么样的情况

① 克劳塞维茨：《战争论》，魏止戈译，华中科技大学出版社，2016，第4页。

下，战争结局都是以消灭敌人军队为前提的”[1]。在古代西方文明史上，虽然“在具体的战争中也出现过以威慑、谋略迫使敌人投降的无数战例，但相比之下，从来没有像华夏民族那样把‘不战而胜’自觉地提高到战略思想的层次并作为一种军事理论加以高度重视，从而凝聚为军事思想体系的重要内容”[2]。

四、“以智克力”的战争理念

战争不仅是敌对双方军事实力的较量，更是智力的角逐。“智”，即智慧、谋略、智力等。具体到战争领域，智是战争指挥者灵活运用兵学原则去驾驭复杂多变的战场形势的能力。而“力”，是指力量、力气等。战争中的力，是指包括军队人数、武器装备、后勤保障等在内的军事实力。力和智是相辅相成的。智本身是在运用军事力量交战的过程中不断总结经验而形成的，而高明的智慧可以使军事力量最大限度地得到发挥。中国战争观念的一个鲜明的特点是偏重谋略，讲求“以智克力”，即主张通过巧妙的智慧较量，更灵活更巧妙地运用力量，其目的还是追求尽可能以非暴力的方式达成战略目标。美国一位名叫阿瑟·沃尔德伦的专家曾深有体会地说：“中国的战略思维历来崇尚用最少的兵力（力），通过运用计谋（计或策）最大限度地利用客观条件（势）。”[3]

关于智和力的关系，《孙子兵法》一书中多有提及。《孙子兵法·作战篇》中提到，战争会给国家经济造成巨大压力，尤其是久拖不决的战争，会造成“钝兵挫锐，屈力殚货”。如果出现这样的局面，即便国家有“智者”，也不能“善其后”。由此看来，战争

① 克劳塞维茨：《战争论》，魏止戈译，华中科技大学出版社，2016，第34页。

② 天羽：《“和文化”军事实践辩证》，《军事历史研究》2008年第1期。

③ 刘明福：《中国梦》，中国友谊出版公司，2010，第119页。

中实力最为重要，如果不具备起码的实力，仅靠智谋是无法左右战局的。但是战争不是单纯的实力角逐，也是智的较量，也就是说，战争能否取胜，不完全取决于人数的多少，而是取决于实际能够运用的兵力的数量。《孙子兵法·虚实篇》中明确提到“敌虽众，可使无斗”，意即敌人虽然人数众多，但是可以运用计谋，使敌人的兵力分散削弱，创造有利于己方的形势。

中国古代兵学中有一个十分重要的概念，就是“巧”。“巧”就是巧妙地利用一切可以利用的条件施展智谋与对手斗争，而不是单纯武力的较量。巧用兵力的过程就是施展智谋的过程。《孙子兵法·九地篇》强调，将帅统兵作战，要在查明敌人意图的基础上，集中兵力进攻敌人的某一个主要方向，千里奔袭，杀敌斩将，这就叫“巧能成事”。西汉时期司马迁对战争中的谋略思想极为重视，《史记·律书》中指出，战争“用之有巧拙，行之有逆顺耳”。

在《史记·项羽本纪》中司马迁对于“智”和“力”有过论述。楚汉相持很久也没有决出胜负，双方士卒民众疲惫不堪，于是项羽想与刘邦通过单打独斗来定输赢，却遭到了刘邦的拒绝，刘邦笑着说：“吾宁斗智，不能斗力。”经过四年的较量，刘邦最终用智谋打败“力拔山兮气盖世”的西楚霸王项羽。在本篇的赞语中，司马迁对“欲以力征经营天下”的项羽表示谴责，认为他一味用武力征伐来治理天下，导致仅五年的时间就国灭身死，而且至死也没有觉悟到自己失败的原因，居然归咎于“天亡我，非用兵之罪也”，是多么荒谬的事情。

司马迁在《史记》中描绘了许多重智善谋的人物形象，如姜太公。《史记·齐太公世家》称，周文王姬昌从羑里逃脱回国以后，与姜太公暗地谋划推行德政以倾覆商朝政权，“其事多兵权与奇计，故后世之言兵及周之阴权皆宗太公为本谋”；天下有三分之二的人来归附周国，“太公之谋计居多”。又如陈平，司马迁在写《史记·陈丞相世家》的时候，很多地方提到“用其奇计策，卒灭楚”，“凡六出奇计，辄益邑，凡六益封。奇计或颇秘，世莫能闻也”，“常出奇计，救纷纠之难，振国家之患……非知谋孰能当此者乎”，字里行间透露着对于陈平智谋奇计的肯定和赞赏。《史记》中记载的这样的事例不胜枚举。这些无不说明，在司马迁看来，战争不单纯是交战双方力量的较量，很多时候是靠奇谋智计来取胜。优秀的将领总是智勇兼备，懂得兵略权谋，以计取，以奇胜，“巧”用战争，这样不用耗费太多的兵力或者不费兵力就可以取得战争的胜利。

在楚汉相争的过程中，张良发挥了极其重要的作用。虽然他一直没有在战场上率军出战，没有野战的功劳，看起来似乎没有韩信、彭越、曹参等人那么军功显赫，即孙子所说的“无智名”“无勇功”，但他时时在刘邦面临危机的时候，为之献谋献策，在“无形”之中使得刘邦转危为安，化险为夷。《史记·留侯世家》赞语说：“高祖离困者数矣，而留侯常有功力焉，岂可谓非天乎？”可以说，对于刘邦建汉，张良是厥功至伟、功不可没的。《史记·高祖本纪》记载，刘邦统一天下之后，论功行赏，对张良高度评价：“夫运筹策帷帐之中，决胜于千里之外，吾不如子房。”

兵家历来重视以谋略制胜，历代兵书中大都用相当多的篇幅谈论谋略问题。作为兵学圣典的《孙子兵法》就是典型代表。它认为军事斗争不仅仅是军事力量的竞赛，而且是敌我双方政治、经济、军事和外交等各方面的综合较量，同时也是交战双方军事指导艺术的比拼，即斗智。《孙子兵法》的首篇《计篇》中就明确提出了“庙算”的思想：“多算胜，少算不胜，而况于无算乎！吾以此观之，胜负见矣。”孙子提倡庙算制胜，就是主张在战争进行前要从战争全局上，从战争诸因素对敌我双方进行分析对比，然后决定是否要打。分析打赢的可能性大不大？该怎么打？后方保障是否充足？只有做到提前谋划，打起仗来才会心中有数，战则必胜，也就是说要做到“运筹策帷帐之中”，才有可能“决胜于千里之外”。

《孙子兵法》冲破了传统军礼制度的束缚，旗帜鲜明地提出战争的本质乃是一种“诡道”，“兵以诈立”，即以各种欺骗手段造成敌人的错觉，以便更有效地打击敌人。其实诡道就是谋略。因为战争关乎国家的存亡、人民的生死，用兵打仗就要力争取胜，在战争的手段上就必然要诡诈多变，如果一味地对敌人仁慈，必然会导致自己损兵折将，这就是对自己军队的不仁。诡道方式灵活多样，千变万化，《孙子兵法·计篇》中阐述了十二种欺敌、误敌的方法，后世学者称之为“诡道十二法”：“能而示之不能，用而示之不用，近而示之远，远而示之近。利而诱之，乱而取之，实而备之，强而避之，怒而挠之，卑而骄之，佚而劳之，亲而离之，攻其无备，出其不意。”其核心是攻其不备，出其不意。

此外，《孙子兵法》中还提出了具体的作战谋略。比如，“先为不可胜，以待敌之可胜”，强调在交战前就应做好战争准备，创造获胜的条件；在作战过程中，要做到“致人而不致于人”，调动敌人而不被敌人调动，时刻掌握战争的主动权，用兵打仗要速战速决，切勿持久战；在进攻方向上，要避实击虚；在发动进攻时，行动要突然，以达到攻其不备、出其不意的作战效果；在兵力运用上要做到“我专而敌分”，即集中我方兵力而设法分散敌人兵力；要善于运用奇正之术，“以正合，以奇胜”；要处理好攻守之间的关系；同敌人交战不一定非得在双方正面对抗的情况下战胜对手，可以通过“治气”“治力”“治心”“治变”等方式削弱对方的士气、动摇敌军作战的决心，以此方式实现打击敌人的目的；在战争取得胜利后，要“修其功”，以巩固胜利成果，防止“费留”局面的出现。

除了《孙子兵法》以外，古代卷帙浩繁的兵书大部分内容与军事谋略有关。如《吴子兵法》《六韬》《孙膑兵法》《黄石公三略》《唐太宗李卫公问对》等，都用大量的篇幅阐述作战的计谋。西汉末年的兵书整理也体现了对“谋”的重视。《汉书·艺文志》

记载，西汉成帝时政府组织人员进行过一次大规模的图书整理，兵书被作为单独一类由步兵校尉任宏来整理。任宏在整理完以后，根据当时存世兵书内容的属性，将兵书分为四大类：兵权谋、兵形势、兵阴阳、兵技巧。四类之中以“兵权谋”为首，这一类的特点是“以正守国，以奇用兵，先计而后战，兼形势，包阴阳，用技巧者也”。重“计”，注重从宏观战略角度谋划战争是兵权谋一个很重要的特点。任宏将其放在兵书四大类之首，充分反映了他对兵家谋略的重视。

中国历代政治家、军事家也大都继承了以智克力的传统。《汉书·赵充国传》记载，西汉宣帝时，羌族发动叛乱，赵充国奉命平叛。他在平羌战争中注重先计后战，以谋取胜，在上奏中说：“臣闻帝王之兵，以全取胜，是以贵谋而贱战。”最终，他以极小的代价平定了羌人的叛乱。《晋书·杜预传》称，晋代军事家杜预，以智谋辅佐晋武帝顺利灭吴，军中流传着这样一句歌谣：“以计代战一当万。”

中国历史上，几乎每一场战争都贯穿着谋略的运用，尤其是那些以少胜多、以弱胜强的战例，更是展现了谋略的价值和作用。比如商汤灭夏时，在伊尹的辅佐下，先是逐步剪灭夏朝的羽翼，改变双方的力量对比，后来采用迂回战术，突袭夏都，一举灭夏；西周这一蕞尔小邦最终打败大邑商，主要得益于姜太公“文伐”“武攻”并用的谋略；春秋时期齐鲁长勺之战，鲁国曹刿巧妙运用心理战术，避敌锐气，后发制人，最终大败齐军；战国时期孙膑在齐魏桂陵之战、马陵之战中，运用“批亢捣虚”“退兵减灶”等计策，率齐军打败了强大的魏军；秦朝末年的巨鹿之战中，项羽下令破釜沉舟，只携带三日干粮，与秦军决战，最终迫使秦将章邯率部投降；韩信的《汉中对》为刘邦制定了还定三秦、与项羽争夺天下的大计；西汉中期的汉匈战争，汉朝之所以取得反击匈奴的胜利，与张骞提出的“断匈奴右臂”的战略谋划分不开；东汉末年诸葛亮的

《隆中对》为刘备制定了三分天下的谋略；学士朱升向朱元璋提出“高筑墙，广积粮，缓称王”的平定天下的谋略等。这些都是成功运用谋略的范例。

被称为“汉初三杰”之一的西汉开国功臣韩信，是中国军事史上以智克力的典型代表。纵观史书中记载的韩信指挥的战役，无论其实力与敌方相比是强还是弱，他均是以智取胜。公元前205年八月，刘邦派韩信率兵伐魏，魏王豹把重兵布守在蒲坂，封锁了从黄河西岸临晋到蒲坂的渡口。韩信以声东击西之计，故意在黄河西岸布置疑兵、陈列渡船，伪装成从临晋渡河的样子，暗地里却派兵从黄河上游的夏阳以简易渡河工具“木罂”代船渡河，接着奇袭魏国重镇安邑，俘虏了魏王豹，平定了魏国。公元前204年的井陉之战中，韩信率领的汉军不足三万人，而赵军有二十万人。韩信一面派轻骑迂回到赵军大营侧翼的山坡上潜伏以伺机偷袭赵营，一面以主力万人背水列阵，引诱赵军主力出击。等赵军倾巢而出追击汉军时，汉军潜伏的两千骑兵立刻冲入赵军营垒，换上汉军旗帜，并与汉军主力两面夹攻，大破赵军，活捉赵王歇。破赵之后，韩信又听从李左车的建议，解甲休兵，镇赵安民，摆出攻燕的态势，同时又派使者游说燕国，使燕国不伐而降。公元前203年十月，韩信率军攻下齐国都城临淄，项羽派遣大将龙且援齐，楚齐联军二十余万与汉军数万对峙于潍水两岸。韩信率军渡河攻击龙且军，然后假装败走。龙且以为韩信怯弱，率军渡潍水进击。韩信命人决开早就准备好的壅塞在潍河上游的沙袋，水淹龙且军。然后韩信率军反击，大败楚军，杀龙且，平定齐地。上述战役充分体现了中国传统兵学以智谋取胜的特点。

由于对谋略的重视，中国历史上的统治者和军事统帅，大都十分重视对谋臣的任用。中国历史上一个很常见的现象是，大凡有作为的君主，必定有一个或几个重要的谋臣来辅佐，他们的事迹为后世所津津乐道，如商汤与伊尹，周文王、周武王与姜太公，齐桓公与管仲，项羽与范增，刘邦与张良，刘备与诸葛亮，苻坚与王猛，唐太宗李世民与房玄龄、杜如晦，宋太祖赵匡胤与赵普，明太祖朱元璋与刘基等。中国历代文学作品中所推崇的人物也都是智谋之士，如人们表现出对谋士张良、羽扇纶巾的诸葛亮、智多星吴用等人的极度推崇，将诸葛亮当作智慧的化身，而将张飞、李逵之类视为莽撞、急躁、勇而无谋的武夫。在中国诸如《左传》《战国策》《资治通鉴》等史书中，也是浓墨重彩地描述运筹帷幄的谋略，而对战争中具体的交战场面的描写往往仅有寥寥数语。

谋略之所以在中国受到如此重视，是因为谋略具有用力少而获益大的特点，如果战争指挥者具有高超的谋略，能正确分析敌我所处的形势，恰当运用欺敌误敌、示形动敌、避实击虚、奇正相生、以迂为直、集中兵力、因敌制胜等一系列谋略手段，就能够在具有一定实力的基础上，以最小的代价取得战争的胜利。因为只要有战争就会有伤亡，所以在作战力量一定的条件下，交战双方总是要考虑怎样降低军事斗争的成本，以最小的代价战胜敌人。重用谋略的目的，就是为了尽可能减少战争的伤亡与损失。最高的谋略就是争取以和平方式解决争端。也就是说，在兵家的战略思想中，始终把和平解决争端看作用兵的理想境界。诡诈用兵、权谋制胜，是止戈为武、天下和平的方法和手段。明代兵书《投笔肤谈·本谋》说："自古明君贤将，谋之于未战之先者，岂专谋敌求胜哉？亦冀保民而康国耳！"战争中运用谋略不是单纯为了打败敌人、赢得胜利，更重要的是为了安国保民、赢得和平。

与中国兵学相比，西方兵学固然不否认谋略的重要性，但是更重视增强实力。西方的兵学家在战争战略指导方面，在使用计谋的广度和深度上，以及战法的灵活性上，远远比不上中国的兵学家。他们更加重视的是强化自身的军事力量，重视的是军队的训练，在士兵的选拔上也是以身体素质的好坏、力量的强弱为标准。

古希腊的城邦斯巴达就是典型的代表。为了防范和镇压奴隶的反抗以及进行对外扩张，斯巴达实行全民皆兵的制度。公民从出生之日起就被置于国家的监督和管束之下。按照规定，每一个斯巴达婴儿出生以后，身体都要接受专职人员的检验，只有身体健康的才能被抚养，先天残疾或者体质不够强健的，则禁止存活。男孩7岁开始就会被编入团队过集体的军事生活，接受初级军事训练；年满20岁后必须投身军营生活，除了行军作战就是反复操练，精神上以培养绝对服从的军人气质为首要。这种生活要持续到60岁才告结束。斯巴达女孩虽然不需要参军，但是也要接受各种体育训练，因为斯巴达人认为，只有健康的母亲才能生育强壮的战士。在这种思想的影响下，斯巴达人崇尚在战争中流血牺牲。一个斯巴达母亲不会为儿子的负伤或死亡而伤感，当她送儿子上战场时，不是祝福他平安归来，而是给他一面盾牌，说："要么拿着，要么躺在上面。"斯巴达人尚武的传统，使得它在称霸希腊期间，经常凭借强大的军事力量肆无忌惮地干涉他国内政，践踏他国主权，对内对外战争不断。

西方历史上很少出现像中国那样如此之多的谋士。西方在频繁的征战中，也涌现出众多优秀的军事统帅，他们大多是最高权力的掌控者，也是最具智谋的人。在他们身边很少有能够左右其思想的人或者为其出谋划策者。如被称为"西方四大名将"的亚历山大、汉尼拔、凯撒和拿破仑，他们都是声名显赫、唯我独尊的人物，是集政治家、军事家、谋略家于一体的人物。

在注重以力取胜的军事传统的影响下，西方古代史上的战争对谋略不是非常重视，而是更加注重军队队形的变化。古希腊时代的战争主要采用步兵方阵战术，方阵由用圆形盾牌和投矛武装起来的重甲步兵组成，交战时作战双方的方阵相向前进，直到交战，战争完全是力与力的较量。马其顿国王腓力二世在希腊方阵的基础上加以改进，增加了矛的长度，扩大了方阵的纵深，使其战斗力更强。正是依靠马其顿方阵战术的强大杀伤力，腓力二世征服了希腊，亚历山大东征时打败了庞大的波斯帝国。后来罗马人对方阵进行了革命性改良，创造了小步兵方阵战术，使罗马军团威震欧洲。十七八世纪，欧洲大多数国家在作战方法上采取线式战术，后来不断改进，创立纵队战术、散兵线战术等。这些无不说明西方兵学重视以力取胜。

综上所述，中国传统兵学在战争理念上注重以智谋取胜，而西方兵学则更加注重以力取胜。正如美国学者戴维·莱伊所指出的，中国的战争和外交政策与西方截然不同：中国将重点置于战略和谋略，而西方依赖于优势地位的武力和先进的军事能力。中国甚至将自己称为谋略的发源地，因为中国在古代就已拥有了世界军事经典之作《孙子兵法》，以及数量众多的军事典籍。虽然它们涉及军事的方方面面，但都强调运用战略和谋略。[①]

① 戴维·莱伊：《“势”——中国战略思维的精华》，张宏飞编译，《当代军事文摘》2005年第12期。

第三章 中国古代内外交往中的和平理念

近代以前，受古代天下观念的影响，中国人对世界的看法是王者无外、天下一家。因此，严格来说，中国古代所谓的“内”是正统王朝所在的天下之中，“外”是天下之中的外部，仍然是包括在天下之内的。早在春秋时期，列国林立，诸侯称霸，各国使节往来频繁，已经形成了诸侯国之间交往的一些准则。秦汉一统之后，诸侯国之间的交往虽然不复存在，但是仍然存在中原王朝与周边民族政权以及国家之间的交往，可以视之为内外交往。受中国古代“以和为贵”“亲仁善邻”等思想的影响，中国历代王朝一直秉持道德教化的和平理念去协和万邦，而不是用战争手段进行征服和扩张。历史上中原王朝与周边民族政权或国家间和平交往的方式很多，在处理政治和军事关系时，常采取会盟、和亲、羁縻、朝贡等办法，一般在处理经济利益关系时，常采取互市的办法。互市常常是与其他手段相伴随使用的。

一、亲仁善邻、协和万邦的和平理念

在内外交往问题上，中国在先秦时期就形成了“协和万邦”“亲仁善邻”的观念，主张国家之间、民族之间要和谐相处、互利互惠。“协和万邦”见于《尚书·虞书·尧典》：“曰若稽古，帝尧曰放勋。钦明文思安安，允恭克让，光被四表，格于上下。克明俊德，以亲九族。九族既睦，平章百姓。百姓昭明，协和万邦。”这段话赞美了远古时期尧的品德。尧生活在“天下万邦”的时代，他能够传播自己的德行，使九族和睦，百官和谐。在治理好内部以后，他进而去协调各个邦族之间的关系，最终实现万邦和谐，民众和睦相处。

至春秋时期，《左传·隐公六年》中又提出了“亲仁善邻”的主张。“亲仁善邻”的提出是基于这样一个故事：鲁隐公六年（公元前717年），郑庄公请求与陈国修好，陈桓公不答应。陈国的大臣五父劝谏说：“亲仁善邻，国之宝也。君其许郑。”意即亲近仁义、与邻国友好相处，是立国的法宝。但陈桓公自恃郑国对自己构不成威胁，就拒绝了郑国的请求。后来，陈国被郑国所败。《左传》在记载此事后，还记载了一段“君子”对此事的评论：“善不可失，恶不可长，其陈桓公之谓乎！长恶不悛，从自及也。虽欲救之，其将能乎？”这段话其实就是在告诫人们，无论是人与人之间的交往还是国与国之间的交往，都要与人为善，乐善好施。否则，将会自食其果。《国语·晋语二》中也提出：“夫固国者，在亲众而善邻，在因民而顺之。”可以说，睦邻友好、协和万邦，自古就是中国政治家所追求的国家民族之间相处的理想境界。

春秋中期，晋国卿大夫魏绛在对待晋国北方的戎狄问题上，提出了著名的“和戎”主张。《左传·襄公四年》记载，公元前569年，无终国（北方山戎族建立的一个国家）的国君嘉父派使者至晋国，请求晋国与各戎族建立和睦相处的关系。晋悼公认为戎狄没有亲近的国家，而且非常贪婪，应该用兵讨伐。魏绛对晋悼公进行了劝谏，并指出与戎人讲和的五种好处：一、戎狄是游牧民族，习惯于随水草而迁移，看重财货而轻视土地，可以与其发展贸易，以财货买其土地；二、与戎狄讲和，百姓可以安心在田野耕作，利于发展农业生产；三、戎狄都来服侍晋国，晋国周边的国家必定会受到震动，他们会因晋国的威力而慑服；四、与戎狄维持和平局面，将士就不会劳苦，武器也不会损坏，晋国实力可以得到保存；五、有鉴于后羿失国的教训，实行以德治国，可以使远者归附，近者安宁。晋悼公被魏绛入情入理的分析折服，责成他去处理和戎事宜。“和戎”政策的实施，不仅使晋国摆脱了戎狄经常骚扰后方导致腹背受敌的困境，而且使得晋国扩大了疆土，增强了国力。魏绛“和戎”之论中体现的民族和谐、和睦、和平的思想以及“以德绥戎”的理念，对后世影响很大。更重要的是，“和戎”的实施开创了中国历史上华夏族团结少数民族的先例。

春秋晚期，儒家创始人孔子在继承前人思想的基础上，进一步提出了“和为贵”的思想。《论语·学而》曰：“有子曰：礼之用，和为贵。先王之道，斯为美，小大由之。有所不行，知和而和，不以礼节之，亦不可行也。”“和为贵”虽然是孔子弟子有子之语，但也是孔子思想的反映。孔子认为，处理人与人之间的关系，一定要重“礼”求“和”。表现在邦交关系上，就是要做到亲邻柔远、和睦相处，不能以大欺小、以强凌弱。儒家一向有“四海之内皆兄弟”的博大胸怀，既然是兄弟，自然不能刀兵相见。《论语·季氏》中记载了这样一件事情：鲁国权臣季孙氏将要讨伐颛臾。孔子的弟子冉有和子路是季氏的家臣，他们将此事告诉孔子。孔子听说后，极力反对，他说：“丘也闻有国有家者，不患寡而患不均，不患贫而患不安。盖均无贫，和无寡，安无倾。夫如是，故远人不服，则修文德以来之。”治理国家最重要的是要做到分配公平，使人们和睦相处，团结安定。对待远方之民，要通过仁德教化使其归服，而不是使用武力去征服。《论语·子路》中叶公向孔子求教为政的方法，孔子也说："近者悦，远者来。"

《礼记·中庸》提出了治理天下的九条原则，"柔远人"与"怀诸侯"是其中的两条："柔远人则四方归之，怀诸侯则天下畏之。"意思是安抚边远民族，则四方之民就会来归顺；安抚诸侯，天下人就会敬畏服从。《孟子·公孙丑下》记载，战国时期的孟子也发表过"固国不以山溪之险，威天下不以兵革之利"的言论，认为威服天下不是靠兵器铠甲的坚利，而是靠仁义。《孟子·梁惠王下》记载，齐宣王向孟子请教结交邻国之道，孟子主张大国要以仁爱之心对待小国，小国要怀敬畏之心服事大国，大国和小国之间要和平相处，不要轻启战端。孟子主张以德服人，反对以力服人。在《孟子·公孙丑上》中，他还指出了"力服"和"德服"所导致的不同后果："以力服人者，非心服也，力不赡也。以德服人者，中心悦而诚服也，如七十子之服孔子也。"以武力去征服别人，并不能让别人发自内心地去臣服，只是力量不足以反抗而已；而运用仁德使别人归顺的，才是真正的心悦诚服，就像七十子服从孔子那样。荀子则提倡以礼仪原则来处理大国小国、强国弱国之间的关系，《荀子·王制》说："存亡继绝，卫弱禁暴，而无兼并之心，则诸侯亲之矣；修友敌之道以敬接诸侯，则诸侯说之矣。"《荀子·富国》也说，如果"修小大强弱之义以持慎之，礼节将甚文"。荀子强调，处理国与国之间的关系，不论大小强弱，都要遵循平等友好的原则，尤其是强者，不能恃强凌弱。更不能肆意去兼并和灭亡他国，这样才会产生《荀子·儒效》中所说的"近者歌讴而乐之，远者竭蹶而趋之，四海之内若一家，通达之属莫不从服"的良好效应。

在民族观念上，儒家虽然认为"华夷有别"，但是更主张华夷一体、王者无外。在中国古代历史上，外族入侵是中原华夏族时常面临的重要威胁。春秋时期，齐、晋诸强国都曾高举"尊王攘夷"

的旗帜，号令天下，阻止戎狄的侵扰。孔子高度赞扬齐相管仲辅佐齐桓公取得了“九合诸侯”“一匡天下”的伟绩，但他并不主张华夏与夷狄的对立与残杀。在孔子看来，华、夷之间应该和平共处、协调发展。《论语·子罕》记载：“子欲居九夷。或曰：‘陋，如之何？’子曰：‘君子居之，何陋之有？’”孔子认为，华夏文明是可以感化夷狄的。《荀子·正论》也说：“故诸夏之国同服同仪，蛮、夷、戎、狄之国同服不同制。”意思是说，中原华夏诸国同样服事天子而礼节规范相同，四夷同样服事天子却制度不同。虽然制度不同，华夏和四夷却都能服事天子。先秦儒家这种华夷一体的主张，为后世和平处理民族关系提供了思想基础。

亲仁善邻的思想不仅为儒家所倡导，而且也为古代其他学派或人士所推崇。战国时期的鹖冠子在《鹖冠子·王鈇》中提出了自己心目中的理想政治：“近者亲其善，远者慕其德而无已……故能畴合四海以为一家，而夷貉万国皆以时朝服致绩，而莫敢效增免，闻者传译来归其义，莫能易其俗，移其教。”鹖冠子设想的理想社会蓝图是天下一统，四方少数民族纷纷前来朝觐进贡，天下万国犹如一家。他认为，要想实现这幅蓝图，就要做到不轻易改变各地的风俗习惯，以德服人，而不是以力服人。

在中国历史上，历代王朝统治者大都遵循亲仁善邻的指导思想去处理民族矛盾和国家冲突，尤其是汉武帝“罢黜百家，表彰六经”之后，儒家思想成为国家的统治思想，“修文德以来之”成为执政者最高的追求。唐朝和明朝最具代表性。

唐太宗在位时期，秉承“夷夏一家”的思想，以怀柔政策处理民族关系。《旧唐书·魏徵传》记载，唐朝初期，面对如何处理周边民族的关系问题，群臣存在“耀兵振武，慑服四夷”和“偃革兴文，布德施惠”两种意见，唐太宗听从魏徵建议，不用刀兵，绥之以德，最终出现了“绝域君长，皆来朝贡，九夷重译，相望于道”的局面。唐太宗多次谈及“四海一家”的思想。贞观十八年（644

年），唐太宗准备将内附的突厥民众安置在胜州和夏州之间，有大臣表示反对，唐太宗却说："夷狄亦人耳，其情与中夏不殊。人主患德泽不加，不必猜忌异类。盖德泽洽，则四夷可使如一家；猜忌多，则骨肉不免为仇敌。"[①]在谈到自己的民族政策时唐太宗也说："自古皆贵中华，贱夷、狄，朕独爱之如一，故其种落皆依朕如父母。"[②]唐太宗这种四夷一家、爱之如一的思想，充分反映了唐朝在对待周边民族方面，表现出以往朝代不曾有过的兼容并包的心态。贞观七年（633年），唐太宗在未央宫举行过一场宴会。在唐太宗面前，东突厥颉利可汗起舞，岭南百越的酋长咏诗，唐太宗不禁开怀大笑，周边部族与中原王朝和睦为一家，古所未有。由于唐太宗对各民族"爱之如一"，所以唐朝初年各民族之间的友好交往空前频繁，唐太宗也被尊为"天可汗"。"明时无外户，胜境即中华。况今舅甥国，谁道隔流沙。"唐代诗人吕温的这首《吐蕃别馆和周十一郎中、杨七录事望白水山作》中的诗句，其实就描写了一个中原与边疆融为一体的中华。

明朝更是一个典型的亲仁善邻的王朝。明太祖朱元璋虽然声称"驱逐胡虏"，但是同样强调"蒙古、色目，虽非华夏族类，然同生天地之间，有能知礼义，愿为臣民者，与中夏之人抚养无异"[③]。他将汉族和各少数民族人民都视为自己的子民，一视同仁地对待。对于周边的国家，朱元璋更是采取和平主义交往政策。据《明太祖实录·卷六十八》记载，洪武四年（1371年）九月，朱元璋跟他的大臣们说，海外蛮夷国家给中国带来祸患的，不可不去征讨；不会给中国带来祸患的，不要轻易兴兵。地域宽广不是长治久安的关

① 司马光编著：《资治通鉴·唐纪十三》，中华书局，1956，第6215～6216页。

② 司马光编著：《资治通鉴·唐纪十四》，中华书局，1956，第6247页。

③"中研院"历史语言研究所：《明太祖实录·卷二十六》，中华书局，1962，第404页。

键，劳师动众、劳民伤财是导致动乱的根源。国家耗费人力物力去扩张领土，即便打了胜仗也是得不偿失。因此，凡是不主动进犯中国的国家，中国不必去征讨。

洪武二十八年（1395年），朱元璋担心后世子孙依仗中国的富有强大，贪图一时的战功，而无故兴兵，杀伤人命，于是又在留给子孙的《皇明祖训》中，明确规定了15个“不征之国”：朝鲜、日本、大琉球、小琉球、安南、真腊、暹罗、占城、苏门答腊、西洋、爪哇、湓亨、白花、三佛齐、渤泥。这15个国家，应该是明朝初年所能知道的所有海外国家，朱元璋全部将其列入“不征”的行列。和平交往政策的制定与实施，对于明初保持中国与周边国家的睦邻友好关系发挥了重要作用。

明朝时期还经常大量派遣使节出访各国，宣扬和平友好的交往政策，并且颁发赏赐，以示怀柔。最典型的莫过于郑和及其船队出使西洋的活动。从1405年到1433年，郑和先后七次奉命率船队出使西洋，足迹遍布亚非30多个国家和地区。郑和出使西洋时带领的船队是当时世界上最庞大的远洋船队。他每次出海，都有大海船60艘左右，加上中小船舶共有100多艘，有时多达200艘。从船舶建造水平来看，郑和船队的船舶在当时是世界一流的，大型船长约152米、宽约61米，中型船长约136米、宽约51米。郑和每次出使，航行人员均在20000人以上。郑和第一次下西洋共有各类人员27800余人，第三次下西洋有27000余人，第七次下西洋有27550人。无论从船队的规模还是航海技术来说，都远超半个世纪以后的哥伦布、达·伽马、麦哲伦等人的航海活动。①但是郑和带领规模如此庞大的船队多次出海，却从来没有侵占过任何国家的领土，没掠夺过任何资源，

① 马超群：《郑和下西洋与西方人航海的比较研究》，载云南师范大学学术技术文库编辑委员会编《西南联大暨云南师范大学60周年校庆社会科学文集》，民族出版社，1998，第75～76页。

没建立过任何一处殖民地。他始终只是充当着和平的使者，播撒的是和平的种子。2005年，马来西亚国家博物馆馆长亚迪博士在接受《人民日报》记者采访时说："郑和5次来到满剌加国，就是现在的马六甲，在这里都有记载。马来西亚人民都喜欢郑和，不仅因为他勇敢，还因为他的和平友好。当时，以他的船队的装备，完全可以占据马六甲，但郑和船队满载着中国的'珍宝'来到这里，同时带来中国先进的文化和技术，带动了马六甲的繁荣，马六甲后来能成为著名的港口与郑和不无关系。马六甲历史上曾经几次被外国侵略者控制，郑和与他们不一样，他是马来各族人民的朋友。"①

郑和出使西洋，每到一处，首先宣读明朝皇帝对各国国王和当地头目的诏谕，表达"共享太平之福"的愿望。《郑和家谱》中记载了这类诏谕的原文，内容如下：

> 朕奉天命君主天下。一体上帝之心，施恩布德。凡覆载之内日月所照，霜露所濡之处，其人民老少，皆欲使之遂其生业，不致失所。今遣郑和赍敕普谕朕意。尔等祇顺天道，恪守朕言，循理安分，勿得违越；不可欺寡，不可凌弱；庶几共享太平之福。若有摅诚来朝，咸锡皆赏。故兹敕谕，悉使闻知！②

诏谕中说得非常明白，明成祖命郑和下西洋出访亚非诸国，是要怀柔远人、施恩布德，表达对各国的诚意，期望各国与明朝廷建立友好关系，各国人民安居乐业、和平相处、共享太平。宣读完之后，颁赠册赐印绶，并对国王进行赏赐。诸国君主当然也会有所奉献。

---

① 刘歌：《和平使者受景仰——探访马来西亚郑和遗迹》，《人民日报》2005年7月12日，第7版。

② 郑鹤声、郑一钧编：《郑和下西洋资料汇编》（增编本）（上册），海洋出版社，2005，第42页。

官方活动结束后，郑和船队也会与当地人民进行一些货物交易。

郑和出使期间，还经常以和平方式调解各国之间的矛盾和冲突。通常的做法是，对矛盾双方进行劝解，并借助大明的威望，劝导他们不要兵戎相见，应该和睦相处。如，据《明史·暹罗传》记载，郑和第二次下西洋时，明成祖命他去调解暹罗与占城、苏门答腊和满剌加之间的冲突。原来，占城贡使在出使明朝返回途中，遭遇大风，船漂至彭亨，被暹罗扣留；暹罗还入侵苏门答腊和满剌加，并抢走了明成祖赐给他们的印诰，两国都遣使向明成祖控诉暹罗的蛮横无理。郑和到暹罗后，传达了明成祖的告诫，要求暹罗"返占城使者，还苏门答腊、满剌加印诰。自今奉法循理，保境睦邻，庶永享太平之福"。暹罗王自知理亏，派遣使臣来中国贡献方物，承认自己的过错，并遣还占城使，送还满剌加和苏门答腊的印诰。这一带又恢复了和平与安宁。像这种排解纠纷的事情，还有不少。经过郑和多次斡旋调解，东南亚和南洋地区基本实现了和平安宁的稳定局面。

郑和在海外也有过三次动用武力的情况，不过这三次并不是郑和主动去侵略他国，而是在迫不得已的情况下进行的自卫性还击或者帮助当地国家平定内乱。第一次是在第一次航行的时候，在苏门答腊南部的旧港，当地华人海盗集团的首领陈祖义剽掠商旅，甚至打算抢劫郑和的船队，郑和将其击败，并俘虏了他，将其押解到南京正法。第二次是在第三次航行的时候，锡兰国王亚烈苦奈儿贪图郑和船队的财物，于是假意将郑和骗至国都，暗地里却派人劫掠郑和的船队。郑和将其擒获，并押解回国内。明成祖赦免了亚烈苦奈儿，并放他回国，另立亚烈苦奈儿的亲属为锡兰国国王。第三次是在第四次航行的时候，郑和在苏门答腊国帮助该国国王锁丹罕难阿必镇，平息了争夺王位者苏干剌的叛乱，活捉了苏干剌，将其押解至南京斩首。

郑和第一次下西洋的终点是古里（在今印度）。明朝初年，古里多次遣使到中国朝贡，两国关系密切。永乐三年（1405年），明成祖封古里国的酋长沙米的喜为国王。永乐五年（1407年），郑和带着明成祖的诏敕，颁赐诰命、银印给沙米的喜，正式封他为古里国国王。为了纪念这件事，郑和在此立碑纪念，碑上刻着25个大字："其国去中国十万余里，民物咸若，熙皞同风，刻石于兹，永示万世。"[①]该碑不仅是中印两国人民友好交往的珍贵文物，也是中国开展和平外交的见证。

在郑和的不懈努力下，明政府与30多个国家和地区建立了和平友好的关系。许多国家通过郑和的船队了解了中国，纷纷派遣使臣回访，出现了"四夷归附，万国来朝"的空前盛况。据学者统计，明成祖在位22年间，与郑和下西洋有关的亚非国家使节来华共318次，平均每年15次。许多国家的国王还亲自来华。永乐六年（1408年），渤泥国国王率妃子、弟弟、妹妹、子女和陪臣乘船过海来朝见，明成祖以隆重礼仪接待，赏赐有加。后渤泥国国王不幸染病去世，明成祖将其礼葬在南京城安德门外，其墓至今犹存。永乐十五年（1417年），苏禄国三位国王——东王、西王和峒王，亲自率领包括家眷、官员在内共340多人的庞大使团来到中国，并受到了明成祖的接见和热情招待。归国途中，行至今山东德州时，东王突患急症，不幸病逝。明朝廷以"王礼"将其安葬于德州。

与中国"善邻怀远""协和万邦"的交往理念不同，西方国家在对外交往中则是力争以武力征服天下。西方文化崇尚力争，许多思想家主张用武力去征服其他的民族甚至国家，这些思想往往受到统治者的重视，并付诸行动。古希腊哲学家亚里士多德虽然认为一个国家所应该追求的幸福不是战争，对外征服也不是一个国家的目的，但是他却极力强调希腊人与野蛮人（即非希腊人）的对立，

① 郑鹤声、郑一钧编：《郑和下西洋资料汇编》（增编本）（上册），海洋出版社，2005，第288页。

认为野蛮人是天生的奴隶，应当由希腊人来统治野蛮人。按照他的观点，希腊人之间不应该征战，因为希腊人走到哪里都不应该是奴隶，而征讨野蛮人是可以的，也是正义的。这种对其他民族的歧视成为希腊人大肆掠夺的心理动力，也为其不断向外扩张奠定了理论基础。

比较一下郑和与稍晚于郑和的欧洲航海家们的航海动机和实际举措，就可以看出东西方对外交往理念的差异。从航海的动机来看，明成祖派遣郑和下西洋，是为了与各国家建立和平友好的关系，"共享太平之福"，而西方航海家的动机则是为了扩张和利益。以哥伦布为例，他在航行前与西班牙女王签订了航海协议（也被称为《圣塔菲协定》），其中明确规定，如果哥伦布探航成功，就任命他为所发现和取得的一切岛屿和大陆的副王和总督，其后代可以世袭一切爵位、职衔及权力，并且可以获取巨大的经济利益。而那些新发现的无人地区和只有野蛮人的地区则纳入西班牙的版图和势力范围。哥伦布正是在各种利益的驱使下发现美洲大陆的。

从航海家实际的行动举措来看，郑和所经之地，与当地人民坦诚交往，和平贸易，厚往薄来，深受各国人民的欢迎和赞扬。郑和下西洋开展的是以德服人的和平交往，给当地人民带去的是和平和友谊。反观西方航海家，每到一处则宣称对该地的占有。当哥伦布登上所发现的第一块陆地瓦特林岛时，立即宣布这块岛屿是西班牙的土地；达·伽马到达印度的古里后，立即竖起一根标柱，作为葡萄牙王室已经占有这块土地的标志。土著居民把这些来自远方的白人当成贵客，热情招待，但是他们却用先进的武器对待这些手无寸铁的土著居民，与之进行欺骗性的不等价交换，征服他们并奴役他们。

新航路开辟以后，接踵而来的是疯狂的掠夺、血腥的屠杀和罪恶的奴隶贸易。从15世纪末到16世纪前半期，西班牙殖民者在中南美洲进行了野蛮的殖民征服。为了霸占当地的金银财宝，殖民者大肆屠杀印第安人。据西班牙人自己估计，仅在16世纪前半期，被他们杀害的美洲土著居民就有1500万人之多。殖民者还大肆掠夺当地财富。在16世纪到19世纪的300多年间，西班牙殖民者从美洲掠走250万公斤黄金、1亿多公斤白银。随之而来的葡萄牙殖民者者，仅从巴西一地至少掠走了价值约10亿美元的黄金。不仅如此，西方殖民者还进行罪恶的贩奴贸易。在延续400年之久的贩奴贸易中，被殖民者掠夺走的非洲黑人在2000万以上。有研究者指出，每有一个奴隶被运到西半球，就有五个奴隶在非洲被杀或在大海上死亡。照此计算，贩奴贸易至少使非洲损失了一亿人口。[①]所以说，哥伦布等人的航海活动虽然开创了世界历史的新时代，但给亚非拉人民带来的却是无尽的灾难。

综上所述，以儒家文化为基础的中华文明，在处理民族之间、国家之间的关系问题上，历来倡导天下一家，主张亲仁善邻、和睦相处。在具体的交往实践中，中华民族也始终秉持“和为贵”“和而不同”的和平理念处理内外关系，力争达到协和万邦、万国咸宁、天下太平的理想境界。而在西方国家历史发展的过程中，则充满了种族对立、武力征服和殖民掠夺。正如成中英先生所指出的：“西方历史，尤其是自十六世纪以来的西方历史，处处都是血迹斑斑的征服战争、扩土战争、移民战争与争权战争，完全是一部赤裸裸的权力意志冲动肆略的写照。”总体而言，中国文化可以说是一种“融合文化”，即“维护和谐、创造和谐与发现和谐为文化发展的轨道”；而西方文化则是一种“冲突文化”，即“以维护冲突、制造冲突或发现冲突为文化的主制”。[②]

① 邓加荣、邱兆祥、肖民重合编：《资本漫话》，辽宁人民出版社，1979，第13～26页。

② 成中英：《西方文化对中国文化之需要》，《东方论坛》2004年第5期。

二、会盟制度所体现的和平理念

会盟制度是通过会面结盟的和平方式调解争端、缔结友好关系的一种制度。这是在中国古代历史上曾起到重要作用的一种制度。会盟源于原始部落社会集会、部落联盟会议和血盟习俗，西周时期改革会盟习俗，创立会礼、盟礼以及会同制度，春秋时期发展为会盟制度，成为诸侯之间调节矛盾和冲突的一种常用方式。[①]之后历朝历代经常沿用此方式来解决民族之间的矛盾争端。清朝中期以后，会盟制度逐渐退出历史舞台。

春秋时期是会盟活动最为频繁的时期。这一时期，王室衰微，大国争霸，战事频繁，社会动荡不安。战争给各诸侯国带来沉重的负担，民众厌战情绪高涨。在这种形势下，人们积极寻求用非暴力的和平方式来解决各诸侯国之间的矛盾与争端，于是会盟成为常用的一种解决争端的方式。《左传·昭公三年》曰："有事而会，不协而盟。"当时，各诸侯国或是通过会盟来调解相互之间的关系，达到暂时的停战，或是通过会盟来建立新的政治秩序，确立霸主地位，或是为了抵御大国的侵略而结成一定的联盟。会盟与战争相互交织，成为春秋时期社会政治生活中一个令人瞩目的现象。据统计，仅《春秋》所记载的242年里，明见于《经》《传》的会盟就有200多次；山西侯马盟誓遗址盟书坑有400余处，出土盟书简牍5000多件，可见当时盟誓的频繁程度。[②]春秋时期的会盟中比较著名的有"弭兵之会""葵丘之会"等。

春秋中期以后，晋楚两国争霸激烈，黄河流域和长江流域的许多诸侯国都卷入了战争。连年征战给广大人民带来极大痛苦。尤其地处中原的一些小诸侯国，如宋国、郑国等，更是苦不堪言。据

---

① 张二国：《先秦时期的会盟问题》，《史学集刊》1995年第1期。

② 萧大维：《中国古代战略互信的构建实践》，《军事历史研究》2012年第2期。

《史记·楚世家》记载，公元前594年，楚庄王为了报宋国杀楚国使者之仇，率军围困宋国都城达五个月，造成了“城中食尽，易子而食，析骨而炊”的悲惨景象。这些小诸侯国归顺楚国则会遭到晋国的进攻，归顺晋国又会遭到楚国的进攻，只能在两大强国的夹缝中忍辱苟且。因此，中原小国人民普遍厌战，渴望和平，迫切希望晋楚两国休兵。晋楚两国势均力敌，谁也无法吞并对方，而且经过长年战争，双方都疲惫不堪，无力再战，急需休整，两国国内矛盾也日趋复杂。在这种情况下，晋国和楚国都有停战的想法。双方在交战的同时，又在互相试探，不断表达想改善关系的意向。弭兵之会正是在这样的背景下出现的。“弭兵”就是制止战争，消除兵灾。春秋时期的弭兵之会共有两次，主要发起者皆为宋国。

第一次弭兵之会是在公元前579年。《左传·成公十二年》记载，宋国大夫华元得知晋楚两国的情况后，多方奔走，调解两国的关系，力争促成两国和平相处。在华元的积极斡旋下，两国各派代表在宋国的西门之外会盟，并达成了协议。双方约定要互敬互救，不以兵戎相见。盟约签订以后，受到各诸侯国和百姓的欢迎，对两国统治者也多少产生一些约束力。可惜的是，和平的局面只维持了三年，楚国就率先撕毁盟约，出兵攻打郑、卫。晋国见楚国背弃盟约，也邀请齐、宋、卫、郑各国会盟，并邀请吴国参加，共同对抗楚国。于是，双方战事又起。第一次弭兵之盟宣告破裂。

第二次弭兵之会在公元前546年。第一次弭兵之会失败以后，晋楚两国相继爆发鄢陵之战、湛阪之战。之后几十年双方多次激战，相持不下。中原小国夹在中间，饱受战争之害。两国交战的同时，内部矛盾日趋激化。晋国卿大夫实力日益强大，已经威胁到国君的地位，晋国同秦国、齐国也不断兵戎相见。而楚国在鄢陵之战中失败以后，开始走下坡路，在与晋国的争霸中处于被动地位。楚国内部各种社会矛盾日益尖锐，已经无法和晋国抗衡。同时，吴国迅速崛起，不断挑起与楚国的战争，严重威胁着楚国的大后方。在这种情况下，两国又开始谋求媾和。宋国大夫向戌趁机奔走两国之间，进行斡旋，谋划议和，最终得到各国的赞同。公元前546年，弭兵会议在宋国都城商丘召开，晋、楚、齐、秦、鲁、卫、郑、宋、陈、蔡、许、曹、邾、滕十四国参加。盟约规定：晋楚两国同为霸主；各国休兵偃武，和平相处；原来分属晋楚的小国要同时朝见晋楚，向两国同时纳贡，即《左传·襄公二十七年》记载的“请晋、楚之从交相见也”。此次弭兵之会以后，两国正式罢兵，平分霸权。虽然这次会议是以牺牲小国的利益来满足晋楚两国的贪欲，没有也不可能真正消除战祸，但此后晋楚之间长达四十多年没有发生大的军事冲突，其他国家的战事也很少，这在一定程度上为各国恢复和发展社会经济提供了比较安宁的社会环境，也使人民的生活相对安定。

春秋时期，像弭兵之会这样以会盟形式处理国家争端的方式深受各诸侯国的欢迎。当时虽然许多会盟并没有以“弭兵”的名义召开，但是却起到了结盟、止战的作用。齐桓公作为春秋时期的首位霸主，曾多次主持会盟。其中，“葵丘之会”是影响最大的一次。公元前651年，齐桓公召集诸侯在葵丘会盟，宋、鲁、卫、郑、许、曹等诸国国君参加，周襄王也派使臣宰孔参与。齐桓公与诸侯共同盟誓，誓词说，凡是一起缔结盟约的人，不管过去有什么矛盾隔阂，在缔结盟约之后，彼此之间都要互相尊重，和睦相处。可以说，这是一份以休战和好为宗旨的和平条约。此次会盟对于协调各诸侯国之间的关系，保证各国内部的安定团结发挥了一定的作用。

对于齐桓公主持的会盟，时人给予了高度评价。《左传·僖公二十六年》评论说“桓公是以纠合诸侯，而谋其不协，弥缝其阙，而匡救其灾”，认为齐桓公召集的会盟，调和了诸侯国之间的关系，弥合了彼此之间的分歧。《春秋谷梁传·庄公二十七年》指出，齐桓公参加过十一次和平的“衣裳之会”，没有歃血为盟的仪式，这是因为他以信义为重；又参加过四次带着兵车相见的“兵车之会”，没有发生战事，这是因为他以爱民为重。《左传·僖公十九年》记载，公元前641年，陈穆公请求各诸侯国重新修好，以示没有忘记齐桓公的德行。当年冬天，诸侯国在齐国会盟，“修桓公之好也”。由此可见，齐桓公推动的会盟和解深得人心。春秋末年，向来不轻易以“仁”许人的儒家创始人孔子，对于齐桓公和齐相管仲不依赖武力征服而是主要依靠和平手段处理问题的方式极力赞扬。《论语·宪问》中记载了孔子的赞语：“桓公九合诸侯，不以兵车，管仲之力也。如其仁，如其仁。”“管仲相桓公，霸诸侯，一匡天下，民到于今受其赐。”虽然齐桓公的目的是通过会盟确立齐国的霸主地位，但会盟确实在很大程度上发挥了调解列国争端、休战和解的作用，降低了战争爆发的可能性。

通过会盟来调解争端、休战和解，也是秦以后中原王朝与周边民族政权之间的交往中经常采用的方式。会盟是唐朝与吐蕃政权之间政治交往的常用形式。吐蕃是居住在我国青藏高原的一个古老民族，公元六七世纪的时候，这个居于雅鲁藏布江中游雅隆河谷地区的雅隆悉补野部落兴起，先后兼并周边的部落，成为当地最强大的政治力量。其首领松赞干布在位时，正值唐太宗贞观年间。当时，松赞干布治理下的吐蕃已经发展成一个统一而强大的政权。松赞干布主动与唐交往，并多次派遣使者请求和亲。最终在贞观十五年（641年），如愿迎娶唐宗室女文成公主。终松赞干布之世，吐蕃始终与唐保持和睦友好的关系。但是在唐太宗、松赞干布相继离世以后，唐蕃关系逐渐转向对立，呈现出战和交织的错综复杂的局面。唐蕃之间的战争除了边界冲突之外，主要围绕着争夺吐谷浑、安西四镇、南诏、河陇等地的控制权展开。总体来看，在唐蕃战争中，吐蕃处于主动进攻的地位，而唐朝则处于守势。

在唐蕃交战的同时，双方的往来并没有断绝，有唐一代双方使臣来往非常频繁。根据马大正先生《中国边疆经略史》一书的研究，自唐太宗贞观八年（634年）始，至唐武宗会昌六年（846年）吐蕃王朝瓦解共213年间，据不完全统计，双方使臣来往共191次，其中唐使入吐蕃66次，吐蕃使入唐125次。双方使臣往返频繁，任务复杂多样，但主要任务是和亲和会盟。在唐中宗神龙元年（705年）到唐穆宗长庆元年（821年）100多年的时间里，为了缓和双方之间的关系，唐蕃之间多次进行会盟，比较重要的会盟有八次。[①]其中影响最大、意义最为深远的是唐穆宗时期举行的长庆会盟。

唐朝和吐蕃之间比较重要的八次会盟

年代		在位君主、赞普		会盟地点	内容
公元	唐纪年	唐	吐蕃		
707年	景龙元年	唐中宗	赤德祖赞	长安	和盟
714年	开元二年	唐玄宗	赤德祖赞	河源赤岭	议界
733年	开元二十一年	唐玄宗	赤德祖赞	赤岭	议界
757年	至德二年	唐肃宗	赤松德赞	长安灵州	息兵
765年	永泰元年	唐代宗	赤松德赞	长安	息兵
783年	建中四年	唐德宗	赤松德赞	清水	议界
787年	贞元三年	唐德宗	赤松德赞	平凉	劫盟
821年	长庆元年	唐穆宗	赤祖德赞	长安、拉萨	和盟

长庆会盟是一次有准备、有计划而且双方都十分有诚意的会盟。自787年平凉吐蕃劫盟事件发生以后，唐王朝全面调整与周边民族的关系，集中力量对付吐蕃。而此时的吐蕃内部争权夺利、自相残杀，局面十分混乱，民众厌战情绪强烈。798年，吐蕃赤德松赞继位以后，开始缓和与唐朝之间的紧张关系，多次遣使请和。双方经过长期磋商之后，互作让步，通过多种方式表达和解的诚意。815年，赤德松赞去世后，其子赤祖德赞即位，又多次遣使赴唐请和。

虽然之前大多时候都是吐蕃首先求盟，又经常是吐蕃先打破盟

① 马大正主编：《中国边疆经略史》，武汉大学出版社，2013，第187页。

约，但是唐朝廷仍然愿意与吐蕃息兵修好，以求边界安定，所以最终接受了吐蕃缔结盟约的请求，由此也可以看出唐朝廷追求和平的交往理念。

唐穆宗长庆元年（821年），唐和吐蕃使臣会盟于长安西郊。双方在盟誓中一再重申甥舅之谊，强调唐蕃之间要“屏去兵草，宿忿旧恶”“患难相恤，暴掠不作”，各守其境，相安无事。次年，唐又派遣使臣到吐蕃，与吐蕃大臣会盟于逻些。这次唐蕃会盟的誓文，在唐穆宗长庆三年（823年）以汉藏两种文字刻于石碑之上，此碑被称为“唐蕃会盟碑”或“甥舅和盟碑”，至今仍存于西藏拉萨大昭寺前，成为民族团结的历史见证。长庆会盟以后，唐蕃双方持续了一个半世纪的战争基本结束，在很长一段时间内双方使节往来频繁，边境安定，形成和睦友好的局面。

宋辽之间的澶渊之盟，同样也为双方带来了120年左右的和平。宋自建国以来，就面临一个强大的敌人，即契丹人建立的辽。五代十国时期，契丹迭剌部的首领耶律阿保机趁中原混乱之机，统一契丹各部落，建立契丹国。辽太宗耶律德光时，改国号为辽。辽因帮助后唐河东节度使石敬瑭篡权自立而得到燕云十六州。979年，宋太宗在灭亡北汉以后，企图乘胜率军北伐，一举收复燕云地区，但在高梁河一战中遭到惨败。986年，宋军再次北伐，又失利于岐沟关。两次北伐失败以后，北宋放弃了以武力收复燕云地区的计划，转而对辽采取守势，而辽却由守势转为攻势。此后，契丹军队不断南下侵扰北宋边境诸州，宋军连遭败绩。

1004年，辽萧太后和辽圣宗亲率大军20万南下，侵犯宋朝边境。辽军绕开宋军固守的城镇，直扑黄河沿边的澶州城下，直接威胁宋朝都城开封。辽军来势凶猛，北宋朝野为之震惊，多数大臣主张逃亡金陵或避难成都，而宰相寇准力排众议，坚决主张抵抗，并敦促宋真宗亲自前往澶州前线督战。宋真宗不得已，只好御驾亲征。宋军一方面坚守辽军背后的城镇，另一方面在澶州前线积极防守，并射杀了辽军先锋大将萧挞凛。辽军士气顿时受挫，而宋真宗的御驾亲征使得宋军士气大振，双方陷入僵持局面。此时的辽军尽管出征顺利，但战线拉得过长，粮草补给非常困难，而且长驱宋朝腹地，不免有后顾之忧，再加上萧挞凛被射杀导致军队士气低落，于是萧太后听从北宋降将王继忠的建议，派人赴澶州表达了罢兵息战的意愿。宋真宗本来对此次出兵就缺乏信心，得知辽方提出议和，正中下怀。在这种情况下，宋辽在反复谈判磋商后，订立了“澶渊之盟”。双方约定：维持旧疆，仍以白河沟为界，并约为兄弟之国；宋每年给辽白银10万两、绢20万匹，称岁币；双方在边境设置榷场，开展互市贸易等。

澶渊之盟订立之后，宋辽之间形成了相对稳定的对峙局面。在此后120年左右的时间里双方基本保持了和平往来、密切交流的状态。《续资治通鉴长编》卷七十中记载了宋真宗时期宰相王旦对澶渊之盟的评价，他说：“国家纳契丹和好已来，河朔生灵，方获安堵，虽每岁赐遗，较于用兵之费，不及百分之一。”《上仁宗河北守御十三策》中也记载了宋仁宗时期重臣富弼的看法：“自此河湟百姓，几四十年不识干戈。岁遗差优，然不足以当用兵之费百一二焉。则知澶渊之盟，未为失策。”[①]这些评论都是较为公允的。也就是说，宋朝虽然付出了岁币，但节省了大量的军费开支，其实质是以有限的代价换来了较为持久的和平。游牧民族粮食、布帛匮乏，故经常抢劫中原人民，而宋朝的岁币、边境贸易使得辽获得了稳定的收入和货物来源。这对双方都是有利的。因此，以后的很长一段时间里双方都极力维护这种友好关系。辽道宗临死前还告诫辽天祚帝：“南朝通好岁久，汝性刚，切勿生事。”又告诫辅佐大臣：

① 赵汝愚编：《宋朝诸臣奏议》（下），上海古籍出版社，1999，第1501页。

“嗣君若妄动，卿等当力谏止之。”[①]据统计，在宋辽同时并存的165年中，友好时期为122年，失和时期为43年。若从订立“澶渊之盟”的1004年算起，在之后宋辽同时并存的121年间，和好118年，失和仅3年而已。[②]“澶渊之盟”再次证明了会盟在休兵止战、维护和平方面的作用。

前面所述会盟都是政权与政权之间的会盟，而1247年的凉州会盟则是蒙古王室成员与吐蕃宗教首领、藏传佛教高僧之间的谈判和会盟，这也是中国历史上影响非常深远的一次会盟。成吉思汗的第三子窝阔台在继承蒙古汗位以后，将现在甘、青两省的部分藏族地区及西夏旧地分封给其子阔端作为封地，阔端驻镇凉州。1235年，蒙古军队兵分三路进攻南宋，西路军由阔端率领，进攻目标是四川地区。1236年，阔端率兵攻占成都。1239年，阔端派部将多达那波进兵乌思藏，击败反抗各部。此后，多达那波没有再与当地武装发生冲突，而是积极去了解西藏地区的基本情况，然后根据了解的情况向阔端上了一道《请示迎谁为宜的详禀》，建议阔端选择在西藏地区有很大声望和影响的萨迦派首领萨迦班智达（简称萨班）作为蒙古统治西藏的代理人。最后，阔端采纳了多达那波的建议，决定迎请萨班赴凉州，协商西藏归顺的问题，力图以和平的方式来实现蒙古对西藏的统治。

1244年，阔端向萨班发出正式邀请，邀他到凉州会谈。萨班已经看到，强大的蒙古军队所向无敌，西藏根本无力抵抗。为了本民族的前途和命运以及更好地弘扬佛法，使萨迦派获得更大发展，萨班不顾63岁高龄，带领两个侄子八思巴和恰那多吉，动身前往凉州。萨班一路边走边讲经说法，最终于1246年抵达凉州。1247

① 叶隆礼：《二十五别史：契丹国志》，齐鲁书社，2000，第76页。

② 任崇岳：《论“澶渊之盟”后的宋辽关系》，载河南省社会科学院学术委员会科研组织处编《河南省社会科学院学术论文选》（下），内部资料，1984，第281页。

年，阔端与萨班分别作为蒙古汗廷代表和西藏地方代表，进行了蒙藏关系史上历史性的会晤，被后世称为“凉州会盟”。本次会盟最令人瞩目的成果是，双方议定了西藏归附蒙古的条件。最终由萨班执笔写了一封致西藏各僧俗首领的公开信，即《萨迦班智达致蕃人书》。信中说，归顺蒙古是大势所趋，现西藏已成为蒙古属地，西藏地方的僧俗官员和百姓，均是蒙古大汗的臣民，都有纳贡义务；各地僧俗官员及百姓有关行政方面的事务，须由蒙古指派的官员来管理；萨迦派凌驾于其他教派之上，其首领接受蒙古的委托来管理有关宗教和寺庙僧众的事务。《萨迦班智达致蕃人书》是一份意义重大的文献，受到了西藏全体僧俗的认同，史称，它一传到西藏，“卫、藏之僧人、弟子和施主等众生阅读了此信件后，无不欢欣鼓舞”[①]，这说明它契合了当时西藏民众内心真实的愿望，蒙藏双方也避免了一场即将爆发的战争。自此，两族人民和平相处、友好往来，成为相互关系的主流。凉州会盟开启了蒙古和西藏关系崭新的一页，为以后西藏正式纳入元朝的版图奠定了基础。

这种通过会盟来解决矛盾争端的历史传统一直延续到清朝。清政府在处理中央政府与边远少数民族的关系时，也经常采用会盟的方式。清中央政府最早在内扎萨克、喀尔喀等蒙古部落之中实行会盟制度，后又在玉树地区建立了部落联盟制度，目的是宣谕清廷旨意，主持解决部落之间的纠纷，清理积讼等事宜。[②]清代举行的会盟中，影响最大的莫过于多伦会盟。明末清初，我国北方的蒙古族分为漠南蒙古、漠北喀尔喀蒙古、漠西厄鲁特蒙古三大部落。清入关以前，漠南蒙古已经归附清朝。漠北喀尔喀蒙古分为札萨克图汗、土谢图汗和车臣汗三部。清朝初期，漠西厄鲁特蒙古中的准

---

① 阿旺贡噶索南：《萨迦世系史》，陈庆英等译注，西藏人民出版社，1989，第94页。

② 桑丁才仁：《论清政府在玉树地区推行的会盟制度》，《西北民族研究》2004年第4期。

噶尔部在噶尔丹汗的领导下，逐渐统一了厄鲁特部，不断侵犯周边部落，势力非常强盛。康熙时期，漠北喀尔喀蒙古的札萨克图汗部与土谢图汗部之间发生内讧。1687年，土谢图汗部杀死札萨克图汗沙喇，引起了两部的激烈仇杀。噶尔丹趁机发动了对喀尔喀蒙古的战争。1690年，噶尔丹在攻破札萨克图汗部和土谢图汗部之后，率兵逼近漠南蒙古乌兰布通。为维护国家统一，康熙皇帝亲自率兵出征，在乌兰布通大败噶尔丹。康熙帝认为，正是因为喀尔喀蒙古内部不和，才给噶尔丹以可乘之机，因此他决定举行会盟，解决喀尔喀蒙古内部纷争问题，以更好地集中力量对付噶尔丹。正是在此背景下，1691年，康熙帝召集漠北喀尔喀蒙古三部首领、哲布尊丹巴活佛以及漠南内蒙古各部四十八旗王公贵族，在地理位置比较适中的多伦诺尔举行会盟。会盟包括召见漠北蒙古各部王公贵族、调节喀尔喀内部纠纷、举行阅兵式、安抚喀尔喀蒙古部众等内容。康熙帝当众责备了土谢图汗挑起喀尔喀三部内讧，要求三部尽释前嫌，使之永无离散之苦、争斗之害，并对漠南内蒙古各旗，尤其是锡林郭勒盟沿边旗在平叛中的功绩，予以褒奖。还对喀尔喀蒙古各部进行行政制度改革，实行盟旗制度，确立了对外蒙古的统治和管辖。据《清实录》记载，康熙帝在返回北京的途中，评论此次会盟说："昔秦兴土石之工，修筑长城。我朝施恩于喀尔喀，使之防备朔方，较长城更为坚固。"通过多伦会盟，清政府以和平方式成功调解了喀尔喀蒙古各部长期以来的积怨纷争，对喀尔喀蒙古实行盟旗制度，从此漠北蒙古正式隶属于清朝，巩固了清朝多民族国家的统一和北部边防，正式确定了中国北部边界的版图，意义十分重大。

总之，历史上以会盟的形式来缓解政权之间的矛盾、处理民族之间关系的事件屡见史册，此处不再一一列举。概而言之，会盟与战争是相对而言的，它是从寻求和解的目的出发，在妥协、协商、谈判中求同存异，使原来矛盾冲突的双方解怨、修好，从而推迟战争的爆发甚至避免战争，最终化干戈为玉帛，双方实现和平共处。

这一方式体现了中国人解决矛盾的智慧。强调和解，一直是中国传统文化的一个重要特点。宋代哲学家张载曾提出四句经典名言：“有象斯有对，对必反其为；有反斯有仇，仇必和而解。”[①]意思是说，一切现象都有对立的两方面，对立双方的行为方式必然是相反的，相反的行为方式必然会引起斗争，但任何斗争都不会无休止地进行下去。当双方精疲力竭，斗争无法进行的时候，互相让步才能解决争端。互相让步的最终结果必然是归于和解。会盟这种通过协商来解决矛盾的政治智慧其实就渗透着这一哲学原理，反映了中国传统文化中蕴含的和平追求。

三、和亲制度所体现的和平理念

和亲制度是中国古代中原王朝与边疆少数民族政权之间或者两个不同民族政权之间，利用政治联姻的方式处理民族关系的一种重要制度。其实也就是两个政权之间通过联姻，实现感情与亲情的联结，达到和睦相处的目的。在古代，和亲也被称为“和蕃”。在文献典籍中，专门列有“和亲”的名目，如《册府元龟》卷九百七十八、九百七十九有“和亲”，《西汉会要》《唐会要》《唐大诏令集》中也都列有“和蕃公主”。严格意义上的“和亲”始于西汉。不过，在先秦时期已经出现了“和亲”一词以及具有联姻关系的修好活动。“和亲”一词在先秦典籍中经常出现，但其含义是和好亲近，并没有婚姻的含义。如《左传·襄公二十三年》记载，春秋时期，晋国“中行氏以伐秦之役怨栾氏，而固与范氏和亲”，是说晋国的中行氏和范氏为了对付栾氏而进行的修好活动。《周礼·秋官司寇·象胥》记曰：“象胥掌蛮、夷、闽、貉、戎、狄之国使，掌传王之言而谕说焉，以和亲之。”此处“和亲”是指

① 张载：《张子正蒙·太和篇》，王夫之注，汤勤福导读，上海古籍出版社，2000，第97页。

象胥这一官职，负责华夏与周边少数民族的修好活动。《荀子·乐论》曰“闺门之内，父子兄弟同听之，则莫不和亲”，这里“和亲”是指父子、兄弟之间和睦相处。

虽然“和亲”一词的最初含义并非联姻，但具有联姻关系的修好、结盟等实践活动很早就出现了，只不过当时并没有使用“和亲”一词来描述。《史记·殷本纪》记载，帝喾曾娶有娀氏之女简狄为妃。《帝王世纪》记载，商纣王时以鬼侯为三公，“鬼侯有女美，而进之于纣，悦之”[①]。这些都可以看作和亲的滥觞。春秋战国时期，华夏与周边少数民族之间以及各诸侯国之间，特别注重利用联姻或者会盟的方式，建立友好互信关系，实现结盟互援的目的。《国语·鲁语上》记载，鲁庄公时期，大夫臧文仲就曾说道：“夫为四邻之援，结诸侯之信，重之以婚姻，申之以盟誓，固国之艰急是为。”关于联姻的事例，史书记载中并不鲜见。晋献公在位时，与戎狄和亲，一连娶了四个戎狄之女，公子重耳、夷吾、奚齐、卓子都是戎女所生。周襄王讨伐郑国，狄人出兵相助，为感激狄人的帮助，周襄王将戎狄女立为王后。鲁襄公二十三年（公元前550年），晋国为了与楚国抗衡，嫁女于吴，通过联姻方式，与吴国建立友好关系，以联合抗楚。《史记·张仪列传》记载，张仪在欺骗楚王与齐绝交的时候也指出，要把秦女嫁给楚怀王，“秦楚娶妇嫁女，长为兄弟之国”。此类事例繁多，不一一列举。

和亲作为一种处理民族关系的常用政策正式提出并施行是在西汉时期。西汉初年，连年的战乱导致国家经济受到严重破坏，国库空虚，实力衰弱。而北方的匈奴则趁楚汉相争、中原内乱之际，不断南下骚扰汉朝边境。公元前201年，匈奴冒顿单于率大军南下。公元前200年，汉高祖刘邦亲率大军出征迎击匈奴。刘邦不顾刘敬等人

① 皇甫谧：《帝王世纪》，宋翔凤、钱宝塘辑，辽宁教育出版社，1997，第28页。

的劝阻，轻敌冒进，结果中了匈奴的诱敌之计。刘邦和其先头部队被匈奴围困在平城白登山七天七夜，完全和主力部队断绝了联系。后来，刘邦采用了谋士陈平的计策贿赂匈奴单于的阏氏，才最终得以解围。白登之围以后，匈奴仍不断南下侵扰，刘邦向刘敬询问对策。刘敬认为，西汉国力空虚，实在无力与匈奴展开大战，所以他提出了将刘邦之女嫁与单于为妻以及厚赠礼物的“和亲”主张。他认为，匈奴感受到汉朝的重视，又贪图汉朝的财物，必定立汉公主为阏氏。公主所生之子也将为太子。冒顿单于在位，他是刘邦的女婿；一旦去世，新单于将为刘邦的外孙，当然不会与刘邦为敌。刘敬希望通过与匈奴的和亲关系维持汉匈之间的和平。

在当时的历史条件下，西汉政权初建，极其需要稳定政治局势、恢复发展生产，而与匈奴和亲以保持稳定的关系是非常有必要的。正因为这样，刘邦接受了刘敬“和亲”的建议，命刘敬“奉宗室女翁主为单于阏氏，岁奉匈奴絮缯酒食物各有数，约为兄弟以和亲”①。汉高祖以后，和亲作为一种处理民族关系的重要手段和策略，受到西汉历代统治者的重视。班固在《汉书·匈奴传》中说，虽然大臣们对于如何处理汉朝廷与匈奴的关系，意见不一，“缙绅之儒则守和亲，介胄之士则言征伐”，但主要是围绕“和亲”与“战争”两个方面展开的。

自汉高祖开和亲之先河，西汉统治者以及以后的历代王朝在处理与边疆少数民族的关系时，也常常采用和亲的方式来息兵止戈，维护边境地区的安宁。据张正明先生考查，汉代共和亲十八起，魏晋南北朝三十起，隋六起，唐三十九起，五代至元十六起，清二十二起，“从汉到清总计，共得和亲一百三十一起，其中不同少数民族之间的和亲八十起，汉族同少数民族的和亲五十一起”。②从

① 班固：《汉书·匈奴传》，中华书局，1962，第3754页。
② 张正明：《张正明学术文集》，湖北人民出版社，2007，第200页。

统计数字可以看出，中央王朝与边疆少数民族和亲频率最高的为汉朝、唐朝、清朝。

如前所述，汉高祖时，迫于西汉国力、兵力无法与匈奴相抗衡，不得不与匈奴缔结和亲之约。此后，历经汉惠帝、汉文帝、汉景帝三代，一直奉行与匈奴的和亲政策。《汉书·匈奴传》记载，汉惠帝时期，匈奴冒顿单于曾遣使臣致书吕后，语言极具侮辱性，吕后及大臣们虽然气愤难当，但鉴于国力衰弱，也不得不忍气吞声，卑辞答复，继续实行和亲政策。和亲暂时缓解了汉匈之间的矛盾冲突，却没有完全阻止匈奴的侵扰，匈奴仍然经常侵扰汉朝边境。至汉武帝时，经过长时间的休养生息，国家已经积蓄起足够的力量来反击匈奴。于是汉武帝停止和亲，与匈奴开始了长时间的大规模战争。这一时期，经过几次重大的军事打击，匈奴连遭惨败，势力大衰，已经无力对汉朝北部边境发动大规模侵扰，于是匈奴常有与汉朝和亲的打算。

据《汉书·匈奴传》记载，汉宣帝五凤年间，匈奴发生分裂和内讧，出现五单于争立、三单于鼎立、呼韩邪单于和郅支单于南北对峙的混乱局面。在郅支单于的逼迫之下，南匈奴呼韩邪单于认识到“事汉则安存，不事则危亡”，于是主动称臣归附汉朝，并请求和亲。汉元帝同意其请求，以后宫良家女子王嫱（字昭君）赐予呼韩邪单于。此次和亲对双方来说意义都十分重大，这是匈奴单于第一次主动请求与汉和亲。从汉朝角度来说，此次和亲与以往和亲相比，功利色彩大大减弱，不是为了战争目的，而是带有怀柔性质。双方都极为重视这次和亲，呼韩邪单于封王昭君为“宁胡阏氏”，唐颜师古注曰，“言胡得之，国以安宁也”，意即昭君的到来可使匈奴永保安宁，而汉元帝则为此改元“竟宁”，期望边境永久安宁。王昭君嫁给呼韩邪单于以后，生有一子，名为伊屠智牙师。呼韩邪单于死后，她按照匈奴的习俗，嫁给了继任的单于，即呼韩邪单于与匈奴贵族大阏氏的儿子复株累单于，并育有二女。和亲关系的重新建立，使得汉匈双方长期的对立状态结束，民族关系得到了改善。《汉书 · 匈奴传》称："是时边城晏闭，牛马布野，三世无犬吠之警，黎庶亡干戈之役。"汉朝边境出现了欣欣向荣的和平景象。1954年，在内蒙古包头市西郊的召湾汉墓中，发现了印有"单于和亲""千秋万岁""长乐未央"以及"单于天降"等字样的瓦当残片。这些都是昭君出塞和亲带来汉匈边境和平的反映，也体现了汉匈两族人民期望长久和平的美好愿望。

汉武帝时期，为了从根本上解决匈奴的威胁，还积极与乌孙和亲。乌孙位于匈奴的西面，是西域最强大的政权。汉武帝时，乌孙兵力强盛，不愿长期附属于匈奴，双方多次交战。张骞第一次出使西域回来之后，就向汉武帝提出建议，可以利用乌孙留恋故乡、贪图汉朝物产的心理特点，厚赠乌孙以财物，用他们在东边居住过的地方来吸引他们，然后与之和亲，结为兄弟。这就相当于截断了匈奴的右臂。张骞的这一建议为汉武帝所采纳。张骞第二次出使西域的时候，建议乌孙王返回敦煌、祁连山之间的故地，与汉和亲，结为兄弟，共同抗击匈奴。乌孙王因自己年迈，又畏惧匈奴，没有同意。不过，他派遣使者护送张骞回国的时候，得知汉朝军威远播，财力雄厚，于是开始重视与汉朝的关系，遂提出"愿得尚汉公主，为昆弟"[①]的请求，并给乌孙良马千匹作为聘礼。

为实现"断匈奴右臂"的战略构想，元封六年（公元前105年），汉武帝以细君公主和亲乌孙，嫁给乌孙王猎骄靡。不过，在汉朝廷选定细君公主进行和亲的时候，匈奴抢先将阏氏女嫁给猎骄靡。乌孙尚左，乌孙王以匈奴公主为左夫人，而以细君公主为右夫人。由此可知，此时汉与匈奴在西域的争夺中尚处于下风。细君公主在乌孙，用汉武帝所赐嫁妆与礼物，广泛结交乌孙王身边的贵人，为密切汉乌关系做了不少工作。后来猎骄靡年老，细君公主又

① 班固：《汉书 · 西域传》，中华书局，1962，第3903页。

遵从乌孙的习俗，嫁给猎骄靡之孙军须靡。

细君公主死后，汉武帝为了巩固与乌孙的联盟，复以解忧公主与乌孙王军须靡和亲。解忧公主在乌孙先后嫁给军须靡、翁归靡和泥靡三代乌孙王。为了完成和亲使命，她在乌孙进行了积极的努力，强化了乌孙的亲汉倾向，扶植了西域的亲汉势力。解忧公主与翁归靡生有三男两女，地位都非常显要：长子元贵靡，曾被翁归靡立为王储，后来乌孙国分裂后被立为大昆弥（国王）；次子万年做了莎车国国王；三子大乐为乌孙国大将；长女嫁给了龟兹国国王；小女嫁给了乌孙若呼翕侯。特别值得一提的是，解忧公主的侍女冯嫽嫁给了乌孙右将军，她通晓史书，熟悉西域诸国事务，经常代表公主持“汉节”巡视、访问西域各国，西域各国对她十分尊重和信任，尊称她为“冯夫人”。

细君公主、解忧公主、冯嫽在西域的活动，巩固了汉与乌孙的关系，使乌孙成为钳制匈奴的重要力量。汉昭帝、汉宣帝时期，匈奴侵犯汉朝边境，又西攻乌孙，解忧公主多次上书请求救援。汉宣帝即位后，乌孙王翁归靡与解忧公主又向汉朝发出请求，提出汉乌联手两面夹击匈奴的御敌之策。汉宣帝接受其建议，派十五万大军出征，从东面攻击匈奴，乌孙王翁归靡亲率五万骑兵从西边攻击匈奴。两军夹击之下，匈奴大败，国力遭到极大削弱，各属国也土崩瓦解，从此一蹶不振，汉王朝联合乌孙“断匈奴右臂”的战略计划得以实现。汉乌军事同盟的达成，和亲在其中发挥了重要作用。

和亲也是唐代统治者处理民族关系的常用方式，在推动民族和谐方面作用更为显著。自唐朝建立一直到唐末，与周边民族政权的和亲从未停止。唐代和亲范围也非常广泛，与吐蕃、吐谷浑、突厥、契丹、回纥、南诏、奚等民族都进行过和亲，和亲在推动民族和平和友好往来方面的作用十分显著。在和亲公主的人选上，以往多是宗室女或宫女，而自唐肃宗开始开创了以真正的皇室公主和亲的先例。

在唐代的和亲历史中，最为后世所称道的是文成公主入藏。据

《旧唐书·吐蕃传》记载，公元7世纪，青藏高原建立起强大的吐蕃政权，其首领松赞干布仰慕唐朝的文化，于贞观八年（634年）派使者访问长安，唐太宗很快派使臣回访，双方正式开始交往。松赞干布得知突厥、吐谷浑纷纷向唐请婚，也派使者携礼物前往长安请求通婚，但没有得到唐太宗的应允。松赞干布听说是因为吐谷浑的离间才使得唐太宗没有答应，于是怒而起兵，先攻打吐谷浑，又攻破党项、白兰诸羌，接着又进逼松州，企图以武力入侵达到和亲的目的。唐太宗不受其威胁，派五万大军反击吐蕃。松赞干布惧而遣使请罪，并再次请求通婚。唐太宗了解到了吐蕃的军事实力，也感受到了其请求和亲的诚意，再三权衡，最终答应其请求，决定将宗室女文成公主嫁给他。

贞观十五年（641年），礼部尚书、江夏郡王李道宗奉命持节护送文成公主入藏。松赞干布亲自率兵至柏海迎接，并向李道宗行子婿之礼。在李道宗的主持下，松赞干布和文成公主举行了盛大无比的婚礼。文成公主入藏时，唐太宗为其准备了丰厚的嫁妆，包括释迦佛像、珍宝、金玉书橱、金玉首饰、经卷、医疗器械、医学论著、营造工技著作等。文成公主入藏以后，唐蕃之间的关系也进入一个新的阶段。松赞干布娶了文成公主以后，一直以唐朝的“子婿”自居，他在世期间，一直和唐朝保持极其亲密的关系。贞观二十三年（649年），唐太宗去世，高宗即位，授松赞干布为驸马都尉，封其为西海郡王。松赞干布欣然接受，并致书唐司徒长孙无忌说：“天子初即位，若臣下有不忠之心者，当勒兵以赴国除讨。”同时，献上金银珠宝十五种，请求置于唐太宗灵柩之前，表达对太宗的哀悼和怀念之情。

通过这次和亲，唐朝的优秀文化和先进的生产技术还得以传入西藏。自联姻以后，松赞干布积极学习汉族文化，还派遣许多吐蕃贵族子弟到长安学习《诗》《书》，并请中原的儒者到吐蕃来掌管文书档案。在松赞干布的倡导之下，吐蕃人民学习唐朝文化蔚然成风。文成公主入藏时带去的佛经、汉族文化经典，促进了西藏的文化发展。文成公主崇尚佛教，松赞干布受其影响，也提倡佛教，这对西藏人精神生活的影响极其重大。西藏过去无完整的历法，文成公主入藏后推行夏历制，大大便利了藏族历史文化的纪年和著录。文成公主带去的宫廷乐队，丰富了西藏的民间音乐。她带去的大量工匠使得西藏人民掌握了汉族先进的工业技术，大大提高了藏族的工农业生产力。唐高宗时应松赞干布的请求，还送去蚕种帮助其发展养蚕业，送去酒曲帮助其发展酿酒业，还送去了碾磨、造纸、造墨技术等。文成公主在吐蕃生活了近四十年，为唐蕃之间的友好关系和西藏经济文化的发展做出了不可磨灭的贡献。

唐中宗时期，又接受吐蕃赞普赤德祖赞的请求，将金城公主嫁给他。金城公主是在唐蕃关系极其紧张的情况下嫁到吐蕃的。她入藏时带去了大量书籍、工匠和丝织品技术，为中原文化在吐蕃的传播贡献良多，使唐蕃关系更加密切。此后虽然双方时战时和，但双方使臣往来频繁，仍以和好为主。在金城公主的积极努力之下，开元二十二年（734年），唐蕃在赤岭定界刻碑，约定互不侵扰，恢复两国之间的友好往来。双方在一段时间内保持了和平和稳定状态。赤德祖赞在给唐朝皇帝的上书中说，吐蕃同唐朝已经“和同为一家”了。

唐与回纥的和亲，同样取得了非常大的成功。回纥是我国古代北方民族中与中原汉族关系最密切最友好的民族。据《旧唐书·回纥传》记载，贞观二十年（646年），回纥首领吐迷度归附唐朝。唐在回纥所在地设置瀚海都督府。此后回纥曾多次协助唐朝攻打西突厥、高丽。天宝三年（744年），回纥首领骨力裴罗攻占突厥故地，建立回纥政权，唐玄宗册封其为怀仁可汗，其后历任可汗都经过唐朝册封。安史之乱爆发以后，回纥两次派兵帮助唐朝平定叛乱。乾元元年（758年），唐肃宗将自己的亲生女儿宁国公主嫁给回纥英武可汗，以报答回纥出兵讨逆之功，进而加强唐与回纥的友好关系。

次年，英武可汗去世，宁国公主因为无子，返回长安。而作为宁国公主陪嫁的另一位亲王之女小宁国公主，则留在了回纥，又嫁给了继任的英义可汗。贞元四年（788年），唐德宗又将女儿咸安公主嫁给武义成功可汗。也是在这一年，回纥自请改称“回鹘”。咸安公主在回鹘生活了二十一年，先后嫁与四位回鹘可汗为妻，大大促进了两族的经济文化交流，保证了大唐和回鹘“如同一家”的友好关系。长庆元年（821年），唐穆宗又将妹妹太和公主嫁给回鹘崇德可汗。可见，唐朝和回鹘的和亲，贯彻始终，对于稳定双边关系发挥了重要作用。双方总体来说关系是和平友好的，直至840年回鹘政权瓦解。

清朝时期皇室和亲的对象主要是蒙古族，满蒙和亲较之汉唐两朝规模更大，人数更多，历时更久，一直到清末都没有中断。汉唐两朝的和亲，一般是将公主或宫女嫁给少数民族的首领，而满蒙之间是双方进行联姻，不仅是将满族的公主、宗女出嫁给蒙古王公，皇帝本人也经常迎娶蒙古贵族女子，双方贵族阶层也经常通婚。据研究者统计，从清太祖起，至清宣宗道光皇帝为止，先后历经八帝，蒙古贵族女子入宫封为后妃的有二十人。[①]满蒙联姻对于满族统一中原以及后来的巩固北部边防、维护祖国统一，发挥了重要作用。

从西汉到清朝，各种类型的大大小小的和亲始终不断，无论是统治者采取的一种暂时性策略，还是发自内心地追求民族之间的和平友好，和亲都大大缓和了双方之间的矛盾冲突，促使和平局面形成，加强了经济、文化交流，促进了民族的融合。

和亲制度之所以受到统治者重视，并得到长期沿用，主要原因是多数情况下通过和亲都达到了缓和矛盾的效果。在汉至清代这

---

① 承德避暑山庄研究会编：《避暑山庄论丛》，紫禁城出版社，1986，第262页。

一百三十一起和亲中，“就和亲与战争的关系而论，与战争有明显的直接关联的一百零七起，与战争没有明显的直接关联的二十四起”，“就效果而论，双方或多或少收到了预期效果的有八十二起，一方或双方得不偿失的四十四起，效果无法判明的有五起……所谓收到预期的效果，即达到了缓冲、结援、通好、羁縻等目的，而且得过于失”[①]。由此可见，和亲与战争是密切相关的，是民族之间缓和矛盾和冲突的常用策略，而且在大多数情况下收到了缓和矛盾冲突的效果。

西汉前期与匈奴的和亲，虽然匈奴经常违背和约，侵扰汉边，但双方的冲突，一般规模都不算太大；冲突时间也不太长，一般长者也就一个多月；有的入侵事件并没有爆发剧烈的战争。[②]总的来说，自公元前198年汉匈签订和亲条约以后的六七十年中，匈奴对汉朝的侵扰有所收敛，汉朝处于“国家亡事”的和平时期。《史记·匈奴列传》也称，汉高祖时与匈奴“约为昆弟以和亲，冒顿乃少止”；“终孝景时，时小入盗边，无大寇”。和平的环境为汉朝经济的恢复创造了时机，“文景之治”的盛世景象正是在这样的背景下出现的。《汉书·食货志》称，汉初至武帝初期七十年间，国家没有发生大的动乱，除非遇到水旱灾害，百姓家给人足，官府的仓库装满了粮食，府库的金钱也有了余财。汉武帝时期御史大夫韩安国在讨论对匈奴是和亲还是用兵的时候也指出，汉匈和亲至此已经五世得利。这里的“五世”即高祖、惠帝、文帝、景帝、武帝五代皇帝。汉元帝时期昭君出塞以后，汉匈维持了长达六十年的和平局面。唐朝文成公主与吐蕃王松赞干布和亲以后，在松赞干布在世时期，双方一直保持着和平友好的关系，没有发生战事。

---

① 张正明：《张正明学术文集》，湖北人民出版社，2007，第201页。

② 黎虎：《汉代外交体制研究》（上册），商务印书馆，2014，第589页。

从经济意义上说，和亲制度衍生了一种经济上互惠互利的方式，即互市。双方和亲之后，往往会开放边市，开展边境贸易。西汉时期，匈奴很乐意与汉人互市，因为匈奴处于塞北苦寒之地，很多生活物资缺乏，所以十分依赖物资交换。《汉书·匈奴传》中记载："景帝复与匈奴和亲，通关市"，"武帝即位，明和亲约束，厚遇关市，饶给之"。后来汉武帝在马邑设伏诱击匈奴，没有成功，汉匈因此断绝了和亲，但匈奴"尚乐关市，嗜汉财物，汉亦通关市不绝以中之"。中央王朝多以金、缯、食物、粮种等换取周边少数民族的马匹。互市对双方都是有益的。此外，中原王朝在和亲的时候还往往通过岁遗或嫁妆的形式给予和亲对象以巨大的经济利益，如西汉与匈奴和亲的过程中，汉王朝"岁奉匈奴絮缯酒米食物各有数"；唐代公主的嫁妆更是内容丰富，不仅有金银珠宝、丝绸锦缎、五谷种子，还有各色工匠、大量的文化典籍等。通过和亲，中原先进的手工业技术、医药技术、农业生产技术等传入边疆，促使了少数民族地区的发展。

和亲所带来的文化层面的意义较之政治意义和经济意义更加重大。周边民族通过和亲了解到中原先进文化，对中原王朝往往会产生向往之情。据《汉书·西域传》记载，西汉时期，龟兹国国王迎娶了解忧公主与乌孙王的女儿，十分憧憬汉朝文化，"后数来朝贺，乐汉衣服制度，归其国，治宫室，作徼道周卫，出入传呼，撞钟鼓，如汉家仪"。唐朝时，大量文化典籍通过和亲公主传入边疆地区，大大推动了边疆民族对中原文化的接受，边疆民族甚至主动派子弟来中原学习先进文化。各民族文化在交往中相互借鉴，相互融合，共同促进了中国历史的发展。

和亲作为一种处理民族关系的重要手段，几乎贯穿于中国古代民族关系的始终，在中国历史上产生了不可忽视的作用和影响。这一制度之所以受到人们的重视，是因为其中蕴含着深厚的宗法伦理观念。它用和平的方式来解决民族之间的矛盾，契合了民众对安定生活的追求。

其一，和亲制度蕴含着深厚的家庭伦理观念。中国古代的“和亲”实际上是和亲双方通过婚姻的形式建立起一种或虚或实的亲属关系，确立相应的伦常名分，如“兄弟”“甥舅”“父子”等。然后，利用这种伦常名分对双方的心理产生影响，形成约束。据《史记·刘敬叔孙通列传》记载，西汉时期刘敬在提出“和亲”策略的时候就指出：“冒顿在，固为子婿；死，则外孙为单于。岂尝闻外孙敢与大父抗礼者哉？”在他看来，双方和亲，冒顿单于就是刘邦的女婿，而单于与公主之子即为刘邦的外孙，自然不会与刘邦为敌。他企图以汉族的伦理观念来约束匈奴。直到唐朝，唐太宗仍存如此观念：“北狄风俗，多由内政，亦既生子，则我外孙，不侵中国，断可知矣。以此而言，边境足得三十年来无事。”[①]

确立双方关系的依据，是双方的实力对比。西汉前期，由于实力不逮，不得已和匈奴结为兄弟之亲。兄弟关系表示双方的地位是平等的。《汉书·匈奴传》记载，汉文帝在给匈奴单于的书信中说：“汉与匈奴约为兄弟，所以遗单于甚厚。背约离兄弟之亲者，常在匈奴。”而经过汉武帝时期多次军事打击之后，匈奴势力渐衰，在言辞上就表现得比较恭顺，《史记·匈奴列传》记载，且鞮侯单于初继位，就很谦卑地声称：“我儿子，安敢望汉天子！汉天子，我丈人行也。”在唐朝的和亲中，唐王朝因其实力强大大多时候占据主动地位，与和亲民族结成舅甥关系。如唐与吐蕃、回纥的和亲即是如此。如前所述，《旧唐书·吐蕃传》记载了唐中宗以金城公主嫁给吐蕃赞普赤德祖赞，赤德祖赞后来在给唐玄宗的奏章中就声称：“外甥是先皇帝舅宿亲，又蒙降金城公主，遂和同为一家，天下百姓，普皆安乐。”唐蕃长庆会盟的誓约中也屡屡提

① 吴兢：《贞观政要·征伐》，戈直集注，裴汝诚导读，上海古籍出版社，2008，第190页。

到“舅甥之谊”“舅甥相好之义”，强调双方往来“须合舅甥之礼”。《旧唐书·回纥传》记载，唐德宗将女儿咸安公主嫁给武义成功可汗，武义成功可汗对此十分高兴，上书言：“昔为兄弟，今为子婿，半子也。”可见，和亲虽然是出于政治目的，但对于两个民族确实起到了缓和冲突甚至连心的作用，逐渐形成了“和同为一家”的认同意识。

当然，这种通过和亲建立家庭伦理关系以约束对方的构想，带有一定的空想性。因为匈奴、吐蕃等少数民族在婚姻制度及家庭伦理观念上与汉族有着较大的差异，家庭伦理观念对他们产生的约束力是极为有限的。宋代著名哲学家杨时就认为，刘敬的和亲建议是很荒谬的，他说：“且子婿与外孙孰与父子亲也？彼且杀父以代立，况妻之父乎？其何足恃哉！”[①]其说一言中的。

其二，和亲制度蕴含着以和为贵的思想观念。如前所述，我国在先秦时期就形成了“以和为贵”的思想，强调人与自然之间要和谐，人与人之间要和睦，国与国之间要和平。具体在边疆治理方面，统治者也无不追求以和平方式来解决争端。“和亲”其实质就是“和”，就是通过建立婚姻关系，达到双方和平相处的目的。西汉前期与匈奴的和亲，是汉王朝在处于劣势的情况下，为换得暂时的安宁不得已而采取的一种策略，带有屈辱求和的色彩。而在中原王朝占据优势的情况下，面对是战还是和的选择时，多数情况下还是仍然答应少数民族的和亲请求。西汉后期，匈奴由于汉武帝时期强烈的军事打击，势力渐衰，统治集团内部矛盾加剧，混乱不止，后来又形成南北分裂的局面。这一时期汉与匈奴的战略地位已发生了转化。汉从被动地位转向主动地位，匈奴则从主动地位转向被动地位，整个斗争的形势是汉强匈奴弱。公元前36年，汉朝又出兵彻

① 李云生：《试析宋代理学家杨时的历史观》，载杨思浩、陈利华主编《杨时文化研究》（续集），内部资料，第187页。

底消灭了北匈奴郅支单于的势力。郅支单于死后，呼韩邪单于“且喜且惧”，在公元前33年，第三次入汉朝见，并请求和亲。在这种情况下，汉王朝完全有实力对呼韩邪单于进行军事打击。但是，汉王朝反击匈奴的目的在于防御，当周边民族对边境构不成威胁或确实有和平诚意的时候，汉王朝是愿意与其和平相处的。正因如此，汉元帝同意了呼韩邪单于的请求，并将王昭君嫁给了他。

唐太宗在贞观十六年（642年）的一番话更是说明了这一问题。面对薛延陀的侵扰，唐太宗提出了两种解决方案：一是选派精兵，击而掳之，可保证百年无祸患；二是与之通婚，可保证边境三十年太平无事。唐太宗是倾向于和亲的，因为战争要付出沉重的代价，而和亲不需要花费太多军事力量就可以维护边境的安宁。所以他说：“朕为苍生父母，苟可利之，岂惜一女！”①

其三，和亲制度隐含着民族平等意识。在中国古代社会中，由于中原华夏族和周边民族在文化、经济、社会发展等方面的差异，不可避免带来人们在情感认同上的差别，最终形成了所谓的“华夷之辨”。许多人认为，华夏是懂礼义的文明民族，而周边的戎狄蛮夷是不知礼义、不讲文明的野蛮民族，甚至将他们称为“禽兽”“豺狼”。和亲政策的实行，淡化了民族之间的偏见。不管是基于什么目的，既然要和亲，就可以把对方看作可以结援的盟友，尽管仍然存在名分上的高低，但是由敌对双方变成了翁婿、舅甥、兄弟之类的亲戚关系，这本身就是对民族偏见的一种冲击，是天下一家、大一统观念在当时历史条件下的一种体现。这种变化对于中国多民族统一国家的形成有着深远的影响。

① 吴兢：《贞观政要·征伐》，戈直集注，裴汝诚导读，上海古籍出版社，2008，第190页。

四、朝贡制度所体现的和平理念

朝贡制度是中国古代社会发展过程中逐渐形成的一种处理与周边少数民族政权以及国家之间关系的制度，也是中国历代王朝与外部世界关系的基本模式。所谓朝贡，就是藩属国或外国使臣入朝，献纳礼物。“朝贡”一词最早见于《汉书·叙传》：“总督城郭，三十有六，修奉朝贡，各以其职。”但是朝贡制度其实在先秦时期已经出现了。《诗经·商颂·殷武》曰：“昔有成汤，自彼氐羌，莫敢不来享，莫敢不来王。”这说明成汤时期已经出现四夷来朝的盛况。西周时期实行分封制，周天子将封地连同封地上的人民赏赐给王室子弟和功臣，建立起众多诸侯国。诸侯在封国内享有世袭的统治权，同时也需对周天子履行一定的义务，其中一项就是定期朝见天子，进献贡品。

秦汉以后，这种分封—朝贡的做法逐渐被扩大到用来处理与周边少数民族政权、国家之间的关系。通常的做法是，中国皇帝赐予周边少数民族政权的首领、国家的君主特定的封号，受封者要定期向中国皇帝朝贡，并履行相应的义务，同时接受远多于贡品的奖赏。受封的民族政权或国家被称为藩属、藩服或者藩国、属国，他们以中国皇帝为宗主，双方结为宗藩关系。宗主国对其须尽救济、保护之责。这种制度一直延续到清末。

朝贡制度的确立与中国古代天下观念密切相关。在古代中国，没有严格的国家主权概念，也没有明确的领土范围，只有“天下”的概念。“修身齐家治国平天下”“大道之行也，天下为公”“天下兴亡，匹夫有责”等，都是人们常说的习语。大致在西周时期，就已经形成了“天下”的观念。在这一观念之中，“天下”是“天”所覆盖之下的世界，是以华夏族生活的中原区域为中心，不断向四周扩展延伸的平面。华夏先民居于天下之中，为“中国”，华夏族周边的族群被称为“蛮、夷、戎、狄”，环绕四周。“中国”的统治者称为天子，拥有统治天下的权力，是天下人共同的君主，周边民族要服事朝贡中央，正如《诗经·小雅·北山》所言“溥天之下，莫非王土。率土之滨，莫非王臣”。也就是说，“天下”是大一统的天下，所有的土地及生活在土地上的人民，无论华夏还是四夷，都要听命于朝廷。

古人对“天下”的构想，在古代的畿服制度中也有明确的表达。在先秦时期的典籍中，经常会看到“服”这一概念。“服”就是服事天子，根据周边民族与天子距离的远近和关系的亲疏，对他们的义务做出不同规定。《国语·周语上》中有“五服”之说：“夫先王之制，邦内甸服，邦外侯服，侯、卫宾服，蛮、夷要服，戎、狄荒服。甸服者祭，侯服者祀，宾服者享，要服者贡，荒服者王。”

此外，古代还有“六服”“九服”“九畿”之说。无论哪种说法，都反映出古代中国人心目中的“天下”是这样一个世界：天下是以天子为中心的一圈一圈的同心圆环，每一环代表一“服”。距离圆心越近的，周天子对其控制的力度越强，其承担的义务也越重。距离圆心越远的，周天子对其控制的力度越弱，其承担的义务也越轻。

华夏族和周边民族之间，不仅仅是中心与四方的方位不同或者种族归属的不同，更重要的是文明进化程度上的差异。当时华夏族共同的心理是，华夏代表着文明与进步，而周边民族是不发达、未开化的民族，代表着野蛮与落后。既然如此，四夷来归附并进行朝贡便是天经地义的事情。再加上古代中国长期以来一直以发达的文化居于亚洲文明的中心，其强大的国力在东亚地区也是独一无二的，很少有可以与之匹敌的对手。在此情况下，建立同中国中央王朝的朝贡关系，也成为周边民族和国家追求的目标。

西周时期，周王室所能实际控制的区域是有限的，主要是周王室所居住的王畿之地和分封的诸侯国，而周边的蛮、夷、戎、狄这些无法实际统治的地方要对周天子进行“要服”“荒服”。随着秦灭六国，实现了大一统，统治者实际控制的区域有所扩大，对周边世界的认识也不断扩大，统治者将与之发生关系的周边民族政权或者国家都纳入朝贡的范围内。朝贡制度正式形成，并在历朝历代不断完善。直至清朝末年，朝贡制度才因列强的入侵而崩塌瓦解。

纵观中国古代历史，朝贡制度在中国历史上能够延续两千余年，其根本原因在于它的和平互利性质。

朝贡制度的和平性首先体现在它的政治意义远远超过经济意义。宗主国和朝贡方之间的朝贡关系其实是一种双向关系，包括“朝贡”和“回赐”两个方面。中国封建王朝在接受朝贡方进献贡品的同时，为了显示天朝上国的威望，往往本着“厚往薄来”的原则对朝贡方进行回赐，所回赐礼品的价值远远大于朝贡方进献贡品的价值。

“厚往薄来”原则的提出由来已久。早在《礼记·中庸》中就记载：“送往迎来，嘉善而矜不能，所以柔远人也；继绝世，举废国，治乱持危，朝聘以时，厚往而薄来，所以怀诸侯也。”至明代，明太祖朱元璋从一开始就确定了“厚往薄来”的原则。洪武十六年（1383年），朱元璋对礼部大臣说，诸蛮夷酋长来朝见，路途遥远，动辄数万里，“彼既慕义来归，则赍予之物宜厚，以示朝廷怀柔之意”①。明成祖朱棣继位以后，继续遵循这一原则开展交往活动。永乐元年（1403年），他对礼部大臣说的一番话颇能反映他的交往思想：“帝王居中，抚驭万国，当如天地之大，无不覆载。远人来归者，悉抚绥之，俾各遂所欲。”②“朝廷驭四夷，当怀之以恩，今后朝贡者，悉依品给赐赉，虽加厚不为过也。”③

① “中研院”历史语言研究所：《明太祖实录·卷一百五十四》，中华书局，1962，第2402页。

② “中研院”历史语言研究所：《明太宗实录·卷二十四》，中华书局，1962，第435页。

③ “中研院”历史语言研究所：《明太宗实录·卷二百三十三》，中华书局，1962，第2249页。

中国封建王朝正是本着“厚往薄来”的原则，对前来朝贡的国王、使臣给予丰厚的回赐，并提供衣食住行等方便。在唐朝时就已经明确规定，根据朝贡国家的大小远近，给予朝贡使臣不同等级的待遇。在《唐会要》卷一百的《杂录》中有较为集中的记载，如证圣元年（695年）九月五日敕：“蕃国使入朝，其粮料各分等第给，南天竺、北天竺、波斯、大食等国使，宜给六个月粮。尸利佛誓、真腊、诃陵等国使，给五个月粮。林邑国使，给三个月粮。”此外，还提供优厚的食宿，如果使臣身体有恙，还会派遣医务人员进行诊治。

中国封建王朝回赐的物品数量和价值远远超过朝贡方的贡品。以明朝为例，洪武十六年（1383年），占城国派使臣朝贡，进贡象牙二百只以及檀香、番布等物若干，明政府回赐织金文绮三十二匹、瓷器一万九千件。诸国国王或首领来朝，明政府的赠赐更加丰厚。《明太宗实录》卷一百九十二记载，永乐十五年（1417年），苏禄国东王、西王、峒王来明朝贡，辞归之时，明太宗赐物如下：“人赐金相玉带一，黄金百两，白金二千两，罗锦文绮二百匹，绢三百匹，钞一万锭，钱三千贯，金绣蟒龙衣、麒麟衣各一袭；赐其随从头目文绮、彩绢、钱钞有差。”这样的事例不胜枚举。

对朝贡国所贡物品的厚薄，明王朝并不计较。明太祖曾说，奉贡之物，不必过于丰厚，只要是心存诚意即可，甚至于不带贡品来的也给予赏赐。《明宣宗实录》卷七十六记载，明宣宗时期，有个叫巫宝赤纳的满剌加国使者来朝贡，其目的是诉说满剌加被暹罗侵害，请求明宣宗予以调解。巫宝赤纳此次来京，因为各种原因，并没有带任何贡物。明宣宗依然让礼部给予赏赐。一般来说回赐的礼物和贡物大致有个比例，巫宝赤纳没有贡物，回赐当然也应该没有，所以礼部官员认为不应该回赐。但是明宣宗认为，就“远人数万里外来诉不平”这件事本身而言，足以反映其对中国的恭敬之心，其价值已经远远超过了贡品本身，所以不能不赏。礼部遵循其指示，“遂赐纻丝袭衣彩币表里绵布，悉如他国贡使例”。

不难看出，中国封建统治者所考虑的并不是贡品经济上的价值，而是朝贡这件事本身的政治意义，他们把周边国家的朝贡看作承认中国“宗主国”地位的一个重要标志。宋濂在《勃泥国入贡记》中记录了这样一件事情，洪武四年（1371年），沈秩和张敬之奉诏出使勃泥国，勃泥国国王称最近遭到苏禄国的进攻，子女玉帛被洗劫一空，再加上地瘠民贫，无奇珍异宝可献，想三年后再向明朝进贡。沈秩当即说道：“皇帝富有四海，岂有所求于王，但欲王之称藩，一示无外尔。”[①]《高丽史·辛禑传》记载，洪武十三年（1380年），朱元璋接见高丽使臣时更是明确说道：“中国岂少这些？但试他那心！”这些都表明统治者在意的并不是贡品的数额和价值，而是很大程度上意在营造“万国来朝，四夷咸服”的天朝气势。

贡使来华，除带贡品以外，还经常携带大量私物。据《大明会典·给赐·日本国》载：“正副使自进并官收买附来货物，俱给价。不堪者令自贸易。”对于这种私货，一部分由朝廷出面购买，朝廷给出的价格往往高出商品的实际价格。朝廷收买后，剩余的就由他们自行交易了。这些货物在明正德皇帝以前概不征税。据《明太祖实录》卷一五九记载，明太祖时明确规定，“凡海外诸国入贡，有附私物者悉蠲其税”。明成祖时更是积极执行免税政策。永乐元年（1403年）十月，西洋剌泥国回回哈只马哈没奇剌泥等来朝贡，还附带胡椒等与民众交易，有司请求向他们征税，但明成祖表示反对。他认为：“商税者，国家以抑逐末之民，岂以为利。今夷人慕义远来，乃欲侵其利，所得几何，而亏辱大体万万矣。”[②]在明成祖看来，向贡使的货物征税以获取利益，是一种有辱国体损害

① 郑鹤声、郑一钧编：《郑和下西洋资料汇编》（增编本）（上册），海洋出版社，2005，第641页。

② “中研院”历史语言研究所：《明太宗实录·卷二十四》，中华书局，1962，第447~448页。

天子盛德的行为，所以不准许征税。

不难看出，对藩属国来说，“朝贡”是一桩有利可图的美事，因此，许多国家贪图经济利益，频繁前来朝贡。中国皇帝对朝贡者谋求利益的心理并非不知道。洪武十三年（1380年），明太祖在给爪哇国国王的一封诏谕中就指出，这些僻居海岛的国家，经常派遣使者来到中国，名义上是朝贡，实际上是“慕利”。既明知如此，中国为什么还要维持朝贡制度呢？李云泉先生指出，朝贡制度之所以维持几千年，主要原因在于利益的互相吸引。通过封赏和朝贡贸易，朝贡国获取了一定的经济利益；而中国换来的不仅是他们对自己宗主地位的承认，更重要的是，通过与边境少数民族和邻国建立稳定的朝贡关系，中国获得了安定的周边环境，从而达到“守在四夷”的政治目的。对于自古崇尚和平、安宁的中国人来说，利莫大于此。①

其次，从中国与朝贡国之间的关系来看，带有明显的和平性质。何新华先生指出：“权力中心与周边虽有等级尊卑之分，但二者不是征服与被征服的关系，也不是宗主国与殖民地之间的关系。”“在帝国和周边国家的关系上，以中华文明的无比优越性和道德上的优越感来感化周边地区，它们在帝国形成后转变为文化帝国主义，以扩张文化为其重要使命，而不以掠人土地、占人国土为目的。”②中国从不靠强大的武力强迫周边国家进行朝贡。周边国家或是出于对中国发达文化的向往，或是期望通过朝贡获得数倍于贡品的赏赐，或是寻求中国的军事庇护而自愿朝贡。从名义上看，中国与朝贡国保持着称臣纳贡的关系，但是，中国封建王朝只要求其奉中国正朔而已，一般不去干涉其内政，各国的内政都是自主的。

① 李云泉：《万邦来朝：朝贡制度史论》，新华出版社，2014，第258页。

② 何新华：《试析古代中国的天下观》，《东南亚研究》2006年第1期。

台湾学者王尔敏指出，中国对四夷，并不专靠征服，而是多靠同化。代表接受同化的形式，不是设重兵置总督，而只是奉行中国的一册正朔就可以。

《明太祖实录》卷三十七记载，明太祖朱元璋就宣称，“中国尊安，四方得所，非有意于臣服之也……已承正统，方与远迩相安于无事，以共享太平之福”。基于这样的交往观念，明朝并不干涉他国内政。即便有时会对各国内政提出一些建议，但各国是否采纳，完全由自己决定。以朝鲜为例，明朝在建立之初就与时称高丽的朝鲜建立了宗藩关系。《明史·朝鲜传》记载，洪武二年（1369年），朱元璋询问来访的高丽总部尚书成惟得等人：“王居国何为？城郭修乎？兵甲利乎？宫室壮乎？”成惟得称，国王崇信佛教，其他事情顾不上管。朱元璋诚恳地对高丽国国王提出忠告，劝告高丽国国王要加强兵备，发展农业，不要重蹈中国南朝梁武帝的覆辙。朱元璋的劝谏完全从朝鲜的角度出发，希望其能国泰民安。而对高丽的内部事务，朱元璋并不干预。高丽国围绕争夺王权，多次发生政变，到洪武二十五年（1392年），李成桂将高丽末代国王赶走，建立李氏王朝，然后派遣使者向明太祖奏言，称高丽国国王昏乱，自己受国人推戴而主持国事。朱元璋并不干涉，只是说：“尔恭愍王死，称其有子，请立子。后来又说不是。又以王瑶为王孙正派，请立之，今又去了。再三差人来，大概要自做王。我不问，教他自做。自要抚绥百姓，相通往来。”①言语中充分显示出互不侵犯、和平共处的理念。后来还为之恢复古名“朝鲜”。李氏朝鲜与明朝一直友好相处，两国使臣来往频繁。

无独有偶，明朝前期，安南国也发生了与朝鲜国相似的政变。先是伯父陈叔明逼死安南国国王陈日熞，自己执掌朝政，后来又命

① 转引自马渭源：《大明风云系列之治隆唐宋》，东南大学出版社，2019，第144页。

弟弟陈端摄政。因为明朝是安南的宗主国，陈书明和陈端都担心明朝出兵干涉，所以多次派人向明朝进献方物。朱元璋明白其意图，于是降下诏书，明确表达他不干涉别国内政的和平主义交往原则："今朕统天下，惟愿民安而已，无强凌弱、众暴寡之为。安南新王，自当高枕，无虑加兵也。"①

再次，对于各国之间的纠纷，尽量通过开导、告诫等和平方式解决，很少诉诸武力。例如洪武年间，安南和占城发生战争，朱元璋多次遣使调解，让两国修好罢兵。在《谕占城安南二国诏》中，他恳切地指出，自己"居中国，统天下"，希望"四夷俱安"，他劝谕两国要"各守其封疆，各安其民人"，不要再"构怨交兵"。②明太祖听说琉球国三王互相攻伐，废农伤民，于是遣使劝告三王息兵养民。后来三王听从劝告，言归于好，特遣使入明朝贡，感谢明朝的调解。

但是当藩属国确实面临严重危机的时候，中国作为宗主国也会不惜使用武力去竭力援助。明朝万历年间，中国曾应朝鲜请求两次出兵击败日本。16世纪末，长期分裂的日本结束了藩国林立的局面完成了统一，为平息国内大名对土地分封不均的不满，掌握日本大权的丰臣秀吉决定对外扩张，以获取更多土地。1592年，丰臣秀吉以朝鲜拒绝辅助日本攻明为借口发动了侵朝战争。日军来势汹汹，一个月就攻陷了朝鲜王京汉城，驱逐了朝鲜国国王李昖。朝鲜国国王走投无路，接连派出使节向明朝求援。明朝作为朝鲜的宗主国，为了履行职责，派遣兵力支援朝鲜。这次战争分两个阶段，经过七年艰苦抗战，最终成功击退日本侵略者。整个援朝战争，明朝耗费了大量的人力物力，付出了极其沉重的代价。但明朝没有向朝鲜索要任何回报，并在规定的撤兵期限内将军队调回国内，未占领朝

---

① 张燮：《东西洋考》，商务印书馆，1937，第135页。

② 王祎：《王祎集》，颜庆余整理，浙江古籍出版社，2016，第349页。

鲜一寸领土，体现了朝贡制度下的和平思想。直到清朝乾隆年间，到访中国的朝鲜人洪大容对当时明朝对朝鲜的再造之恩仍然十分感激：“万历年间倭贼大入东国，八道糜烂，神宗皇帝动天下之兵，费天下之财，七年然后定，到今二百年，生民之乐利皆神皇之赐也。”[①]此外，明朝灭亡以后，朝鲜虽然在外交上改用清朝年号，但是在国内仍然使用“崇祯”年号，沿用二百多年。由此也可以看出，朝贡国对中国的服从是中国“亲仁善邻”“修文德以来之”的结果，并非以武力强迫其为之。

总之，和平理念在朝贡关系中得到了充分的体现：其一，中国本着“厚往薄来”的原则，与朝贡国通过朝贡与回赐友好往来，和平相处，互不侵略；其二，中国与朝贡国之间虽然有等级尊卑之分，但这是一种建立在礼治基础上的和谐稳定的关系，中国不干涉各国内部事务，各国的内政是自主的；其三，中国作为宗主国，尽可能通过和平手段处理朝贡体系内各国家之间的关系，很少诉诸武力。总体而言，除了个别历史阶段外，和平是朝贡体系内各国之间关系的常态，中国作为宗主国有效地维护了东亚地区的和平。

五、羁縻制度所体现的和平理念

中国自古就是一个多民族国家。在漫长的历史发展过程中，无论是在统一时期还是在分裂时期，各民族之间通过各种不同方式保持着政治、经济、文化上的联系，日益建立起血肉相连、水乳交融的密切关系。经过漫长的交流、融合，各民族最终从“多元”汇聚为“一体”，共同缔造和发展了中国这个统一的多民族国家。中国成为统一的多民族国家不是一蹴而就的，在其形成和发展的过程中，有一个很重要的因素，那就是历代统治者运用高度的政治智

① 转引自葛兆光：《中国宗教、学术与思想散论》，复旦大学出版社，2010，第136～137页。

慧，在不同的历史时期，对不同的民族采取因俗而治的治理方式，即羁縻制度。

羁縻制度是历代封建王朝在处理民族关系时经常采取的一种方式。中国历代王朝统治者认识到，边疆民族与汉族在语言、文化、生活方式等方面存在较大差异，加之它们距离统治中心比较远，中央政府很难对它们实施直接有效的统治，因此必须在行政管理上采取一种不同于内地的政策。“羁”就是用军事和政治的压力加以控制，“縻”就是以经济和物质利益给以抚慰。所谓“羁縻”，即在少数民族地区设立特殊的行政单位，保持或基本保持少数民族原有的社会组织形式和管理机构，承认其酋长、首领在本民族和本地区中的政治统治地位，任用少数民族地方首领为地方官吏，除在政治上隶属于中央王朝、经济上有朝贡的义务外，其余一切事务均由少数民族首领自己管理。[①]

早在《礼记·王制》中就提出，华夏和四夷语言不通，习性不同，好恶不同，因此，处理与四夷的关系应该遵循“修其教，不易其俗；齐其政，不易其宜”的原则。对少数民族实行羁縻统治，最早可以追溯至秦汉时期。到了两汉时期，随着疆域的不断拓展，为了加强对不断融入的少数民族地区的治理，统治者对一些少数民族地区采取不同于中原的管理体制。当时在郡县制外设立的地方管理机构和官职主要有属国、护乌桓校尉、护羌校尉和西域都护等。《史记·卫将军骠骑列传》记载，元狩二年（公元前121年），匈奴浑邪王率四万余众降汉，汉武帝“乃分徙降者边五郡故塞外，而皆在河南，因其故俗，为属国”。颜师古在《汉书·武帝纪》的注释中解释道：“凡言属国者，存其国号而属汉朝，故曰属国。”具体的管理方式是，划定一个特殊的行政区域，安置归附的少数民族，封其首领以官职，让他们世袭统治其地，不改变原有的社会组织、

① 郑汕：《中国边疆学概论》，云南人民出版社，2012，第285页。

生产方式、生活方式、文化、风俗习惯、宗教信仰等，但朝廷要派属国都尉对其进行监管。护乌桓校尉设立于公元前119年，其职责是管理和保护乌桓人。护羌校尉设于公元前111年，职责是管理和保护羌人。西域都护设立于公元前60年，郑吉为首任都护，治所在乌垒城。根据《汉书·西域传》的记载，西域都护的作用是："都护督察乌孙、康居诸外国动静，有变以闻。可安辑，安辑之；可击，击之。"由此可以看出，西域都护的职责主要是维护西域地区社会秩序，协调各国纠纷，制止外来侵略。这些都可以说是处于萌芽状态的羁縻政策。

册封也是汉代羁縻少数民族的一个重要方法。对于归附的少数民族政权首领，汉王朝往往通过册封，将其纳入自己的管理体系之下。汉王朝对少数民族首领的册封数量庞大，《汉书·西域传》记载："自译长、城长、君、监、吏、大禄、百长、千长、都尉、且渠、当户、将、相至侯、王，皆佩汉印绶，凡三百七十六人。"《史记·西南夷列传》记载，汉灭南粤以后，"夜郎遂入朝"，"上以为夜郎王"；滇国归降以后，"请置吏入朝"，"于是以为益州郡，赐滇王王印，复长其民"。《汉书·西域传》记载，汉昭帝元凤四年（公元前77年），"乃立尉屠耆为王，更名其国为鄯善，为刻印章"。总之，汉朝通过建立特殊管理机构和对少数民族首领广泛册封的方法，将统治区域进一步扩展到中国边疆的广大地区，民族之间的关系也日益密切。

汉以后，推行羁縻政策最为成功的是唐朝。它通过广泛建立羁縻府州，对少数民族地区实行羁縻统治。羁縻府州作为一种制度广泛推行，是在唐朝平定东突厥以后。《新唐书·地理志下》说：

唐兴，初未暇于四夷，自太宗平突厥，西北诸蕃及蛮夷稍稍内属，即其部落列置州县。其大者为都督府，以其首领为都督、刺史，皆得世袭。虽贡赋版籍，多不上户部，然声教所暨，皆边州都督、都护所领，著于令式。

唐朝建立初期，对中原影响最大的少数民族是东突厥。552年，突厥人在漠北建立突厥汗国。突厥首领趁隋末唐初中原混乱的机会极力扩张势力，不断南下骚扰与侵略。贞观三年（629年），唐太宗趁突厥上层不和、阶级矛盾尖锐之际，派遣李靖、李勣率领十万大军，分道出击东突厥。次年春，俘获颉利可汗，消灭了东突厥。

东突厥灭亡后，其部众投降唐朝的有十余万人。根据《资治通鉴》卷一九三《唐纪九》的记载，群臣围绕如何安置内附的突厥各部，进行了激烈的争论。大致存在这样几种观点：多数朝臣认为，应该将他们迁徙到河南兖、豫之间，分散其种族，让其散居在各州县，教他们耕织，将其变为农民；李百药、窦静认为不应该将其迁离原地，应采取分而治之的策略，分散各部，削弱其力量，由朝廷在其旧地定襄设都护府进行管辖；温彦博主张将突厥各部安置在河南朔方之地，保全其部落，按照各族的风俗来治理；魏徵主张将他们遣回原籍，不接受其降附。最终唐太宗采纳温彦博的主张，将突厥内附各部安置在东自幽州，西至灵州沿长城一线的广大地区。又在原突利可汗所统辖的地区，置顺、祐、长、化四州都督府。在原颉利可汗所统辖的地区，置六州，并设定襄、云中两都督府分统其众。任命突厥首领担任各突厥府州的都督、刺史等官，如突利为顺州都督，统领自己原属部众；阿史那苏尼失为怀德郡王，阿史那思摩为怀化郡王，史善应为北抚州都督，康苏密为北安州都督，分统颉利旧属各部。唐朝在突厥故地设置的这些府州，就是历史上所称的羁縻府州。

此后，内附民族不断增多，唐朝对新附民族大都采用羁縻府州的形式进行统治。从贞观四年（630年）唐太宗在东突厥故地设立羁縻府州开始，到唐玄宗开元年间，唐朝在广阔的周边民族地区，按照部落的大小不同，大者设府，小者设县，先后设置羁縻府州

856个，当时内地正州数量仅为328个，羁縻府州的数量是正州的2.6倍。[①]

唐朝最大规模的一次羁縻活动是唐高宗时期对中亚地区的羁縻。唐朝初期，中亚地区小国林立，虽然多数与唐王朝建立了邦交关系，但是他们更亲近西突厥。唐高宗显庆二年（657年），唐朝灭掉西突厥。原先依附于西突厥的中亚诸国，纷纷归附唐朝。唐朝于是在中亚诸国也设置羁縻府州。这是中国历史上第一次也是唯一一次将中亚纳入唐朝羁縻统治的范围。658年，唐高宗派果毅都尉董寄生前往河中设立都督府、州[②]。所设府州如下表：

都督府名	原国名	今地域
大宛都督府	石国	塔什干一带
休循州都督府	拔汗那	费尔干纳盆地
康居都督府	康国	撒马尔罕一带
南谧州	米国	撒马尔罕以东
贵霜州	何国	撒马尔罕西北
佉沙州	史国	撒马尔罕之南
安息州	安国	布哈拉一带
木鹿州	东安国	布哈拉东北

康、安、米、何、史、石、曹诸国人来到唐朝，即以国名为姓，统称“昭武九姓”或“九姓胡”，以善于经商著称，在政治、军事、文化方面也有较大影响。

同年唐高宗派陇州南由县令王名远前往吐火罗置州县。唐高宗龙朔元年（661年），王名远进《西域图志》六十卷，请在于阗

① 程妮娜主编：《中国地方史纲》，吉林大学出版社，2007，第345页。

② 参见张维华主编《中国古代对外关系史》（高等教育出版社1993年版）、齐涛著《中国传统政治检讨》（南海出版公司2012年版）。

以西、波斯以东十六国分置都督府，以及州八十、县一百、军府一百二十六，并于吐火罗立碑以记此事。高宗同意。王名远设置的十六个都督府如下①：

都督府名	原国名	今地域
月支都督府	吐火罗	阿姆河中游
大汗都督府	厌哒	阿姆河中游
条支都督府	诃达罗支国	阿富汗加兹尼一带
天马都督府	解苏国	杜尚别一带
高附都督府	骨咄	苏尔哈布或白克什河与喷赤河之间
修鲜都督府	罽宾国	喀布尔河流域
写凤都督府	帆延国	阿富汗巴米安一带
悦般都督府	石汗那国	科克恰河上游
奇沙州都督府	护时犍国	阿富汗希巴尔干南面
姑墨州都督府	怛没国	捷尔梅兹
旅獒州都督府	乌拉喝国	阿富汗安德胡伊一带
昆墟州都督府	多勒建国	阿富汗木尔加布河流域
至拔州都督府	俱密国	苏尔哈布河上游
鸟飞州都督府	护密多国	阿富汗瓦罕地区
王庭州都督府	久越得犍国	米高扬格勒一带
波斯都督府	波斯国	伊朗扎博勒

由于羁縻府州大都设在远离中原的地区，各府州治下的民族在语言、风俗、经济形态方面存在较大差异，因此，唐朝在羁縻府州的机构设置与管辖方面，与普通州县有很大不同。

在机构设置上，普通州的都督、刺史由中央铨选官员来担任，

① 张维华主编：《中国古代对外关系史》，高等教育出版社，1993，第90～91页。

而羁縻府州的都督、刺史则是由当地的首领来担任，并可以世袭。羁縻府州内原有的行政机构、政治制度保留不变，从长官到僚佐均由本族人充任，允许其在本族内部称“国”，其首领在接受唐政府册封的官衔爵位的同时，在本部落内也可以称“王”“可汗”等原有名号。举例言之，回纥原是铁勒诸部的一支，唐太宗贞观年间，回纥联合其他部落攻打并吞并薛延陀，然后归附唐朝。唐太宗在其地设置了六个都督府和七个州进行管辖，均任命各部的首领为都督、刺史。又设置了燕然都护府统辖“六府七州”的具体事务。其中以回纥部为瀚海都督府，委派原来的首领吐迷度为怀化大将军，兼任渤海都督。不过，在回纥内部，吐迷度仍然可以称可汗，并仿照当年的突厥制度，设置官职，委派官吏。据《新唐书·突厥传》记载，唐高宗灭西突厥以后，在西突厥地设置了濛池、昆陵两个都护府，册立早已投靠唐朝的原西突厥首领阿史那弥射为兴昔亡可汗，兼骠骑大将军、昆陵都护，统领西突厥五咄六部落；册立阿史那弥射的族兄阿史那步真为继往绝可汗，兼骠骑大将军、濛池都护，统领西突厥五弩失毕部落。

有些羁縻府州也会设有“华官参治”或“监领”，即派遣华人充当羁縻府州的部分官员，与本族的首领共同治理。最典型的事例是唐朝对东北地区民族的治理。《新唐书·高丽传》记载，唐高宗总章元年（668年），唐平定高丽以后，分其地置府、州、县，“擢酋豪有功者授都督、刺史、令，与华官参治”。《旧唐书·渤海靺鞨传》记载，唐玄宗开元十四年（726年），在黑水靺鞨地区置黑水都督府，仍然以其首领为都督，“诏以其地为黑水州，仍置长史，遣使镇押”。

从管辖方面看，普通州县直接隶属于中央，而羁縻府州则是通过中央设置的边州都督府或都护府进行管辖。根据唐启淮先生的研究，边州都督府一般设立在边地或民族杂居地区的冲要地方，都护府则设立在边远民族地区，总揽民族地区的军政事务，保卫边疆安全。唐先后在周边设立了六大都护府、二十二个都督府（西域昭武九姓设立的府州，不算在内）。[①]虽然羁縻府州都是任命少数民族首领为都督、刺史，官职可以世袭，在羁縻府州内有高度的自治权，但是他们的官职是在中央认可前提下的世袭，他们不得自立为王侯或者自封为都督、刺史。国王、可汗、酋长的嗣位或更迭要经过唐中央政府的册封与承认，否则就是非法的。羁縻府州的居民虽然不直接向国家交纳赋税，但要由本族首领向朝廷进献方物土产，同时向都护府或都督府交纳一定贡物。羁縻府州可以保留兵马，并不限制数量，但兵马需听从中央调遣。由上述可见，羁縻府州尽管在机构设置和管辖方面与普通州县存在一定区别，但二者在性质上是一样的，都是在中央政府管辖下的地方一级行政机构，都是唐朝领土的组成部分。

两宋时期，继续沿袭唐代的羁縻制度，但是也发生了很多变化。从范围上来说，唐代羁縻府州遍布北方、西北、西南诸地，宋代羁縻府州只在南方而且主要在西南地区。唐代有羁縻府和羁縻州，由都督府或都护府管辖，而宋代取消了都护府和都督府，设置羁縻州、羁縻县和羁縻洞三级。宋代羁縻州、县、洞土官在承袭上较之唐代有所发展，建立起了初步的土官承袭制。不过，宋代的羁縻州逐渐趋于虚名化，部分羁縻州入宋以来基本上没有与宋朝政府发生关系，实际上名存实亡。此外，北宋中后期，政府有过两次“开边”活动，集中在宋神宗熙宁和宋徽宗崇宁至政和两段时期。宋政府把原来一些实行间接统治的地区，纳入了直接统治的范围之内，许多羁縻州不复存在。随着社会的发展，羁縻政策因其流弊与局限性，越来越不适应时代的要求，最终被土司制度所替代。

从历史上看，羁縻制度于秦汉时期发端，之后不断发展，至唐

---

① 唐启淮：《试论唐代的羁縻府州》，载王继平主编《中国史论集》上，湘潭大学出版社，2013，第224～236页。

宋时期达到鼎盛。其实施有效协调了汉族与各民族之间的关系，促进了民族地区社会秩序的稳定和经济文化的发展，维持了中国大一统的局面，对多民族国家的发展和巩固发挥了重要作用。这一制度能够在中国长期沿用，关键在于其蕴含的平等性和和平性。

其一，尊重羁縻地区各民族的风俗习惯，因俗治理，体现了一定的平等性。羁縻制度承认华夏和其他民族在饮食、服饰、经济、风俗、语言等方面，尤其是在文明程度上的差异，在保证国家统一的情况下，不强调政治制度的整齐划一，不强迫其他民族改变其生产方式、生活方式、风俗习惯或者宗教信仰，而是“顺其土俗”进行管理，充分体现了对其他民族的尊重。《隋书·突厥传》记载，隋炀帝大业三年（607年），东突厥启民可汗上书请求“乞依大国服饰法用，一同华夏”。隋炀帝的回答发人深省，他说：“先王建国，夷夏殊风，君子教民，不求变俗。断发文身，咸安其性，旃裘卉服，各尚所宜，因而利之，其道弘矣。”隋炀帝认为，各民族的衣着服饰要与所生活的环境相适应，不必强求一致。唐《唐会要·安北都护府》中也指出，要求少数民族“改其常性，同此华风，于事为难，理必不可”。

其二，羁縻制度通过和平手段对所在民族进行管辖，较之残酷的战争征服具有明显的进步性，也有利于实现边境地区的安宁和各民族之间的和平相处。少数民族地区距离汉族的统治中心较远，在风俗习惯、生产方式等方面与汉族差距较大，中原王朝对其实施直接的统治存在难度。采用羁縻的管辖方式，可以在很大程度上缓和民族关系，减少民族对立，创造和平安定的周边环境。汉元帝时期御史大夫萧望之就对此有过系统的分析。他认为，对于不顺从的民族不要与他们立约盟誓，也不要以武力去攻打他们，因为立约盟誓既耗费钱财，又容易被欺骗。一味用武力去攻打他们则会导致国家不堪重负，并且会招致他们的侵袭。即便夺取了他们的土地，那些土地也不适合耕种，所以不如恩威并施、羁縻笼络更容易达到治理效果。五胡十六国时期，前秦首领苻坚也有此认识。《晋书·苻坚载记下》记载，苻坚在手下大将吕光出征西域的时候，谆谆告诫吕光，西戎并非礼仪之邦，要采取“羁縻之道，服而赦之，示以中国之威，导以王化之法，勿极武穷兵，过深残掠”，强调不要穷兵黩武，对戎狄要恩威并施，实行羁縻制度。

其三，历代统治者为了展示对所羁縻地区的怀柔政策，不直接征收羁縻府州居民的赋税，羁縻府州的居民只需定期上交一定的贡物即可，而且统治者往往给前来朝贡的周边民族的首领以丰厚的赏赐。这在很大程度上减轻了羁縻府州居民的经济负担。根据文献记载，羁縻府州居民所交贡物，多为地方特产，统治者赏赐的财物往往超过贡物的价值。《续资治通鉴长编》卷五十记载，宋真宗在位时，曾任职方员外郎、秘阁校理的吴淑在上疏中就曾指出，“夫蕃戎靡不贪慕财贿，国家诚不爱重币珍玩以啖之，爵赏荣耀以诱之……宜示之以中国强盛，喻之以中国富厚，待之以至诚，临之以威重，夷落岂敢不从服哉”，主张以厚赏安抚笼络少数民族首领。为了减轻所羁縻地区人民的朝贡负担，统治者还经常会对贡物的种类、年限等进行调整。如，《续资治通鉴长编》卷一百零四记载，北宋仁宗天圣四年（1026年），宋仁宗根据转运使北海王立的请求，下诏：“施州溪洞安远、天赐、保顺州、南州、顺州等蛮入贡京师，道路辽远，自今听以所贡物留施州，其当施物，就给之。愿自入贡者，每十人许三两人至京师，其首领听三年一至。”《续资治通鉴长编》卷一一一记载，宋仁宗明道元年（1032年），又根据黎州邛部川山前后百蛮部都王黎每三年一入贡的请求，“诏谕以道路遐远，令五年一入贡”。

第四章 中国古代文学作品对和平理念的颂扬

自人类社会诞生以来，战争就和人类的发展如影随形。虽说人们渴望和平，厌恶战争，但战争却从未曾停止过。几千年来，人类经历过各式各样的战争，既有侵略扩张、争权夺利的不义之战，也有保家卫国、抵御外侮的正义之战。不过，无论哪一种性质的战争，都意味着杀戮和伤亡，都会破坏生产，给百姓带来深重的灾难。正如元代著名散曲家张养浩在《山坡羊·潼关怀古》中所言："兴，百姓苦；亡，百姓苦。"面对频繁的战争给人民带来的痛苦和灾难，历朝历代的文学家同情人民的遭遇，心怀忧国忧民的悲悯情怀，创作了大量以战争为题材的文学作品，普遍表达出对战争的厌倦和对和平的向往。这一价值取向在每个时期的文学作品中都有所体现。

一、《诗经》中的和平理念

《诗经》是我国古代第一部诗歌总集，收集了从西周初年到春秋中期大约五百多年的三百多首诗歌，内容涉及社会生活的方方面面，对于作为国之大事的战争当然也有记载。《诗经》中的战争诗题材丰富，有征夫诗、戎妇诗、壮行诗、战歌、凯歌等，遍布于《诗经》的风、雅、颂各个部分。透过这些战争诗歌，我们可以窥见当时人们对战争的态度与认识。

《诗经》中的战争诗多为西周时期创作的，这与周代战争频繁是密切相关的。西周在灭亡殷商以后，又多次平定国内的叛乱和抵御周边民族的入侵。当时的战争主要发生在东南和西北地区。东南地区主要是与淮夷之间的战争。淮夷是我国上古时期居住在淮水流域广大地区的部族的总称。周武王灭商以后，将原来商王朝直接控制的区域分为四个区：将原来殷都朝歌一带封给商纣王的儿子武庚来掌管，又命自己的三个弟弟管叔、蔡叔、霍叔各占据殷之一部来监视武庚，史称“三监”。武王病逝以后，成王即位，周公辅政。武庚伙同管叔和蔡叔，联合东方属国奄、薄姑、淮夷、徐夷等发动叛乱。于是周公东征，平定了武庚和三监的叛乱。周王室开始向东扩展势力，与淮夷之间冲突不断。在西周中晚期的青铜器铭文中，多次出现周王室征伐淮夷的相关记载。而西北地区主要是与猃狁之间的战争。猃狁是位于中国北方和西北方的部族，西周时期与周人经常发生冲突。《汉书·匈奴传》记载：“至穆王之孙懿王时，王室遂衰，戎狄交侵，暴虐中国。中国被其苦，诗人始作，疾而歌之，曰：‘靡室靡家，猃狁之故；岂不日戒，猃狁孔棘。’”《汉书·韦贤传》亦云：“臣闻周室既衰，四夷并侵，猃狁最强，于今匈奴是也。至宣王而伐之，诗人美而颂之……”面对猃狁的频繁进攻，周王室为了攘除边患，多次派兵征讨。尤其是周宣王继位后，派大军南征北伐，巩固了边疆，使周王朝一度出现“四方既平，王国庶定”的局面，《诗经》中那些特别具有代表性的诗也大多集中在周宣王时期。春秋时期的战争更是旷日持久，连绵不断，《史记·太史公自序》中说：“春秋之中，弑君三十六，亡国五十二，诸侯奔走不得保其社稷者不可胜数。”《诗经》中许多诗篇，如《小雅》中的《采薇》《六月》《出车》《何草不黄》，《大雅》中的

《江汉》《常武》，《秦风》中的《无衣》，《王风》中的《君子于役》，《魏风》中的《陟岵》，《豳风》中的《东山》等，都是这一时期战争史实的反映。正是由于战事的频繁，战争成为《诗经》中的一个必然主题。

通观《诗经》中与战争相关的诗篇，固然有不少诗篇赞颂了天子、诸侯的武功，但大都是人们在面临外族入侵时不得已而采取的保家卫国的自卫战争，如《小雅》中的《出车》反复强调南仲出征是由于“王事多难”，也就是猃狁、西戎的进犯；《六月》也称，宣王派尹吉甫北伐的原因是“猃狁孔炽，我是用急”，“猃狁匪茹，整居焦获。侵镐及方，至于泾阳”，猃狁来犯，来势汹汹，周军不得已而出征。朱熹《诗集传》曰：“《司马法》：冬夏不兴师。今乃六月而出师者，以猃狁甚炽，其事危急，故不得已而王命于是出征，以正王国也。”[①]《大雅》中的《江汉》记叙的是，召穆公奉宣王之命征讨淮夷之乱并受到天子赏赐之事。总之，周军所进行的战争大都是正义的，或是抵御外族的入侵，或是平定国内的叛乱，而很少去主动侵略其他民族。

这些诗从内容上来说，从来不去直接描写战斗场面或渲染血腥的杀戮，也没有刻画横尸千里、血流漂杵的残酷场景。诗中多是大书特书战前的武备和军容的盛大，宣扬统帅的赫赫战功。如《小雅·出车》写南仲出征时的盛况，“设此旐矣，建彼旄矣”，“出车彭彭，旂旐央央”，车马浩浩荡荡，旗帜迎风飘扬，军容威武雄壮，将士斗志昂扬；“赫赫南仲，猃狁于襄”“赫赫南仲，薄伐西戎”，则是颂扬南仲的赫赫战功，先是荡平了猃狁，后又打击了西戎。又如《大雅·常武》中描述王室军队：“如飞如翰，如江如汉，如山如苞，如川之流。绵绵翼翼，不测不克，濯征徐国。”诗中一连用了四个比喻，展现了军队排山倒海的气势，令敌军震惊恐慌。

---

① 朱熹集注：《诗集传》，上海古籍出版社，1980，第114页。

战争诗中意义最深刻的，则是那些描写出征在外的将士的思乡之情和思妇内心痛楚的诗篇。固然是在保家卫国，固然在斗志昂扬地参与战斗，但是从征夫的内心来说，他们是厌弃战争的。所谓“一将功成万骨枯”，在战争中能够立功受赏的只是少数贵族而已，普通士卒是很少有机会被封赏的，在激烈的战场厮杀中能够保全性命就已经是极大的幸运。而且他们去服兵役，留给家人的则是更加沉重的生活压力和无穷尽的思念和担心。因此，那些征夫和思妇对战争的态度与贵族是有差异的。面对频繁不断的战争，他们不免产生忧伤和厌战的情绪，更加向往和平安定的生活。

《诗经》中有不少诗篇描写了普通士卒对战争的厌倦。《小雅·出车》在赞颂南仲赫赫战功的同时，也描绘了士卒的心理：

> 昔我往矣，黍稷方华；今我来思，雨雪载涂。王事多难，不遑启居。岂不怀归？畏此简书。
>
> 喓喓草虫，趯趯阜螽。未见君子，忧心忡忡。既见君子，我心则降。赫赫南仲，薄伐西戎。

作为随从出征的普通士卒，其内心苦苦思念着家乡。“岂不怀归？畏此简书”，说明士卒的内心里是反战的，但在“王事多难”的情况下，畏于王命，又不得不出征。总之，士卒的心情是矛盾的，既有凯旋的自豪之情，更有征战在外的思乡之情和厌倦战争的心理。

《豳风·东山》也是比较具有代表性的一篇，该篇写一位战争结束后返乡的士卒叙述战争给自己的生活带来的苦难。

> 我徂东山，慆慆不归。我来自东，零雨其濛。我东曰归，我心西悲。制彼裳衣，勿士行枚。蜎蜎者蠋，烝在桑野。敦彼独宿，亦在车下。
>
> 我徂东山，慆慆不归。我来自东，零雨其濛。果赢之

实，亦施于宇。伊威在室，蟏蛸在户。町畽鹿场，熠耀宵行。不可畏也，伊可怀也！

我徂东山，慆慆不归。我来自东，零雨其濛。鹳鸣于垤，妇叹于室。洒扫穹窒，我征聿至。有敦瓜苦，烝在栗薪。自我不见，于今三年！

我徂东山，慆慆不归。我来自东，零雨其濛。仓庚于飞，熠耀其羽。之子于归，皇驳其马。亲结其缡，九十其仪。其新孔嘉，其旧如之何？

诗中提到的“东山”是这位士卒的远征之地，在今山东境内。周公东征平定了武庚和三监之乱以后，继续进兵东南，先是征服了淮泗之间的九夷，接着挥师北上攻打奄国，迫使奄国投降，随之薄姑等国也相继降服。《豳风·东山》的诗人应该是一位随军攻打奄国的士卒，在长期的战争中饱尝了兵役之苦，无时无刻不在思念着家乡的亲人。

该诗共分四章，每章开头都唱道：“我徂东山，慆慆不归。我来自东，零雨其濛。”这位士卒随军东征时日已久，日夜思念家乡，却迟迟不能回归。语句中隐含着因不能回家而厌恶战争之意。“制彼衣裳，勿士行枚”表明，战争终于结束了，可以不用再征战了，士卒们赶紧脱下军装，穿上平时的衣裳，准备返乡。但是士卒的心中不仅有喜悦，更多的是悲伤。阴雨蒙蒙的天气，衬托出其心情的沉重。在归家的途中，他看到了战争给人民生活带来的灾难，心里想象着家乡会是什么样，迎接自己的可能也会是满目荒凉、破败不堪的景象吧：栝楼的藤蔓爬到了屋檐下，屋内潮湿，虫子到处乱爬，门上挂着结满的蜘蛛网，村落里到处是野鹿活动留下的痕迹，夜里没有灯光只有萤火虫在发光。想到这里，这位士卒的心情是很低落的，对家乡有着挥之不去的担忧。终于到家了，他看到自己的妻子正在哀叹。妻子与丈夫三年不曾相见，她无时无刻不在思念在外征战的丈夫，她预知丈夫要回来，所以打扫屋子，整理家务，迎接丈夫回家。最后一章，这位士卒又回想起当年结婚时候的场景，场面热闹而喜庆。但是读到此处，人们能感受到一种沉重的忧伤，因为这位士卒可能和妻子新婚不久就随军出征了。征夫在思念家人的同时，妻子也在“叹于室”，叹什么呢？可想而知，必定是哀叹战争的发生破坏了自己原本的美好生活。读完这首诗，我们能深切地感受到普通民众对战争的厌倦，对安定和乐生活的向往。

《小雅·采薇》是《诗经》中比较著名的一篇，描写了西周时期一位解甲归田的士卒在返乡的途中，追忆自己出征时的艰辛军旅生活。诗歌以采薇起兴，首先叙述了自己之所以有家不能回，是因为与猃狁之间的战争：“靡室靡家，猃狁之故。不遑启居，猃狁之故。”接着描写了征战生活的艰辛与思乡之情。征战在外的士卒生活是艰辛的，他们风餐露宿，饥寒交迫，只能以野菜充饥。诗人反复吟唱“曰归曰归”，道出了士卒期盼早日回家的心情。但从薇菜破土出芽到叶子变得柔嫩，再到叶子变得粗硬，时间在一天天流逝，战事却迟迟未结束，归家的日子遥遥无期，士卒不免“忧心烈烈”。驻防之地不能固定，也无法与家人通信，思乡之情与日俱增。诗人的心情是复杂的，内心不仅有思念家乡、牵挂亲人的愁苦之情，还交织着保家卫国、奋勇杀敌的豪情壮志。为什么日日想着“曰归曰归”的士卒战斗时士气那么高昂？因为猃狁的侵扰过于猖狂，威胁到了人们正常的生活，所以保家卫国是人们很自然的情感与选择。

最后一章则是最为脍炙人口的诗句：“昔我往矣，杨柳依依。今我来思，雨雪霏霏。行道迟迟，载渴载饥。我心伤悲，莫知我哀！”一个“哀”字道出了诗人内心最真实的感受。出征的时候，尚是“杨柳依依”的春天，等征战结束时，已是“雨雪霏霏”的冬天，季节的变换衬托出战事的漫长。战争终于结束了，诗人在返乡途中的心情却异常复杂，想起出生入死的战斗生活，想起战友战死沙场，自己却有幸能生还故乡，内心不免百感交集；而与家人长期音信隔绝，不知家中情况如何，又不免生发出“近乡情更怯”的忧惧心理。因此，诗人的内心是忧伤悲哀的。他作为广大戍卒中的一员，虽然在面临外族入侵时，听从国家的命令奔赴战场，奋勇杀敌，但他的内心厌倦战争，渴望和平，所以不断这也是所有普通民众内心最真实的期盼。

在古代，一旦有战事发生，男子就需要服兵役，去保家卫国，而对于他的家人来说，这意味着更加沉重的生活压力，以及家人之间无穷尽的思念和担心。《诗经》中有相当数量的诗篇反映这方面的内容。《唐风·鸨羽》就描写了社会的动荡与无休止的战争给农民生活带来的痛苦与灾难。“唐风”是唐国境内的歌谣，唐国即晋国。春秋时期，列国纷争，战乱频仍，劳动人民负担的徭役极其繁重，这给他们的生活带来极大的痛苦。诗中说到，王室的差事没完没了，服役者久久不能归家，家中父母年事已高，田地无人耕种，大量荒芜，人民的生活失去保障。服役者想到自己的父母得不到赡养，不禁悲痛欲绝，因而对着苍天，大声悲呼：“父母何怙”“父母何食”“父母何尝”。最后一句呼号“悠悠苍天，曷其有常”，道出了服役者对和平安定生活的渴望。

《王风·君子于役》则是一首写妻子思念在外服役的丈夫的诗。诗中写道：

> 君子于役，不知其期，曷至哉？鸡栖于埘，日之夕矣，羊牛下来。君子于役，如之何勿思？
>
> 君子于役，不日不月，曷其有佸？鸡栖于桀，日之夕矣，羊牛下括。君子于役，苟无饥渴。

丈夫在外服役，役期无定，妻子对丈夫的思念也与日俱增。特别是每到傍晚时分，家中饲养的鸡都归巢了，在外放牧的牛羊也都回到了圈中，妻子不禁触景生情，连禽畜天黑时都有个归宿，可丈夫却不知何时才能归来，孤苦凄凉之情溢于言表。整首诗文字简短，感情真挚自然，通篇没有从正面描写战争，却借一个妻子之口，委婉表达了人们渴望家庭团圆、期盼和平生活的意愿。

总而言之，《诗经》中这些与战争有关的诗虽然名为战争诗，但是着重描述的是军容的强盛、军事统帅的赫赫战功、征夫的思乡之情和闺中少妇对远征不归的丈夫的思念，而对于战争中采用的战略战术、战斗场面等则是一笔带过，在诗文中几乎看不到那种兵刃交加、你死我活的浴血厮杀的场景，字里行间流露出的是人们同仇敌忾、共赴国难的家国情怀，是人们对战争的厌恶和对和平生活的向往。朱东润先生曾说：

> 自《诗》三百五篇言之，吾国人之厌恶战争，不乐从军者，处处可见，然在猃狁“侵镐及方，至于泾阳”以后，吾国人亦自能“薄伐猃狁，以奏肤公”，此《六月》之诗，所为作也。盖在异民族之进迫，危及吾民族之生存时，自不得不努力挣扎，以图自全。①

总之，人民是厌恶战争的，兴师作战是面临外族入侵时不得已而为之的事情。

而基本处于同一时期的古希腊《荷马史诗》对战争的态度，则与《诗经》形成鲜明的对比。《荷马史诗》由两部长篇史诗《伊利亚特》和《奥德赛》组成，相传是公元前9世纪至公元前8世纪古希腊盲人诗人荷马根据公元前12世纪特洛伊战争后流传在民间的神话故事和英雄传说加工整理而成的。战争不可避免地会给交战双方带来极大的灾难和痛苦，古希腊也不例外。克鲁塞斯在阿伽门农拒绝

① 朱东润：《诗三百篇探故》，上海古籍出版社，1981，第129页。

其赎回女儿时向远射神阿波罗的祈祷，赫克托耳与妻子在城门告别时安德罗玛开的哀伤与悲愁，普里阿摩斯在赎回儿子赫克托耳的尸体时对阿基琉斯的哀求，赫克托耳的尸体被带回城里后其妻子、母亲和海伦的哭诉，无不深深地反映着战争给人们带来的心灵上的创伤。士兵们也渴望摆脱战争，当阿伽门农召开全体战士大会提出退兵时，集会“土崩瓦解，人们挤作一团，杂乱中撒腿扑向海船……众人急于回家，动手将船底的挡塞搬开”[①]。当帕里斯提出与墨奈劳斯单独决斗，以中止这场战争时，“特洛伊人和阿开亚人全都高兴，以为就此可以罢兵，摆脱战争的苦凄”[②]。这些都展示着士兵对战争的厌倦。

但是，尽管战争既可怕又可恨，尽管士兵也渴望摆脱战争，但是这种战争给人们造成的痛苦情绪在《荷马史诗》中却没有形成“反战”的主旋律。战争给人们带来的灾难与心灵的痛苦较之他们对财富的渴望和追求来说是不值一提的。整本书中使人感受到的更多的是浓烈的尚武好战的气息。将领们嗜战如命，渴望上阵杀敌，品味战斗的喜悦。“对于他们，比之驾坐深旷的海船回家，返回亲爱的故乡，战斗要来得更加甜蜜诱人。”[③]他们认为，人生来就是要战斗的，正如奥德修斯的慷慨陈词：“我们，按着宙斯的意志，从青壮打到老年，历经残酷的战争，无有幸免，只有全部献身。”[④]诗中的英雄们往往不惜牺牲生命也要去参战，把残酷的战斗当作展现英雄气概、实现人生价值的重要方式，以杀伤对手来显示自己超

① 荷马：《伊利亚特·第二卷》，陈中梅译注，译林出版社，2000，第34页。

② 荷马：《伊利亚特·第三卷》，陈中梅译注，译林出版社，2000，第72页。

③ 荷马：《伊利亚特·第二卷》，陈中梅译注，译林出版社，2000，第47页。

④ 荷马：《伊利亚特·第十四卷》，陈中梅译注，译林出版社，2000，第376页。

人的胆量和智慧，为自己争得无上的荣光。希腊联军主帅阿伽门农之所以获得了普天下最大的光荣，是因为“他攻克了如此伟大的城池，杀死了许许多多的人”。按照神谕，希腊联军的主将阿基琉斯面临两种命运的选择：或是走上战场，成为战功显赫的英雄，但最终将会早早地战死疆场；或是在家中安居过普通人的生活，虽一生默默无闻却能得以长寿。阿基琉斯坚定地选择了前者，为了实现自己的荣誉，他宁可战死沙场。

如前所述，《诗经》中的战争多是抵御外族入侵或平定叛乱的正义之战，人们即便是厌弃战争，但当战争威胁到和平生活的时候，往往又会以慷慨激昂的心情去保土卫国。而《荷马史诗》中战争的目的在于争夺财富，是为了实现个人的价值。在围攻特洛伊城的第十年，宙斯之子远射神阿波罗的祭司克鲁塞斯来到希腊军营，请求阿伽门农允许他赎回女儿克鲁塞伊丝——克鲁塞伊丝之前被当成战利品分给了阿伽门农，但是阿伽门农拒绝了他的请求。于是，克鲁塞斯向阿波罗控诉，阿波罗被激怒，给希腊军队降下瘟疫。在压力之下，阿伽门农不得不将克鲁塞伊丝归还给克鲁塞斯。但他要求，必须补给自己一份礼物，以免自己缺少战争所赐给的荣誉。阿基琉斯和阿伽门农的矛盾也是出于阿伽门农对战利品分配的不均。当阿伽门农夺走阿基琉斯的女奴布里塞伊丝时，阿基琉斯异常愤怒，毅然决然地退出了战争。在希腊人心里，食物、土地、女俘等战利品，都是他们在战争中获得荣誉的表现，都要归本人来支配，是不容许他人来抢夺的。由此可以看出希腊人嗜血好战、追求个人荣誉的特点，以及集体主义价值观念的淡漠。

另外，与《诗经》不直接描写战斗场景不同，《荷马史诗》中对战争场面的描写是细致入微的，也是惨不忍睹的。在《伊利亚特》中诗人用了大量的篇幅详细描写战场上血腥厮杀的场景。请看一下《伊利亚特》中对“赫克托耳之死”的描写：

> 卓越的阿基琉斯出枪，当他挟着狂烈冲来，枪尖长驱直入，将松软的颈肉破开。然而，梣木的枪矛，挑着沉重的铜尖，不曾切断气管，所以赫克托耳还能讲话，与对手答谈。[①]

阿基琉斯杀死赫克托耳以后：

> 他从躯体里拔出铜枪，放在一旁，剥下血迹斑斑的铠甲，从死者的肩膀，其他阿开亚人的儿子们跑来围住，凝视着他的体魄，赫克托耳的健美、豪强；围观者无不使他新添痕伤。[②]

> 他捅穿双腿的筋腱，在脚背后面，踝骨和后跟之间，穿入牛皮的绳带，绑上车辆，让死者的头颅倒着拖连，然后登上马车，把光荣的铠甲提进车内，扬鞭催马，后者向前飞奔，心甘情愿。泥尘卷起，赫克托耳被拖卷在里面，乌黑的头发飘散，曾是那样俊美的头颅在尘土里拖翻。[③]

通过这些细节描写，我们可以感受到，阿基琉斯在杀死赫克托耳时毫无怜悯之心，而且阿开亚人面对赫克托耳的尸体，不仅没有丝毫的同情，反而用他们的武器对死者继续实施暴行。诗人叙述整个过程的语调也是冷静而平定的。书中这样类似的描写随处可见。

是什么原因造成了《诗经》和《荷马史诗》在战争态度上如

---

① 荷马：《伊利亚特·第二十二卷》，陈中梅译注，译林出版社，2000，第605页。

② 荷马：《伊利亚特·第二十二卷》，陈中梅译注，译林出版社，2000，第607页。

③ 荷马：《伊利亚特·第二十二卷》，陈中梅译注，译林出版社，2000，第608页。

此明显的差异呢？根源在于农耕民族和海洋民族文化特点的不同。《荷马史诗》的诞生地希腊半岛是一个海岸曲折、岛屿密布的贫瘠地区，境内多山地，平原数量稀少，可以耕作的土地不多。从气候上看，冬季温和多雨，夏季炎热干燥。这样的环境显然不利于农业的发展。贫瘠的土地无法提供足够的食物，这就导致希腊各城邦之间为了生存经常展开激烈争夺，恃强凌弱成为人们基本的生存理念。与此同时，希腊半岛东部沿海地带曲折的海岸线和众多优良港湾，有利于进行航海经商，这就促使古希腊民众向海外扩张以拓展生存空间。

而汉族是典型的农业民族，生存的基础是耕地。耕地上的物产一般来说可以满足人们基本的生活需求，人们与外部的交往和交换极为有限，一般不需要用流血牺牲的方式对外掠夺，所以生活在平原上的农耕社会中的人们不会有希腊半岛上那种强烈的向外扩张的欲望和冲动，不像海洋民族那样过分依赖海外市场，无限追求扩张。而且，农耕经济是脆弱的，任何性质的战争都会破坏正常的生产生活秩序，影响小农经济的发展。这也导致人们必然会追求和平安定，反对战争。这就是《诗经》中“征夫怨”“思妇哀”等反战意识和厌战情绪强烈的终极根源。正是两种文化特点的不同，才导致了汉族人民的战争观念与古希腊民族是不同的，前者多是自卫性的，作战是为了保家卫国，而后者多是侵略性的，作战是为了拓展生存空间。

二、两汉魏晋南北朝时期文学作品中的和平理念

两汉魏晋南北朝时期，文学呈现出多元化发展趋势。两汉时期的主要文学形式有汉赋、乐府诗、散文等。魏晋南北朝时期是公认的文学自觉的时期，在诗歌、骈文、散文、小说等方面都有显著的成就。在各种文学形式中，乐府诗最能反映民众的心声。

“乐府”之名，最早见于秦代，本指朝廷设立的管理音乐的机

构。按照《汉书·百官公卿表》中的记载，秦代“少府”的属官中有“乐府”。20世纪70年代，在陕西西安秦始皇陵区附近出土了秦代编钟一件，在钟纽的一侧就刻有小篆体“乐府”二字。汉承秦制，乐府机构也被承袭下来。汉武帝时，对乐府进行了扩建，增加了编制，充实了人员。乐府的一个重要职责是采集民间歌谣，然后进行创编，填写歌词，演奏歌唱。当时采集的范围非常广泛，《汉书·礼乐志》载：“采诗夜诵，有赵、代、秦、楚之讴。以李延年为协律都尉，多举司马相如等数十人造为诗赋，略论律吕，以合八音之调，作十九章之歌。”汉哀帝时撤销了乐府机构。东汉时期，虽无乐府，但有相当于乐府职能的机构“黄门鼓吹署”，还有相当于太乐的“太予乐署”。魏晋南北朝时期的音乐机构大致延续东汉旧制或略有变动。

秦、西汉时期，乐府是官府机构名，到了魏晋南北朝时期，人们把乐府机构所采集的原先称为“歌诗”的诗歌称为“乐府诗”，于是“乐府”由音乐机构名转变为诗体名。魏晋南北朝时期的文人模仿乐府诗创作的诗歌，不管是否合乐，也都称为乐府诗。这些作品大都收入了宋代郭茂倩所编的《乐府诗集》中。为了与文人制作的乐府歌诗相区别，人们习惯上把采自民间的歌诗称为“乐府民歌”。两汉魏晋南北朝时期，各种类型的战争不断发生，尤其是东汉末年以来，政权更迭频繁，人民流离失所，许多乐府民歌，还有许多文人创作的乐府诗，都描写了民众生活的艰难，表达了人民反战和厌战的情绪。

两汉时期的战争主要是中原民族与周边少数民族之间的战争，以与北方的匈奴、西羌的战争为主。这一时期，北方游牧民族为了争夺生存空间、掠夺物质财富经常大举南下。西汉初年，天下初定，中原王朝实力薄弱，汉高祖刘邦曾主动迎击匈奴，结果遭受白登之围。自此，中原王朝不得不采用和亲政策来维持和平。不过，和亲政策虽然在一定程度上缓和了军事冲突，为汉初经济的恢复提供了相对稳定的环境，但匈奴的入侵并没有停止，他们还是经常南下掠夺。至汉武帝时期，凋敝的社会经济已经得到恢复，国家丰庶富足，军事力量也大为增强。面对匈奴的屡屡侵扰，汉武帝决定实行反击。自公元前133年的马邑之谋开始，至公元前119年的漠北之战为止，经过长期战争，汉王朝基本上摧毁了匈奴赖以发动战争的军事实力，扭转了自西汉初年以来长期汉朝对匈奴被动防御的战略态势，使匈奴再也无力大举南下。之后，汉匈之间关系时战时和。直到东汉和帝永元元年（89年）至永元三年（91年），东汉派将军窦宪、耿秉等连续对北匈奴用兵，北匈奴战败，远走乌孙、康居等地，历时三百年之久的匈奴之患终于得到彻底解决。两汉时期，汉王朝与羌族之间的战争也很频繁，汉宣帝时就曾派赵充国去平定屡次犯边的西羌的叛乱。王莽、东汉时期，汉王朝与羌族的矛盾十分尖锐，羌族的叛乱不时发生。直到东汉桓帝时，护羌校尉段颎转战西北，经过一百八十战，才平定了羌族叛乱。

长期又频繁的战争，给人们的生产生活带来了深重的灾难。再加上地主的盘剥、各种频频发生的自然灾害等，导致民不聊生。《汉书·匈奴传》称："及莽挠乱匈奴，与之构难……数年之间，北边虚空，野有暴骨矣。"《汉书·王莽传》记载，王莽时，"百姓困乏，流离道路"，"流民入关者数十万人……饥死者十七八"。《后汉书·西羌传》记载东汉后期的平羌战争："十余年间，费用八十余亿。诸将……上下放纵，不恤军事，士卒不得其死者，白骨相望于野。"《后汉书·仲长统传》记载，东汉仲长统曾经极其悲痛地指出东汉末年，"名都空而不居，百里绝而无民者，不可胜数"。《后汉书·董卓列传》记载，汉献帝时期的董卓之乱，使得关中地区的社会生产遭到严重摧残，"二三年间，关中无复人迹"。

这种悲惨的社会情景在乐府诗中也有反映。现存汉乐府中与战争有关的诗，有的描写了战争及战争结束后的悲惨景象，有的记叙了战争给普通家庭带来的深重灾难，都表达了强烈的反战思想。现存汉乐府中的《战城南》和《十五从军征》就是典型的代表。

战城南

战城南，死郭北，野死不葬乌可食。为我谓乌："且为客豪！野死谅不葬，腐肉安能去子逃！"水深激激，蒲苇冥冥。枭骑战斗死，驽马徘徊鸣。（梁）筑室，何以南（梁）何北！禾黍（而）[不]获君何食？愿为忠臣安可得！思子良臣，良臣诚可思：朝行出攻，暮不夜归。①

《战城南》是汉代《铙歌十八曲》之一，一般被认为是西汉时期的作品。这是一首为在战场上阵亡的将士所作的哀悼诗。诗篇开篇即描绘了战争过后战场上的凄惨景象：战斗非常激烈，城南城北都是战场，将士伤亡惨重，死尸遍地，成群的乌鸦争相啄食这些无人掩埋的尸体，场面凄惨无比。士兵们在战场上拼命厮杀，阵亡之后却得不到安葬，反而落得个曝尸荒野、任乌鸦随意啄食的惨痛结局，让人读来不禁悲痛万分。接着诗篇又借景物描写，进一步渲染战场上死寂荒凉的气氛：清冷的河水在慢慢流淌，茂密的蒲苇在瑟瑟地摆动，勇敢的骑兵在战斗中已经牺牲，疲惫不堪的战马仍在战士身边徘徊悲鸣，不肯离去。读完令人悲痛欲绝，内心凄然。

该诗不仅仅描写了战场的悲惨景象，给人以直观的感受，更重要的是诗人对战争有着沉痛的反思，把目光转移到整个社会：战争不仅吞噬了无数将士的生命，而且严重破坏了社会生产。由于战争频发，人们忙于服兵役，土地无人耕耘，导致了禾黍无人收获。"禾黍（而）[不]获君何食？愿为忠臣安可得！"一句委婉表达了诗人对战争发动者的谴责。最后一部分，诗人赞颂了士兵是保家

① 郭茂倩编撰：《乐府诗集》卷第十六《鼓吹曲辞一》，上海古籍出版社，2016，第225～226页。

卫国的好战士，值得人们悼念。接着又指出，“朝行出攻，暮不夜归”，士兵早晨出去征战，到了夜晚却不见返回。他们到哪里去了呢？这与诗文开篇的场景相呼应，经过一天的作战，一条条鲜活的生命已经变成了战场上的累累白骨。整首诗的基调沉痛悲愤，诗人通过对战场上荒凉景象的描绘，控诉了战争给人民带来的灾难，表达了人们对战争的厌恶和对和平生活的向往。

汉乐府民歌中也有描写服兵役者生活与情感的征夫诗，如《十五从军征》：

> 十五从军征，八十始得归。道逢乡里人：“家中有阿谁？”
>
> “遥看是君家，松柏冢累累。”兔从狗窦入，雉从梁上飞。
>
> 中庭生旅谷，井上生旅葵。舂谷持作饭，采葵持作羹。
>
> 羹饭一时熟，不知饴阿谁？出门东向看，泪落沾我衣。①

诗篇描写了一位常年征战在外的士卒的不幸遭遇。诗篇开头即说：“十五从军征，八十始得归。”在汉代，男子到了一定年龄之后必须服兵役，据《后汉书·百官志》中引《汉官仪》记载：“民年二十三为正，一岁以为卫士，一岁为材官骑士，习射御、骑驰、战阵。……材官、楼船年五十六老衰，乃得免为民就田。”也就是说，汉代男子在23岁到56岁之间，必须服兵役两年，其中一年为材官、骑士，充当“正卒”，即郡国的常备兵，在地方接受军事训练。经过训练的“正卒”，要到京师或者边境屯戍一年，成为“卫士”或者“戍卒”。期满以后，回归乡里。但如果有军事需要，政

① 郭茂倩编撰：《乐府诗集》卷第二十五《横吹曲辞五·紫骝马歌辞》，上海古籍出版社，2016，第343页。

府也会随时征发。许多人可能未成年就被征发，垂暮之年才被放回。《宋书 · 沈亮传》中就曾记载，沈亮上书宋文帝时称：“伏见西府兵士，或年几八十，而犹伏隶；或年始七岁，而已从役。”可见，服役虽然有年限，却并不是严格执行的。《十五从军征》一诗中的士卒从十五岁就开始服兵役，八十才返回家乡，服役时间竟然长达六十五年之久。由于统治者连年用兵，这位士卒从青葱少年到耄耋老人，穷其一生都在征战，心中的痛苦和悲愤可想而知。

这位少小离家白首方归的年老士卒，在回家的途中急切地想知道“家中有阿谁”，心中充满着与家人团聚的渴望。可是当他问起同乡之人的时候，同乡之人指给他看的却是满山松柏中一个接一个的坟堆。征战六十多载，为的就是保家卫国，让家人过上和平安定的生活。六十多年来，士卒每天都在期盼着与家人团聚。可现在他征战归来，亲人们却均已亡故，迎接自己的是一座座坟茔，士卒心中该是何等的痛苦与酸楚。回到家中，家中已经破败不堪：兔子从狗洞里窜进跳出，野鸡在屋梁上飞来飞去，庭院中、水井旁长满了野谷和冬葵，一片荒无人烟的凄凉景象展现在他的面前。士卒采了点野谷和冬葵做羹饭，但是饭做熟了却不知该送给谁吃。走到门外，向东望望累累的坟冢，士卒心中的悲伤再也无法抑制，忍不住老泪纵横。全诗通篇没有描写浴血厮杀、尸横遍野的景象，却通过一个普通士卒的不幸遭遇，向人们展示了战事之久和战争的残酷，让人读来感到一种痛彻心扉的愁苦和无限的凄凉，不由生发出对战争的厌恶之情。

《东光》一诗也反映了士卒在战争中所受的痛苦以及对战争的不满情绪。

东光

东光平，仓梧何不平。

仓梧多腐粟，无益诸军粮。

诸军游荡子，早行多悲伤。[1]

《东光》一诗的作者已不能考证，一般认为是汉武帝时出征南越的士兵所作。东光，相和歌辞之一。汉武帝时期，今广东一带的南越国国相作乱，杀害国王、太后及汉朝使者。汉武帝派人出兵讨伐，进攻“仓梧”。仓梧潮湿，多瘴气，出征士卒对此多有不满。这首诗描写的就是士卒的反战怨愤之情。

东汉末年，朝政混乱，赋役繁重，人民无以为生，纷纷揭竿而起，其中以黄巾起义规模最大。虽然黄巾起义最终失败，但东汉王朝也名存实亡。在镇压黄巾起义、讨伐董卓的过程中，地方割据势力迅速发展，混战不断。无休止的战争导致百姓流离失所，土地荒芜，生活十分痛苦。面对战乱频仍、民不聊生的社会现实，汉献帝建安时代的一些文人，采用乐府古体诗来描写社会现实，创作出了许多富有现实主义精神的诗篇来反映东汉末年社会的动乱和民生的疾苦。

东汉末年的军事家、文学家曹操，戎马一生，对战乱给人民带来的痛苦深有感触。他的许多诗篇记录了当时的社会现实，《蒿里行》是比较具有代表性的一篇。

蒿里行

关东有义士，兴兵讨群凶。初期会盟津，乃心在咸阳。军合力不齐，踌躇而雁行。势利使人争，嗣还自相戕。淮南弟称号，刻玺于北方。铠甲生虮虱，万姓以死亡。白骨露于野，千里无鸡鸣。生民百遗一，念之断人肠。[2]

诗中描写了董卓之乱前后黑暗混乱的社会现状。东汉末年，关东诸

① 郭茂倩编撰：《乐府诗集》第二十七卷《相和歌辞二》，上海古籍出版社，2016，第368页。

② 宋效永、向焱点校：《三曹集》，黄山书社，2019，第42页。

将结成联盟，起兵讨伐董卓，但是联军内部矛盾重重，相互观望，畏缩不前，甚至为了争权夺利而自相残杀。曹操对此感到十分悲愤，在诗中用简练的语言记录了讨董联盟由聚合到离散的过程。不仅如此，曹操还将目光转向社会下层人民，描述了战争给人民带来的灾难，表达了对人民的无限同情和对国事的担忧。由于战争连续不断，将士们甲不离身，身上都长了虱子。无辜的百姓因战乱大量死亡，以至于荒野上白骨累累，千里之内连鸡鸣声都听不到，在战乱中幸存的人百不余一。面对着这种凄惨的场景，曹操不禁肝肠欲裂，悲痛万分。

这种痛苦的感受在东汉末年文学家王粲的《七哀诗》中同样有所表达。王粲为东汉末年"建安七子"之一，在"建安七子"中成就最高。南朝文学评论家刘勰称赞他说："仲宣溢才，捷而能密，文多兼善，辞少瑕累，摘其诗赋，则七子之冠冕乎！"[①]王粲的一生几乎是在战乱中度过的，他目睹了东汉末年军阀混战的社会现实，对人民的苦难有深切的感受，他将自己的经历见闻融入诗文之中。

《七哀诗》[②]是最能表现他这种思想的作品。该诗写于初平三年（192年），当时董卓的部将李傕、郭汜在长安作乱，大肆烧杀抢掠，百姓苦不堪言。兵荒马乱中，王粲离开长安前往荆州刘表处避难。该诗记载了他在逃难途中所看到的动乱景象。开篇写诗人与亲戚朋友的离别，已经烘托出一种悲惨凄凉的气氛。诗人沿途所见更是触目惊心，由于"豺虎"作乱造成民众大量死亡，累累的白骨遮蔽了郊野。曹操《蒿里行》曰："白骨露于野，千里无鸡鸣。"王粲描述的是同样的惨象。眼前所见已经令人目不忍睹，而诗人在茫茫白骨之间却发现了更加惨绝人寰的情景："路有饥妇人，抱子弃

① 刘勰：《文心雕龙》，上海古籍出版社，2008，第97页。
② 逯钦立辑校：《先秦汉魏晋南北朝诗》，中华书局，1983，第365页。

草间。顾闻号泣声，挥涕独不还。”天下哪有不爱孩子的母亲，母亲却忍痛弃子，孩子撕心裂肺的哭声让母亲肝肠寸断，可母亲最终还是洒泪忍痛离开。见此情景，诗人也难忍悲痛。是什么原因导致妇人狠心抛弃自己的孩子？当然是战争。也是战争造成了百姓家破人亡、生离死别。诗篇的最后四句话“南登霸陵岸，回首望长安。悟彼下泉人，喟然伤心肝”，表达了作者对乱世中人们所遭受的苦难的深切同情和对西汉前期太平盛世的怀念，反映了作者渴望战争结束，渴望在明君的统治下天下太平的愿望。

汉末才女蔡文姬的经历更是令人心酸不已。东汉末年，董卓、李傕等作乱关中，匈奴、羌人等趁机南下，大肆掳掠百姓，正是在这样的大背景下蔡文姬被匈奴左贤王掳走，并被迫与之成亲。她在匈奴生活了十二年，育有二子。曹操与蔡文姬的父亲蔡邕是旧相识，后来他得知，蔡文姬在匈奴这一消息，用重金将其赎回。蔡文姬忍痛与两个儿子离别，回归故土。她将所目睹的东汉末年的动乱状况以及自己家破人亡、离夫别子的悲惨遭遇，用饱含血泪的文字在《悲愤诗》[①]中做了真实的记录。《悲愤诗》中的“平土人脆弱，来兵皆胡羌。猎野围城邑，所向悉破亡。斩截无孑遗，尸骸相撑拒。马边悬男头，马后载妇女”，就是东汉末年大动乱中人们悲惨遭遇的真实写照。战火纷飞中，人命如草芥。乱兵到处烧杀抢劫，以至于哀鸿遍野、白骨累累。一番杀戮过后，男子的头颅被割下挂在马上用来计算战功，女子则被捆绑在马后当作战利品，凄惨的景象惨不忍睹。经历了长达十二年的异域生活以及与亲生骨肉生离如同死别的伤痛之后，返回家乡的蔡文姬所目睹的景象更是催人泪下，她日日思念的家乡经过战争的长期蹂躏已经不是往昔的模样，而是：“城郭为山林，庭宇生荆艾。白骨不知谁，从横莫覆盖。出

① 邬国平选注：《汉魏六朝诗选》，上海古籍出版社，2005，第119～120页。

门无人声，豺狼号且吠。”面对家乡的萧条荒凉，想念着留在异域的骨肉，蔡文姬已经悲愤到了极点。《悲愤诗》一诗将个人的悲惨遭遇、人民的苦难以及母子分离的痛楚融为一体，全篇弥漫着沉痛和悲愤的情绪，若非亲身经历，怎会写得如此感人肺腑。

东汉末年陈琳的《饮马长城窟行》[①]、三国时期左延年的《从军行》，也是采用乐府民歌的体裁来描述东汉末年战祸的残酷。战国、秦汉时期，为抵御北方游牧民族的进攻，大量百姓被征发修筑长城，于是后世出现了许多以长城为主题的战争诗。在《饮马长城窟行》中，诗人就是以秦朝统治者征发百姓修筑长城为背景，通过筑城的役卒与妻子的书信对话，揭示沉重的徭役给民众造成的苦难。“边城多健少，内舍多寡妇”，说明健壮的青年男子大多被征发服徭役去了，家中只剩下妇幼老弱。因为徭役繁重，役卒长时间不能回家，所以他劝说妻子改嫁，由其所言“君独不见长城下，死人骸骨相撑拄”，可以想象出徭役的辛苦，无数役卒劳累致死，埋骨在长城之下。妻子表示，如果丈夫不幸死去，自己也不会独自苟活。役卒与妻子真挚的感情令人动容，我们从中也可以体会到民众反对战争、痛恨战争的强烈情绪。

左延年的《从军行》也是一首反战的民歌，诗文云：

苦哉边地人，一岁三从军。
三子到敦煌，二子诣陇西。
五子远斗去，五妇皆怀身。[②]

诗文开头一句“苦哉边地人”，就已使人生发悲怆凄凉之感。后面几句则具体描写了战争给征夫及其家人带来的苦难。一年反复多次

---

① 逯钦立辑校：《先秦汉魏晋南北朝诗》，中华书局，1983，第367页。

② 逯钦立辑校：《先秦汉魏晋南北朝诗》，中华书局，1983，第410～411页。

服兵役，反映了边地战争的频繁。一家之中五个儿子都去从军打仗了，只剩下五位怀孕的妻子还有一对白发翁媪。诗文虽短，却真实地诉说着人们对战争的厌倦。

进入魏晋南北朝时期，社会更加动荡不安，北方少数民族屡屡南下，并长期统治中原，少数民族与汉民族之间、少数民族与少数民族之间的战争连绵不断，政权更迭频繁，南北方长期处于对峙争战的局面。长期的战乱使得人民流离失所，甚至惨死沟壑。现存的北朝民歌中有不少反映了当时战乱的社会现实，表达了人们对平安稳定生活的追求。

企喻歌辞四曲

男儿欲作健，结伴不须多。鹞子经天飞，群雀两向波。
放马大泽中，草好马著膘。牌子铁裲裆，钰鉾鸐尾条。
前行看后行，齐著铁裲裆。前头看后头，齐著铁钰鉾。
男儿可怜虫，出门怀死忧。尸丧狭谷中，白骨无人收。[1]

《企喻歌辞四曲》是一组北朝民歌，《乐府诗集》收在《横吹曲辞·梁鼓角横吹曲》里。“横吹曲”是在马上演奏的一种军乐，乐器中有鼓有角，因而又被称为“鼓角横吹曲”。《企喻歌辞四曲》是以战争为主题的民歌。前面三曲描绘了男子在战场上纵横驰骋的生动形象，赞扬了游牧民族男子的尚武精神，而最后一曲展示的则是尸横遍野、白骨狼藉的惨景，作者发出了“男儿可怜虫”的感慨，由此可见战争给北方人民带来的沉重灾难。

同样收在《横吹曲辞·梁鼓角横吹曲》里的民歌《隔谷歌》也具体描述了战争中的一个悲惨场景：

---

① 郭茂倩编撰：《乐府诗集》第二十五卷《横吹曲辞五》，上海古籍出版社，2016，第342页。

兄在城中弟在外，弓无弦，箭无括。

食粮乏尽若为活？救我来！救我来！[1]

歌曲描写的是战争中一位被围困在城中的哥哥，弓毁矢尽，粮食断绝，处境危险，于是向城外的弟弟呼救："救我来！救我来！"呼号声表现出在困境中的绝望之情以及对生的渴望。凄厉的呼救之声如在耳旁，动人心魄！

人们耳熟能详的《木兰诗》[2]是南北朝时期北朝的乐府民歌。该诗同样反映了战乱时期北方人民对和平生活的向往。诗歌开篇详细叙述了木兰在织布机前叹息的场景，她之所以忧虑重重，是因为"昨夜见军帖，可汗大点兵。军书十二卷，卷卷有爷名"，国家有战事，天子大规模征兵，父亲虽然年事已高，却仍然在服役的行列。木兰不忍心父亲出征打仗，家中又没有青壮年男子可以代替，她因此而烦恼。"唯闻女叹息"，隐隐地反映出木兰内心深处对战争的反感，因为战争破坏了他们原本平静的生活。无奈之下，木兰决定代父从军。经过一番准备，木兰辞别父母，踏上征途。经过十年艰苦而残酷的战争生活，木兰立功而返。由于她战功显赫，天子对她进行重赏，并欲封其为尚书郎，但木兰都拒绝了，她只希望"愿驰千里足，送儿还故乡"。木兰抛弃功名利禄，只希望与家人团聚，可以看出她对和平安静的生活的向往。木兰回家后，父母、阿姊、小弟都欣喜异常，他们没有因为木兰辞官不做而感到遗憾，由此可以感受到人们更加重视的是一家人的团聚，渴望安定平静、和谐团圆的生活。从全诗的内容看，作者着墨最多的是木兰战前的心理、出征前的准备以及战争结束后木兰的选择。对于战争的过程

---

① 郭茂倩编撰：《乐府诗集》第二十五卷《横吹曲辞五》，上海古籍出版社，2016，第345页。

② 郭茂倩编撰：《乐府诗集》第二十五卷《横吹曲辞五》，上海古籍出版社，2016，第350～351页。

仅仅用了六句话："万里赴戎机，关山度若飞。朔气传金柝，寒光照铁衣。将军百战死，壮士十年归。"这种叙述上的详略，也反映出人民的反战情绪和对和平生活的追求。

除了乐府诗以外，其他文学形式中也有不少表达厌战反战情绪的作品。最具有代表意义的是东晋陶渊明的《桃花源记》[①]。《桃花源记》是陶渊明晚年所作的传世名篇，是《桃花源诗》的序言。陶渊明以虚构的方式，借助武陵渔人的行踪，将人们引入一个与世隔绝的美好世界："土地平旷，屋舍俨然，有良田、美池、桑竹之属，阡陌交通，鸡犬相闻。其中往来种作，男女衣著，悉如外人。黄发垂髫，并怡然自乐。"这里没有战乱，没有剥削，没有压迫，人人自食其力，老幼皆有所养，民风淳朴，宁静和睦。这既是作者心目中的理想世界，也透露出他对当时社会的不满。陶渊明生活在晋宋易代前后，这是中国历史上最为混乱的一段时期。东晋末年，统治集团政治腐败，战乱频仍，民生凋敝。在这样一个动乱的年代，陶渊明的一腔抱负根本无法实现。405年，不为五斗米折腰的陶渊明辞去了上任仅81天的彭泽县令，归隐田园。420年，刘裕代晋自立，建立"宋"，史称南朝宋；后来，刘裕又派人谋杀了已经被废为零陵王的晋恭帝。改朝换代的政治斗争和长期的战乱给民众造成了巨大痛苦，也使陶渊明在思想上产生了很大震动。他在诗中描绘的理想世界，反映了其对现实政治黑暗和动乱频仍的不满以及民众对和平生活的向往。桃花源也成为千百年来中国人民心目中的"理想国"。

三、唐诗中的和平理念

当历史的车轮进入唐朝，中国封建社会也进入蓬勃发展的时期。唐朝前期的帝王大都以隋亡为鉴，勤政爱民，善于用人和纳

① 袁行霈：《陶渊明集笺注》，中华书局，2011，第329～330页。

谏，正确处理民族关系，至唐玄宗开元年间，国力空前强大，唐朝进入鼎盛时期。但全面的兴盛并不代表着战争的消亡。纵观整个唐朝，一直在进行着各种战争，或是统一全国的战争，或是抵御少数民族侵扰的战争，或是开边拓土的战争，或是镇压割据势力和农民起义的战争。总之，战争一直未曾停息。唐朝时期大量的战争诗正是在这样的背景下产生的。

唐朝前期的战争诗大都以边塞题材为主，表达了人们报效祖国、建功立业的壮志豪情。诗人杜甫《后出塞五首》就曾指出："古人重守边，今人重高勋。"这种渴望建功封侯的价值取向在唐人的诗作之中有充分反映，孔绍安在《结客少年场行》中说："若使三边定，当封万户侯。"杨炯在《紫骝马》中说："匈奴今未灭，画地取封侯。"李白在《送外甥郑灌从军三首》中鼓励其外甥郑灌报效祖国："丈夫赌命报天子，当斩胡头衣锦回。"岑参在《送李副使赴碛西官军》中说："功名只向马上取，真是英雄一丈夫。"……这些战争诗都反映出诗人们向往从军塞上成就一番伟业的豪情与志向。相应的则是对书生的不屑与嘲讽，如杨炯《从军行》中的"宁为百夫长，胜作一书生"、高適《塞下曲》中的"大笑向文士，一经何足穷。古人昧此道，往往成老翁"、岑参《银山碛西馆》中的"丈夫三十未富贵，安能终日守笔砚"、王维《送赵都督赴代州得青字》中的"忘身辞凤阙，报国取龙庭。岂学书生辈，窗间老一经"、李贺《南园十三首》中的"男儿何不带吴钩，收取关山五十州。请君暂上凌烟阁，若个书生万户侯"、陶翰《赠郑员外》中的"人生志气立，所贵功业昌。何必守章句，终年事铅黄"等，无不表达了人们对文事的否定以及杀敌立功的志向。在许多人看来，他们宁愿冒着生命危险从军出塞，也不愿做每日守着经书的书生。

这种时代氛围与价值取向既是自古以来就有的尚武精神的体现，也是唐朝政策导向的结果。在唐代，除了科举考试以外，军功是入仕的一种重要方式。军士如果军功出众或者武艺超绝可以直接拜官，或者以军功获得勋官，再通过上番和纳资，铨选入仕。唐朝前期战事的频繁也为普通民众通过军功入仕创造了条件。《全唐文》卷一百五十八记载，民众对于应募从军的态度十分积极，甚至出现“百姓人人投募，争欲征行，乃有不用官物，请自办衣粮，投名义征”的情况。《资治通鉴》卷一百九十七《唐纪十三》记载，唐太宗征伐高丽的时候，“募十得百，募百得千，其不得从军者，皆愤叹郁邑”，“有不预征名，自愿以私装从军，动以千计，皆曰：‘不求县官勋赏，惟愿效死辽东。’”。百姓踊跃投军的目的，无非是希望通过取得军功，博得功名禄位以出人头地。唐太宗更是将“二十四功臣”的画像悬挂在凌烟阁上，以为天下表。正是在这种尚武风气的影响下，文人的心中不可避免地产生了一股投笔从戎的激情，希望能够上战场杀敌、获取功名。

经过唐朝前期帝王的励精图治，至唐玄宗开元年间，政治安定，经济繁荣，四海威服，国家呈现出前所未有的盛世景象。但是唐玄宗好大喜功，热衷于开边，对吐蕃、南诏、契丹不断发动战争，给人民带来了深重的苦难。唐玄宗统治后期，不理朝政、贪图享乐，最终导致“安史之乱”的爆发。叛乱爆发后，长安、洛阳两京陷落，唐玄宗被迫带领少数后妃、皇子和大臣，仓皇出逃成都。战火所经之处，州县残破，田园荒芜，满目疮痍。安史之乱延续了八年之久，虽然最终叛乱被平定，但此后唐王朝一蹶不振，每况愈下。长期的战乱使得社会经济遭到了严重的破坏，人民流离失所，人口急剧减少。这一时期的诗人们大都亲身经历了战乱，并目睹了京城陷落后的荒凉景象以及人民流离失所、饥寒交迫的悲惨境况，对下层民众的痛苦生活有了更加深切的体会。他们同情人民的遭遇，并用笔墨描述了战争给人民带来的苦难、人民对战争的痛恨以及崇尚和平的美好愿望。诗歌的创作呈现出一种悲苦的基调。

诗人李白在《战城南》[①]中对战争进行了反思。诗中提到："去年战桑干源，今年战葱河道。洗兵条支海上波，放马天山雪中草。万里长征战，三军尽衰老。"诗句中的"桑干""葱河""条支""天山"都是边疆地名。由此可以看出战争频仍，而且诗句也表现出行军距离之远。士卒常年东征西讨，在战场上耗尽了自己的青春，甚至牺牲了自己的生命，但战争仍未停止。诗中还描写了战后的悲惨景象："野战格斗死，败马号鸣向天悲。乌鸢啄人肠，衔飞上挂枯树枝。"情景极为凄凉悲惨。诗人审视战争给人民带来的灾难后，得出了"乃知兵者是凶器，圣人不得已而用之"的结论。在《北风行》一诗中，李白也从个人和家庭角度揭露了战争给人民带来的灾难："箭空在，人今战死不复回。不忍见此物，焚之已成灰。黄河捧土尚可塞，北风雨雪恨难裁。"[②]该诗以一位年轻寡妇的哭诉，反映了战争给无数家庭造成的痛苦。

诗圣杜甫生活在唐朝由盛转衰的时期，一生经历坎坷，过着贫寒动荡的生活，对战争有着刻骨铭心的感受。在颠沛流离中，他目睹了战乱给民众造成的深重灾难，对人民的悲惨生活表示深切的同情。他一生中创作了大量作品来反映唐玄宗时期的开边战争以及安史之乱给人民带来的痛苦。在他的诗中，可以体会到强烈的反战情绪。纵观杜甫作品中与战争相关的诗，很少直接描写战场的厮杀场面，大多着眼于与战争相关的事物，如征兵、服役、苛捐杂税等，借此来表达对统治者穷兵黩武的不满，《兵车行》、"三吏三别"即为其例。

---

① 中华书局编辑部点校：《全唐诗》（增订本），中华书局，1999，第1684页。

② 中华书局编辑部点校：《全唐诗》（增订本），中华书局，1999，第1690页。

《兵车行》[①]是杜甫诗中的名篇，为历代所推崇。据《资治通鉴》卷二百一十六记载，天宝十载（751年），剑南节度使鲜于仲通奉命率军征讨南诏，结果唐兵大败，八万士卒死了六万人，鲜于仲通也差一点战死。杨国忠却隐瞒其兵败之事，仍然为他记叙战功。唐玄宗下令在两京和河南、河北地区招募军队去讨伐南诏。人们听闻云南流行瘴疠这种疾病，士兵来到此地，还来不及作战，十之八九就会染病死去，因此无人愿意去应募。于是，杨国忠派人到各道去抓人，并用枷链锁起来送到军营去。以往立军功的百姓可免除兵役，而此时因为征兵人数需求大，只有功劳大者才能免除兵役，所以被征发之人无不心怀怨恨，送行的家人也号哭连天。《兵车行》就是这一社会现实的反映。

杜甫在诗中首先描写了出征时的场景："车辚辚，马萧萧，行人弓箭各在腰。耶娘妻子走相送，尘埃不见咸阳桥。牵衣顿足阑道哭，哭声直上干云霄。"兵车隆隆，战马嘶鸣，被强征而来的百姓即将要上前线，送行的亲人顿足捶胸，哭声震天，一幅生离死别的凄惨场景，令人不忍直视。这一切是谁造成的呢？"行人但云点行频"，诗人借用行人之口一针见血地指出是"点行频"，即频繁地征兵造成的。有些人从十五岁就开始去当兵，到不惑之年还要四处征战，一生都耗费在无休止的征战中。"边亭流血成海水，武皇开边意未已。"无数士卒战死沙场，而唐玄宗却没有停止开边的步伐。战争使得农业劳动力大大减少，正常的农业生产遭到了破坏，千村万落荆棘丛生，土地荒芜，农民收获无几，却还要交纳日益增加的税赋。面对朝廷的穷兵黩武，百姓敢怒不敢言。诗人用无比愤慨的语调说："信知生男恶，反是生女好。生女犹是嫁比邻，生男埋没随百草。"在重男轻女的古代社会，生女反比生男好的反常心

① 中华书局编辑部点校：《全唐诗》（增订本），中华书局，1999，第2255页。

理的出现充分反映了战争对人们身心的摧残，表达了人们对战争发自肺腑的血泪控诉。

杜甫的“三吏三别”更是真切地表现了安史之乱中唐王朝大肆抽丁抓夫给百姓带来的沉重灾难。在唐军平定安史之乱的过程中，士卒死伤严重，为补充兵力，唐王朝经常会强行抓人当兵，连老夫老妇也被迫服役，人民苦不堪言。《石壕吏》是杜甫投宿石壕村时，遇到县吏夜间抓人时的所见所闻。听说县吏来捉人，老翁翻墙逃跑了，老妇出门去周旋。老妇向县吏哭诉，自己三个儿子都上了战场，两个已经战死，家里只剩下尚在襁褓之中的孙子及衣衫褴褛的儿媳。但县吏仍不肯罢休，老妇不得已跟着官吏去了军营。《石壕吏》真实记录了战争给普通百姓带来的痛苦，读来令人肝肠寸断。《无家别》中杜甫描绘了安史之乱以后乡村的荒凉景象：历经战乱的村庄里，男子都被抓壮丁上战场了，只剩些老妇人，田地无人耕种，家园无人整理，遍地野草丛生，狐狸横行无忌，满目都是凄凉的景象，令人百感交集。《垂老别》中杜甫以一位被征入伍的老翁的口气，叙述了他的悲惨遭遇。老翁的子孙均已在战场上阵亡，垂暮之年的他走路都需要扶杖，现在竟然又被征军入伍，迫不得已只好与老妻依依惜别。两人都知道“此去必不归”，却仍然忍住悲痛，互相劝慰。最后，老翁直面社会现实，发出悲愤的呼声：山河破碎，烽火遍地，天下哪有什么乐土？此情此景，令人心酸不已。

对于战争给人民造成的痛苦，杜甫是痛恨的，他期盼着天下太平，没有战争，希望人民能够安居乐业。在他的很多诗篇中都表达了对和平生活的向往，如《昼梦》中的“安得务农息战斗，普天无吏横索钱”、《晦日寻崔戢李封》中的“思见农器陈，何当甲兵休”、《洗兵马》中的“安得壮士挽天河，净洗甲兵长不用”、《奉酬薛十二丈判官见赠》中的“销兵铸农器，今古岁方宁”等。这些诗句都反映出杜甫对战争的厌恶、对官吏横征暴敛的痛恨和对和平生活的渴望。《蚕谷行》一诗更是对他心中理想世界的描绘：

天下郡国向万城，无有一城无甲兵。
焉得铸甲作农器，一寸荒田牛得耕。
牛尽耕，蚕亦成。
不劳烈士泪滂沱，男谷女丝行复歌。①

早在《孔子家语·致思》中就记载，春秋末年，孔门弟子在农山言志的时候，颜回就提出了“铸剑戟以为农器，放牛马于原薮，室家无离旷之思，千岁无战斗之患”的政治理想，深合孔子之意。铸剑为犁已经成为几千年来中国人民的梦想和追求。在这首诗里，杜甫陈述了自己的梦想：将甲胄兵器铸作农具，让每寸土地都能够得到耕种，人们无需去服兵役，全社会男耕女织，安居乐业，人们边走边唱歌。这是一幅多么美好和谐的生活画面。

当然，杜甫的反战也不是单纯的反对一切战争，他反对统治者的穷兵黩武，主张如果没有外敌入侵，统治者就不要无故发动战争；如果面临外敌入侵，那就要通过战争抵御侵略，争取和平。但是抵御外侮也不要贪图杀戮，只要达到制止敌人的侵略的目的就可以了。《前出塞九首》中的诗句“杀人亦有限，列国自有疆。苟能制侵陵，岂在多杀伤”②，反映的正是杜甫对战争的态度。

安史之乱之后，藩镇割据，社会动荡，战乱不休，人民群众饱受战争的苦难，普遍笼罩在反战厌战的情绪之中。不少诗人在其作品中对战乱造成的妻离子散、家破人亡的悲剧进行了揭露，表达了对安定生活的期盼。张籍的《征妇怨》写道：“万里无人收白骨，

① 中华书局编辑部点校：《全唐诗》（增订本），中华书局，1999，第2338页。

② 中华书局编辑部点校：《全唐诗》（增订本），中华书局，1999，第2295页。

家家城下招魂葬。”[①]征夫战死于万里之外，征妇无法收葬其尸骨，只能在城下招魂而空葬。“家家”道出了战场上死亡人数之多，字里行间流露着对战争的血泪控诉。陈陶的《陇西行四首》中写道：“誓扫匈奴不顾身，五千貂锦丧胡尘。可怜无定河边骨，犹是春闺梦里人。”[②]丈夫已经战死沙场，变成无定河边的白骨，妻子不知道丈夫已经阵亡，仍然在梦中盼望着他早日回来团聚。整首诗笼罩着浓厚的悲剧氛围。沈彬的《吊边人》：“杀声沉后野风悲，汉月高时望不归。白骨已枯沙上草，家人犹自寄寒衣。”[③]许浑的《塞下》：“夜战桑干北，秦兵半不归。朝来有乡信，犹自寄征衣。”[④]这两首诗的意境相似，同样是借助于“寄寒衣”“寄征衣”之举来揭示战争的悲惨。参加作战的士兵已经捐躯沙场，变成了枯骨，但是家中的亲人尚不知晓，依然心存希望地按时寄棉衣御寒，读之令人心酸。这三首诗虽然都没有直接描写战争给人们带来的灾难，但是“春闺梦”“寄征衣”所展现的家人对征战在外的亲人的翘首期盼与黄沙枯骨的悲惨场景，形成巨大的反差，更加烘托出战争的悲剧性，深刻地反映了长期的边塞战争给人民带来的痛苦和灾难，寄托了诗人对和平安定生活的渴望。李商隐《汉南书事》中说，“几时拓土成王道，从古穷兵是祸胎”[⑤]，指出统治者的穷兵黩武是造成祸乱的根源。

---

① 中华书局编辑部点校：《全唐诗》（增订本），中华书局，1999，第4291页。

② 中华书局编辑部点校：《全唐诗》（增订本），中华书局，1999，第8579页。

③ 中华书局编辑部点校：《全唐诗》（增订本），中华书局，1999，第8544~8545页。

④ 中华书局编辑部点校：《全唐诗》（增订本），中华书局，1999，第6183页。

⑤ 中华书局编辑部点校：《全唐诗》（增订本），中华书局，1999，第6260页。

诗人白居易的《新丰折臂翁》[①]是一首比较具有代表性的反战诗。诗人通过新丰老翁口述自身的经历，来抨击唐玄宗时期的开边战争给人民造成的痛苦，表达了人们对战争的痛恨。诗中叙述了天宝年间唐朝为进攻南诏而征兵时人民的态度："村南村北哭声哀，儿别爷娘夫别妻。皆云前后征蛮者，千万人行无一回。"此次出征之前，唐军曾出兵南诏，结果败得很惨，士兵死伤无数。想到此次出征极有可能无法生还，人们不禁悲痛欲绝。新丰这位老翁当时正年轻，为了在选征兵丁时被淘汰以保存性命，不惜用大石头砸断了自己的右臂。虽然伤筋碎骨的确很痛，而且留下了严重的后遗症，"至今风雨阴寒夜，直到天明痛不眠"，但老人却"终不悔"，并以欣喜的口吻庆幸自己逃脱了兵役，保全了性命，让人读来倍感悲哀。在白居易的描述中，我们完全感受不到他对于老翁作为一名逃兵的谴责，反而给予他无限的同情，并把批判的矛头指向了穷兵黩武的统治者，"君不闻开元宰相宋开府，不赏边功防黩武。又不闻天宝宰相杨国忠，欲求恩幸立边功。边功未立生人怨，请问新丰折臂翁"。白居易将唐朝贤相宋璟与权臣杨国忠对战争的态度做了对比，其褒贬倾向不言自明。他痛恨为了实现个人邀功固宠的目的而制造战争的杨国忠之流，赞赏宋璟的"不赏边功防黩武"的做法，告诫统治者不要穷兵黩武，否则等不到建立战功，人民就已经怨声四起了。该诗不仅记叙了一桩天宝时期的往事，更表达了人民对不义战争的痛恨以及渴望和平的愿望。

唐代中后期诗人王建也写了大量的诗篇来反映战事的艰苦和民众反战厌战的情绪。王建出身寒微，一生潦倒，这使得他有机会接触社会下层人民，了解他们的疾苦。他曾从军数年，有过带兵征战的经历，对于战争的残酷有切身的体会。他写了很多与战争相关的

---

① 中华书局编辑部点校：《全唐诗》（增订本），中华书局，1999，第4705～4706页。

诗篇，如《凉州行》《陇头水》《关山月》《辽东行》《渡辽水》《送衣曲》《古从军》《远征归》等，都表达了反战的思想。在这些诗中，他忠实地记录了残酷无情的战争给人民带来的伤害，如《古从军》中写道："金疮在肢节，相与拔箭镞。闻道西凉州，家家妇女哭。"[①]诗人没有正面写战争最终的结局，但"家家妇女哭"道出了伤亡的惨重和征妇的哀伤。唐朝时期，唐太宗、唐高宗相继对高句丽出兵，战事长达数十年，给民众带来无尽的痛苦。王建的《渡辽水》和《辽东行》揭露了唐王朝远征高丽给人民带来的苦难。《渡辽水》中写道：

渡辽水，此去咸阳五千里。
来时父母知隔生，重著衣裳如送死。
亦有白骨归咸阳，营家各与题本乡。
身在应无回渡日，驻马相看辽水傍。[②]

该诗描述了征夫在赴辽东作战前的沉重心情。临行前，征夫已经料定自己没有生还的可能了，看到送归咸阳的"白骨"，征夫的心情更加悲伤，不知道自己此行会在何时死去。征夫的悲哀在字里行间表现得异常浓烈。《辽东行》中也说："年年郡县送征人，将与辽东作丘坂。宁为草木乡中生，有身不向辽东行。"[③]辽东气候恶劣，条件艰苦，征夫宁肯做无情的草木，终身守候在家乡的土地上，也不愿去辽东征战。诗中表露出来的不仅是厌战，更是强烈的反战情

① 中华书局编辑部点校：《全唐诗》（增订本），中华书局，1999，第3356页。
② 中华书局编辑部点校：《全唐诗》（增订本），中华书局，1999，第3373页。
③ 中华书局编辑部点校：《全唐诗》（增订本），中华书局，1999，第3369页。

绪。而《远征归》中“但令不征戍，暗镜生重光”[①]一句，则表现了诗人对太平之世的向往。

自古以来，战争就是一种获取利益的手段和途径，许多人将战争作为进身之阶，凭借战功立功封侯。但这功勋的取得却是以无数士卒的牺牲为代价的。不少诗人对立功封侯的本质进行了反思，诗人曹松在他的《己亥岁二首》中就一针见血地指出了这点，其中写道：

泽国江山入战图，生民何计乐樵苏。
凭君莫话封侯事，一将功成万骨枯。[②]

此诗作于唐僖宗广明元年（880年），描写的是前一年即唐僖宗乾符六年（879年）的战争。唐朝末年发生大规模农民起义，朝廷派兵镇压，大江以南也成为战场，全国处处笼罩在战争的阴云之下。在兵荒马乱的岁月中，百姓想砍柴割草度日也已不可能。该诗最后一句指出，将军立功封侯自然是荣耀显赫之事，但这背后却是以无数士卒在战场上为国捐躯，千千万万无辜的百姓因战乱而丧生为代价的。

诗人张蠙也深刻地感叹这种战争灾难，他在《吊万人冢》一诗中说：

兵罢淮边客路通，乱鸦来去噪寒空。
可怜白骨攒孤冢，尽为将军觅战功。[③]

① 中华书局编辑部点校：《全唐诗》（增订本），中华书局，1999，第3357页。

② 中华书局编辑部点校：《全唐诗》（增订本），中华书局，1999，第8318页。

③ 中华书局编辑部点校：《全唐诗》（增订本），中华书局，1999，第8161页。

该诗与曹松诗“一将功成万骨枯”异曲同工，从诗句中我们感受到的是普通民众的斑斑血泪，是诗人极为悲愤的心情。诗人刘商的《行营即事》也写道：

万姓厌干戈，三边尚未和。
将军夸宝剑，功在杀人多。[①]

广大百姓已经厌弃了战争，但战争仍然在持续不断地发生着，和平的局面依然没有实现，将军却矜功自伐，向人夸口自己杀人多。该诗不仅表达了民众的反战心理，也批判了将军为了个人功勋而不顾士兵死活的心态。此外，诗人刘湾《出塞曲》中的“死是征人死，功是将军功”、于濆《陇头水》中的“杀成边将名，名著生灵灭”均表达了此意。

古人的反战思想不仅仅体现在批判战争的残酷上，还表现在他们经常思考战争究竟能带来什么，比如唐朝诗人李颀的《古从军行》中说道：

闻道玉门犹被遮，应将性命逐轻车。
年年战骨埋荒外，空见蒲桃入汉家。[②]

连年征战，无数士兵牺牲在边关，埋尸于荒野，到头来获得了什么呢？仅换得葡萄从西域传到中原而已，这是多么具有讽刺意味的事情啊。诗中虽然写的是汉朝的历史，但其内容却是讽刺唐玄宗穷兵黩武的开边举措。

---

① 中华书局编辑部点校：《全唐诗》（增订本），中华书局，1999，第3456页。

② 中华书局编辑部点校：《全唐诗》（增订本），中华书局，1999，第1348页。

四、宋代诗词中的和平理念

宋代是民族战争十分频繁的时代。960年，赵匡胤通过陈桥兵变，兵不血刃夺取后周政权，建立宋朝，史称北宋。北宋建立后，按照“先南后北，先易后难”的战略方针，先后消灭了南方和北方的近十个割据政权，结束了五代十国的分裂局面。但是，自始至终，两宋都未完成对中国的大一统。北宋时，与之并立的少数民族政权，主要有契丹族建立的辽、女真族建立的金以及党项族建立的西夏等。北宋在与辽、西夏、金的交战中屡屡失利，不得不采取割地和赔偿的方式来换取暂时的和平。1125年，金和北宋联合灭辽。之后，金军两度南下进攻北宋，并在1127年掳走宋徽宗、宋钦宗和宋宗室嫔妃数千人。历史上把这次事件称为靖康之变。靖康之变标志着北宋的灭亡。同年，宋钦宗的弟弟赵构在应天府称帝，建立南宋。之后，宋金时战时和。这一时期，北方的蒙古也在崛起，成吉思汗及其继承者经过一系列战争，统一了蒙古各部，建立了政权。1227年，蒙古灭西夏。1234年，蒙古灭金。之后，蒙古不断进攻南宋，最终在1279年消灭了南宋最后一支抵抗力量，完成全国的统一，使中国再次出现大一统的局面。

如上所述，宋朝立国之初就处于严重的边患之中，其中一个主要压力来自西部的党项。宋太宗和宋真宗时期，宋与党项族建立的西夏之间经常发生战争。西夏多次打败宋军，不断向四周扩张，到宋仁宗时期已占领今宁夏全部、甘肃大部、陕西北部和青海、内蒙古自治区的部分地区。宋代许多诗词反映了宋夏之间的战争对民众生活的影响。宋仁宗康定元年（1040年），为了防御西夏进攻，宋仁宗下诏征集乡兵，用以备战，各路主管官员为了迎合上意，对百姓拼命压榨，导致民不聊生，百姓怨声载道。许多诗人在诗中描写了当时百姓的悲惨生活。梅尧臣即为典型代表。他出身农家，幼时家贫，后又长期在底层任官，比较了解民间疾苦，对于因朝廷战争而征兵给民众带来的苦难，表示强烈的愤慨和深切的同情。他在《田家语》一诗中写道：

谁道田家乐，春税秋未足。里胥扣我门，日夕苦煎促。
盛夏流潦多，白水高于屋。水既害我菽，蝗又食我粟。
前月诏书来，生齿复板录。三丁籍一壮，恶使操弓韣。
州符今又严，老吏持鞭朴。搜索稚与艾，唯存跛无目。
田闾敢怨嗟，父子各悲哭。南亩焉可事，买箭卖牛犊。
愁气变久雨，铛缶空无粥。盲跛不能耕，死亡在迟速。
我闻诚所惭，徒尔叨君禄。却咏归去来，刈薪向深谷。①

诗中指出，农民的处境十分悲惨，租税繁重，水灾、蝗灾的侵袭又使得农作物受到严重的灾害。生活已经如此艰难，现在兵役又进一步加重了他们的苦难。统治者下令，在三个百姓中抽一个人去做弓箭手，用以抵御西夏。州里的征兵十分严苛，连老人孩子都不放过，只有跛子和盲人得以幸免。面对官吏的逼迫，人们不敢抱怨，不仅没有劳力再去种田，还要卖牛买箭。盲跛之人无法劳作，死亡也是迟早之事。在天灾人祸的逼迫之下，百姓们已经走投无路。诗中描述的场景异常凄惨，令人不忍卒读。他在《田家四时》中也提到“自从备丁壮，及此常苦煎”，明确指出农民生活的艰辛主要原因在于朝廷“备丁壮”。

他的另一首诗《汝坟贫女》则是通过汝河边上一位贫家女子的哭诉来描写宋仁宗时期的兵役给人民带来的灾难和痛苦：

汝坟贫家女，行哭音凄怆。自言有老父，孤独无丁壮。
郡吏来何暴，县官不敢抗。督遣勿稽留，龙钟去携杖。

---

① 北京大学古文献研究所编：《全宋诗》，北京大学出版社，1991，第2791～2792页。

勤勤嘱四邻，幸愿相依傍。适闻闾里归，问讯疑犹强。
果然寒雨中，僵死壤河上。弱质无以托，横尸无以葬。
生女不如男，虽存何所当。拊膺呼苍天，生死将奈向。[①]

从贫女的哭诉中可以得知，家中只有她和老父相依为命，官吏来征兵，老父虽然年迈，却不敢违抗，只能拄着拐杖去应征。最终老父惨死在阴雨严寒中，露尸在壤河边上。女儿孤苦无依，无力安葬父亲，忍不住捶胸痛哭。其哭诉之声凄凉悲怆，催人泪下。从诗中我们可以体会到诗人对民生疾苦的同情以及人们对战争的厌恶、对统治者肆意征兵的愤恨。

在关于宋与少数民族之间的关系上，许多诗人表达了制止侵略、和平相处的主张。这一思想在范仲淹的诗文中多有体现。北宋仁宗天圣年间，范仲淹在应天书院执教，他曾作《铸剑戟为农器赋》一文，其中写道："兵者凶器，食惟民天……以谓前王锋镝，不得已而用之……上敦淳朴，下无战争，三农以之劝，万国以之平……去彼取此，息南征北伐之劳；小往大来，变东作西成之器。是知偃武者除其祸乱，劝农者臻乎庶饶。五野之丰登时至，四方之战斗声消。"[②]从文中不难看出，范仲淹认为，战争乃凶器，不得已才去运用它；理想世界是没有战争、国泰民安的。他在《与张焘太博行忻代间因话江山作》诗中说："数年风土塞门行，说着江山意暂清。求取罢兵南国去，满楼苍翠是平生。"[③]从这些字句中，可以深切地体会到范仲淹倡导罢兵、争取和平的良好愿望。

---

① 北京大学古文献研究所编：《全宋诗》，北京大学出版社，1991，第2792~2793页。

② 陈元龙辑：《历代赋汇》（第4册），北京图书馆出版社，1999，第247~248页。

③ 北京大学古文献研究所编：《全宋诗》，北京大学出版社，1991，第1902页。

被称为唐宋八大家之一的欧阳修一向主张以德怀柔，提倡各民族平等友好往来。在《送渭州王龙图》诗中，他这样写道：

汉军十万控山河，玉帐优游暇日多。
夷狄从来怀信义，庙堂今不用干戈。
吟余画角吹残月，醉里红灯炫绮罗。
此乐直须年少壮，嗟余心志已蹉跎。①

从诗文可以看出，欧阳修的理想是将兵力作为威慑力量，震慑夷狄，以此维护边境的和平与安宁。他相信，只要双方从信义出发，所谓的“夷狄”也非蛮横无理之辈，完全可以做到友好相处，实现“庙堂今不用干戈”。整首诗表现了诗人对民族之间和平共处的美好愿望。在《边户》一诗中他也描述了在边地世代而居的人民的生活：

家世为边户，年年常备胡。儿僮习鞍马，妇女能弯弧。
胡尘朝夕起，虏骑蔑如无。邂逅辄相射，杀伤两常俱。
自从澶州盟，南北结欢娱。虽云免战斗，两地供赋租。
将吏戒生事，庙堂为远图。身居界河上，不敢界河渔。②

由于战争频繁，边境不宁，边地人民长期处于备战状态，连妇女儿童都能骑马射箭。按照常理，征战者一般为男子，而妇女儿童谙习骑射则说明战事的紧急与频繁。“杀伤两常俱”反映了双方交战激烈，人员死伤无数。诗中接着描写了澶渊之盟以来双方和平共处的状态。澶渊之盟虽然免却了边地人民的战斗之苦，但盟约没有处理

① 北京大学古文献研究所编：《全宋诗》，北京大学出版社，1991，第3697页。

② 北京大学古文献研究所编：《全宋诗》，北京大学出版社，1991，第3630页。

好边户的归属问题，致使边户向两地都得交赋，甚至不敢前往家乡的河里去捕鱼。欧阳修希望统治者能够关注边户人民生活的艰难，维护好来之不易的各民族和平共处的良好局面。

自北宋末年开始，金人屡屡南下，战火从黄河流域蔓延到长江流域。金兵所到之处，烧杀抢掠，无论城市还是农村，都无不遭受战乱的影响。史载，金人攻陷北宋都城汴京后，纵火焚烧，大火三日不熄，宋朝官兵又乘机劫掠搜刮，金兵撤退后，昔日繁华的都城成为残破不堪的一片废墟。在洗劫汴京的同时，金人又“纵兵四掠，东及沂、密，西至曹、濮、兖、郓，南至陈、蔡、汝、颍，北至河朔，皆被其害。杀人如刈麻，臭闻数百里，淮、泗之间，亦荡然矣”①。此外，百姓在逃亡中被折磨致死或者因冻饿而死者，不可胜数。中原之祸，自书契以来未之有也。

面对如此巨变的国家局势，南宋文人创作了大量以战争为主题的作品，其中既有抗击金兵、收复中原的豪放之词，也有不少作品反映了金兵南下给人民带来的灾难，表达了厌战反战的情绪。诗人陆游一生忧国忧民，力主抗金，早年写下“孤灯耿霜夕，穷山读兵书。平生万里心，执戈王前驱”的爱国诗句，却屡遭挫折，备受打击。晚年退居山阴后，曾作《稽山农》一诗抒发自己的生活理想，其中写道：“安得天下常年丰，老死不见传边烽。利名画断莫挂口，子孙世作稽山农。”这首诗表达了诗人企盼天下没有硝烟战火、百姓安居乐业的愿望以及对和平安定的乡村生活的向往。

人称“白石道人”姜夔的《扬州慢·淮左名都》是一首大家非常熟悉的词。这首词写于宋孝宗淳熙三年（1176年）冬至日，姜夔描述了他在路过扬州时所目睹的战争洗劫后扬州城的景象。其中写道：

---

① 李心传：《建炎以来系年要录》，上海古籍出版社，1992，第76～77页。

淮左名都，竹西佳处，解鞍少驻初程。过春风十里，尽荠麦青青。自胡马窥江去后，废池乔木，犹厌言兵。[1]

扬州在唐代是最繁华的都市之一，经常见于诗人的笔端，如徐凝《忆扬州》中的“天下三分明月夜，二分无赖是扬州”、张祜《纵游淮南》中的“十里长街市井连，月明桥上看神仙。人生只合扬州死，禅智山光好墓田”、王建《夜看扬州市》中的“夜市千灯照碧云，高楼红袖客纷纷。如今不似时平日，犹自笙歌彻晓闻”等。北宋时期，扬州仍然是重要的经济文化中心。南宋建炎三年（1129年）和绍兴三十一年（1161年），金兵两次大举南下，扬州城遭到严重破坏，原来春风杨柳、繁花似锦的繁华街道，长满了青青的荠菜和野麦，放眼望去，满目荒凉。姜夔见此荒凉景象，心中感慨，于是写下了这首充满“黍离之悲”的名篇。他在词中虽然没有提及人们对战争的态度，但却指出，作为战争的幸存者，那些荒废的池苑和古老的大树，都厌恶再提起那场可恶的战争。废池、古树对战争尚且如此厌倦，深受兵灾之苦的人们对战争自然更是厌倦与痛恨。

诗人戴复古在他的《淮村兵后》中写道：“小桃无主自开花，烟草茫茫带晓鸦。几处败垣围故井，乡来一一是人家。”[2]金兵南侵以后，村庄遭到毁灭性破坏，荒无人烟，只剩下断壁残垣，作者见此荒凉的景象，忍不住推想，那些开着桃花的地方在战争之前应该也是宁静美好的村庄吧。整首诗，作者借景抒情，表达了对遭受兵乱民众的深切同情和对入侵金兵的痛恨。

《国殇行》是南宋诗人刘克庄创作的一首七言律诗：

---

① 唐圭璋编纂：《全宋词》，中华书局，1999，第2807页。

② 北京大学古文献研究所编：《全宋诗》，北京大学出版社，1991，第33596页。

官军半夜血战来，平明军中收遗骸。
埋时先剥身上甲，标成丛冢高崔嵬。
姓名虚挂阵亡籍，家寒无俸孤无泽。
乌乎诸将官日穹，岂知万鬼号阴风。①

南宋时期，继女真族不断侵扰之后，蒙古族的铁蹄也不断南下，南宋处于风雨飘摇之中。边疆的士兵在战场上浴血厮杀，很多人献出了自己的生命，尸体被掩埋之前，身上的铠甲也要被剥下来，然后被埋在乱坟堆中。一个“剥”字让人感觉心酸不已。士卒为国捐躯，其家人理应得到朝廷的抚恤，可他们却没有得到任何的报酬和抚恤，只是在阵亡士兵的册子上增加了一个名字而已。士兵的牺牲换来的军功使得那些将领的官位越来越高，可他们在加官晋爵的时候哪里还会想到那些死去的士兵呢？目睹此情此景，诗人万分痛心，用饱含血泪的笔墨痛斥了“一将功成万骨枯”的不合理现象，表达了对士兵遭遇的同情。

南宋时期，元军屡屡南下，企图灭掉南宋。诗人王中的《干戈》描述了战乱给人们带来的痛苦和伤害，表达了生逢乱世、遭遇离乱的感受。战乱迟迟不能平息，人们想躲避却无处可去，想干一番事业更是不可能，诗人的内心无比煎熬和痛苦，因此，在诗文最后表达了“安得中山千日酒，酩然直到太平时”的愿望。诗人渴望能得到中山仙人酿的千日酒，饮后一直醉到太平盛世再醒过来。从中我们可以体会到诗人对太平盛世的向往之情，当然这也是全天下人共同的期盼。

诗人汪元量创作的《湖州歌》②也描写了元军南下给南宋人民

① 北京大学古文献研究所编：《全宋诗》，北京大学出版社，1991，第36257页。

② 北京大学古文献研究所编：《全宋诗》，北京大学出版社，1991，第44027～44032页。

带来的痛苦。宋恭帝德祐二年（1276年），元军南下，攻占南宋都城临安，并将宋恭帝和皇室人员掳至大都。汪元量当时在南宋宫廷里担任琴师，也随之同行。国破家亡的惨痛经历给了汪元量巨大的震动与刺激，他用诗记述了当时的史事并抒发自己的感情。《湖州歌》就是他在被俘北行时作的组诗，共九十八首，记述了当时的议降经过以及他北上途中的见闻。《湖州歌》的第三十二首写道：

芦荻飕飕风乱吹，战场白骨暴沙泥。
淮南兵后人烟绝，新鬼啾啾旧鬼啼。

《湖州歌》的第四十九首写道：

长淮风定浪涛宽，锦棹摇摇上下湾。
兵后人烟绝稀少，可胜战骨白如山。

诗人描写的是遭受兵燹之灾后淮河平原的凄惨荒凉的景象。《湖州歌》的第三十八首描写的是北行途中的一个画面：

青天澹澹月荒荒，两岸淮田尽战场。
宫女不眠开眼坐，更听人唱哭襄阳。

《哭襄阳》是当时流传的一首民间歌曲。襄阳因为战略地位极其重要，一向是兵家必争之地。南宋咸淳三年（1267年），忽必烈派兵围攻襄阳，宋军进行了长期的抵抗，最终到咸淳九年（1273年）吕文焕力竭降元，襄阳失守，元军长驱直入。不久宋朝灭亡。诗人和宫女们被押解北上，夜里无法入眠，听到《哭襄阳》的歌曲，更是感到悲伤凄凉。该民歌字里行间包含着人民对战争的愤恨，也通过宫女的感受展示了人民在战乱中所承受的痛苦。

五、元明清时期文学作品中的和平理念

元灭南宋以后，结束了中国自唐朝末年以来长期分裂混乱的局面，再次实现了国家的大一统。此后，元军四处征战，发动了进攻日本、缅甸、越南、爪哇等国的战争。元中期以后，内乱频繁，民族矛盾和阶级矛盾不断激化，最终酿成了元末农民起义。在农民起义的打击和明朝军队的追击下，元惠宗仓皇北逃，元朝统治被推翻。纵观元朝历史，战争一直贯穿始终。清代赵翼曾评价说，自古用兵，未有如是久者。持续不断的战争无论给征战的士卒还是给普通民众，都带来沉重的负担。《元史·安南传》记载，元世祖至元二十三年（1286年），湖南宣慰司上疏时说，由于连年用兵日本和占城，赋役繁重，百姓疲惫不堪，士卒多有染疾病而死者，“四民废业，贫者弃子以偷生，富者鬻产而应役，倒悬之苦日甚一日”。面对兵连祸结的局势，元代文人写下了许多反战的作品，描述了民众在战火中遭受的苦难，表达了对战争的控诉以及对太平盛世的向往。

元朝文学作品的主要形式是元曲，其内容主要以离愁别恨、男女爱情为主，但是也有一些作品反映了民生疾苦，表达了对战争的态度。比较具有代表性的是元曲作家张可久的《卖花声·怀古二首》（其二），通过怀古感伤民生之苦：

> 美人自刎乌江岸，战火曾烧赤壁山，将军空老玉门关。伤心秦汉，生民涂炭，读书人一声长叹。①

作者通过秦汉时期的霸王别姬、赤壁之战、班超长驻西域不得归三个战例来说明，无论朝代如何更替、战争谁胜谁负，最终遭殃的都是平民百姓。

① 隋树森编：《全元散曲》，中华书局，1964，第826页。

与张可久齐名的另一位元曲作家张养浩在其《山坡羊·潼关怀古》中也写道：

> 峰峦如聚，波涛如怒，山河表里潼关路。望西都，意踌蹰。伤心秦汉经行处，宫阙万间都做了土。兴，百姓苦；亡，百姓苦！①

张养浩晚年赴陕西赈济饥民，在途经潼关时，吊古伤今，写下了这首怀古名曲。“兴，百姓苦；亡，百姓苦”，短短八个字道出了百姓之苦无比深重。历代王朝的兴亡大都是通过战争实现的，无论谁兴谁亡，带给百姓的只有痛苦和灾难。该诗与《卖花声·怀古》所反映的都是作者对战争的反感、对民众疾苦的关心。

元代剧作家施惠在《幽闺记》第十九折《偷儿挡路》中，通过对话的方式记录了百姓在乱世的战火中所遭受的苦难：

> （生）乱乱随迁客，纷纷避祸民。风传军喊急，雨送哭声频。
>
> （旦）子不能庇父，君无可庇臣。
>
> （合）宁为太平犬，莫作乱离人。
>
> （生）娘子，你看村庄篱落，一路上光景，好生伤感人呵！②

生逢乱世，人心惶惶，人们宁肯做太平年代的狗，也不愿做乱世中的人。夫妻二人的对话反映了人们渴望结束战乱、恢复和平稳定的心声。

---

① 隋树森编：《全元散曲》，中华书局，1964，第437页。

② 郭汉城总主编、傅晓航主编：《中国戏曲经典》（第一卷），山东教育出版社，2005，第253页。

元代诗人也写下了大量反战的诗作。元朝初年，很多诗人描写了蒙古军队灭金的战事，对蒙古军队的大肆屠杀掠夺进行了控诉，表达了对战争的厌恶之情。生活在金元之际的诗人元好问，在蒙古灭金前后，颠沛流离，饱受战乱之苦。在金朝灭亡以后，他满怀亡国之痛，发愤著述，其中不少诗歌反映了金灭亡前后处于战乱中人民的悲惨生活，最具有代表性的是《岐阳三首》中的第二首：

百二关河草木横，十年戎马暗秦京。
岐阳西望无来信，陇水东流闻哭声。
野蔓有情萦战骨，残阳何意照空城。
从谁细向苍苍问，争遣蚩尤作五兵。[1]

《岐阳三首》写于金代末年都城汴京沦陷前夕。岐阳城被蒙古军队攻破后，人民流离失所，哭声哀怨，战场上横尸遍野。面对这一凄惨景象，作者禁不住内心的悲愤，发出了对战争的谴责。他的另一首诗《望归吟》[2]，描写了一位征夫从军的经历与感受。这位征夫少年时期怀着“觅封侯”的壮志豪情随军出征，“去时只道从军乐，不道关山空白头”。出发时意气风发，但是很快就在现实面前碰了壁，直到白首仍未能归，这正是汉乐府民歌中所唱的“十五从军征，八十始得归”。“年年岁岁望还家，此日归期转未涯”，战争持续不断，归家的日子遥遥无期，亲人相见成为一种奢望，征夫的一生就这样耗费在了无休止的战争中。少年人出征时的壮志豪情与白首不能归的悲愤形成了鲜明的对比，让人在平静的叙述中感到浓浓的悲伤，字里行间流露出征夫渴望早日结束战争、重新过安定生活的美好愿望。

诗人杨弘道是与元好问齐名的北方巨擘。他先仕于金，后曾为

① 顾嗣立编：《元诗选》（初集），中华书局，1987，第63页。
② 顾嗣立编：《元诗选》（初集），中华书局，1987，第49页。

南宋襄阳府学教谕，入元以后不知踪迹。他历经三朝，一生流离转徙，对于战乱造成的苦难深有感触。他在《空村谣》一诗中描述了广大农村遭蒙古军队洗劫后的凄惨景象：“凄风羊角转，旷野埃尘腥。膏血夜为火，望际光青荧。颓垣俯积灰，破屋仰见星。蓬蒿塞前路，瓦砾堆中庭。”[①]整个村庄破败不堪，非常荒凉。村中身强力壮者因战乱而伤亡殆尽，仅剩老弱之人，人们无以为生，只能以树皮草根为食。在如此悲惨的境况下，官府不但不抚恤百姓，反而依然不放弃上门盘剥，这更加加重了百姓的苦难。从中我们可以体会到作者对民众的同情和对战争的厌恶。

越是在离乱之世，人们越是渴望太平，向往和平安定的生活。元代许多诗人在叙述了战乱、饥馑带来的灾难后，在诗的结尾都会表达对清平之世的向往。如诗人揭傒斯的《祖生诗》，叙述了一个名叫祖生的孝子，自幼因战乱与母亲离散，历尽艰辛，最终与失散二十八年的母亲团聚。诗文揭示了因战乱而导致的百姓骨肉分离、家破人亡的悲惨状况，最后写道：“同时乡井被兵者，几人骨肉能生全。愿生母子长寿考，四海升平永相保。”[②]诗人刘因在其诗《百晬诗》中说：“老年生子吾何愿，所愿常推欲及人。但愿无灾保家外，一生常作太平民。”[③]这些无不反映出元代文人渴望政治清平，企盼没有战乱，一生都过太平的日子。

特别值得一提的是诗人萨都剌的作品。萨都剌生活在元朝中后期，是回族人，祖上因功得以镇守云州、代州，定居雁门。元泰定四年（1327年），萨都剌以弱冠之年进士及第，开始步入宦游生涯。当时民族矛盾日益尖锐，农民起义不断发生，他目睹了战争中农民的悲惨状况，写下了很多反映黎民之苦、渴望和平的诗篇。他

① 周啸天主编：《元明清诗歌鉴赏辞典》，商务印书馆，2011，第15页。
② 顾嗣立编：《元诗选》（初集），中华书局，1987，第1053页。
③ 邓之诚：《骨董琐记》，中国书店，1991，第49页。

一生诗作很多，其中不少以反战为主题。他的《征妇怨》与历史上诸多描述征妇幽怨之情的作品有所不同，角度十分新颖。诗篇开始就说：“有柳切勿栽长亭，有女切勿归征人。”[①]乍看上去，这首诗是写征战的频繁以及征妇对征人的思念，可诗人笔锋一转，讲述了一位征妇好不容易盼到丈夫凯歌而还，可没想到丈夫立功做官以后却另有新欢，自己变成了弃妇。诗人从侧面描写了战争给女性造成的悲剧。《漫兴》一诗描写了连年战祸对人民生活的破坏：“去岁干戈险，今年蝗旱忧。关西归战马，海内卖耕牛。”[②]而在《过居庸关》[③]一诗中，诗人则表达了对战争的厌恶和对和平的渴望。诗中描述了战事的惨烈，“草根白骨弃不收，冷雨阴风泣山鬼”，“夜来芟豆得戈铁，雨蚀风吹半稜折。铁腥惟带土花青，犹是将军战时血”。战场上的将领们可立功受赏、加官封爵，而广大士卒却变成了无人问津的无辜亡魂。诗人怀着悲愤的心情喊出了全天下人民的共同愿望：“上天胡不呼六丁，驱之海外消甲兵？男耕女织天下平，千古万古无战争！”在其诗《题画马图》中他也同样发出了“要令四海无战争，千古万古歌太平”[④]的呼吁。

元朝末年，贪官污吏横行，土地兼并现象严重，加之黄河、淮河多次决口泛滥，自然灾害等不断发生，导致阶级矛盾和民族矛盾日益尖锐，农民起义不断出现。为了镇压农民起义，统治者大肆征兵，给人民生活造成极大的痛苦。元代后期的诗人创作了许多反战的诗作，如诗人成廷珪的《戚戚行》中写道：

戚戚复戚戚，白头残兵向人泣。
短衣破绽露两肘，自说行年今七十。

---

① 萨都拉：《雁门集》，上海古籍出版社，1982，第196页。
② 萨都拉：《雁门集》，上海古籍出版社，1982，第63页。
③ 萨都拉：《雁门集》，上海古籍出版社，1982，第155～156页。
④ 萨都拉：《雁门集》，上海古籍出版社，1982，第268页。

军装费尽无一钱，旧岁官粮犹未得。
朝堂羽书昨日下，帅府然灯点军籍。
大男荷锸北开河，中男买刀南讨贼。
官中法令有程期，笳鼓发行星火急。
阿婆送子妇送夫，行者观之犹叹息。
老身今夕当守城，犹自知更月中立。[①]

成廷珪生活在元朝末年，他不求仕进，隐居于家奉养母亲，以吟咏自娱。后来发生红巾军、张士诚起义后，在好友张翥的劝说下避乱江南。他将自己的所见所闻和对元末战争的感触通过诗文表达出来。《戚戚行》中叙述的主人公“白头残兵”已经七十岁了，按照正常的兵役制度，早已不需要服兵役了，而统治者为了应对频繁的战争，七十岁的老人犹充行伍。老兵的遭遇非常凄惨，衣衫褴褛，生活窘迫，服兵役时的装备费用已经耗尽家里所有钱财，而前一年的军粮被拖欠至今仍未领到。两个儿子都已被征兵，老兵晚上也要去守城。“阿婆送子妇送夫”的场景令人心酸不已，诗中流露出诗人对战争的厌倦情绪。在《六月八日》一诗中，成廷珪也表达了乱世中社会下层人民的无奈：“世事今如此，吾生可奈何。海东仍盗贼，颍上复干戈。”[②]而《灯下有感》中的“山林乐土非畴昔，兵火残民思太平”[③]，表达了对和平生活的向往。

元朝末年，天下大乱，朱元璋趁机崛起。1368年正月，朱元璋在南京称帝，建立明朝。同年八月，元朝首都大都被攻陷，元朝统治结束，但是明朝尚未实现统一。元朝最后一位皇帝元惠宗北遁以后，又建立了北元，而且元朝在各地仍有残存力量，还有许多在元末起义中建立起来的割据政权，都对明朝统治形成威胁。因此，明

① 顾嗣立编：《元诗选》（二集），中华书局，1987，第652页。
② 顾嗣立编：《元诗选》（二集），中华书局，1987，第665页。
③ 顾嗣立编：《元诗选》（二集），中华书局，1987，第701页。

太祖朱元璋称帝后，又南征北战二十多年，才最终实现统一大业。这一时期不少诗人描述了渴望结束战乱的愿望。明朝开国元勋刘基是朱元璋身边的重要谋士，在辅佐朱元璋推翻元朝统治、建立明朝的过程中发挥了重要的作用。他亲身经历了元末明初的战争，对战争带来的灾难深有感触，其《会稽》一诗中的“安得普天休战伐，不令竹箭困输供”[①]，表达了对完成统一、结束战争的渴望。

被称为“明初诗文三大家”之一的诗人高启，生活在元、明交替之际，对战争有着亲身体验，他的不少诗描写了人民在天灾兵燹下的苦难，较为著名的有《过奉口战场》《早过萧山历白鹤柯亭诸邮》《闻长枪兵至出越城夜投龛山》《练圻老人农隐》等，其中以《过奉口战场》写得最为生动具体：

路回荒山开，如出古塞门。惊沙四边起，寒日惨欲昏。
上有饥鸢声，下有枯蓬根。白骨横马前，贵贱宁复论？
不知将军谁，此地昔战奔。我欲问路人，前行尽空村。
登高望废垒，鬼结愁云屯。当时十万师，覆没能几存。
应有独老翁，来此哭子孙。年来未休兵，强弱事并吞。
功名竟谁成，杀人遍乾坤。愧无拯乱术，伫立空伤魂。[②]

因为战争，内地变得像边塞一样凄凉，“惊沙”“寒日”“饥鸢”“枯蓬”这些词汇无不衬托出一种悲凉的气氛，而“白骨”更是昭示着战争的惨烈。十万之师几乎全军覆没，只剩下累累白骨，已经分不清谁是士兵，谁是将军。但是在功名的刺激下，战争却仍然在继续。诗人通过描写元末战乱的残酷，传达出强烈的反战思想。他的另一首诗《登金陵雨花台望大江》，则表达了对全国统一

① 羊春秋选注：《明诗三百首》，岳麓书社，1994，第10页。
② 张新科主编：《中国古代文学》（下），陕西师范大学出版总社，2018，第118页。

的喜悦之情。由于目睹了元末战乱导致的民生凋敝景况，当明王朝定鼎中原后，高启表达了结束战乱的欣喜之情，其中写道："我生幸逢圣人起南国，祸乱初平事休息。从今四海永为家，不用长江限南北。"[①]诗中歌颂了朱元璋起兵结束了四分五裂状态，统一了中国，战乱得以平息，表达了饱经战乱的人民渴望结束战争、渴望安居乐业、"四海永为家"的愿望。

明朝中期，东南沿海一带的倭寇十分猖獗，严重破坏了人民的和平生活，危及人们的生命财产安全，使得中国的海疆不得安宁。因此，明朝政府组织兵力进行抵抗，战争中涌现出了戚继光、俞大猷等伟大的抗倭民族英雄，随之也出现了许多描写抗击倭寇的诗歌。戚继光的诗大多表现了坚定不移的抗倭决心，如《寄书》一诗的"男儿铁石志，总是报君心"[②]、《马上作》中的"南北驱驰报主情，江花边月笑平生。一年三百六十日，多是横戈马上行"[③]等，都表达了誓死保卫海疆，以报君恩的决心。但是戚继光并不嗜血好战，他抗击倭寇的目的是实现国家的和平稳定。他在年轻时期就写下了"封侯非我意，但愿海波平"的慷慨诗句，表达了个人无意封侯、只求国家和平安定的宏伟愿望。后来，他在《题万年宫壁》一诗中也说道："一剑横空星斗寒，甫随平虏复征蛮。他年觅取封侯印，愿向君王换此山。"[④]诗中流露出诗人渴望早日结束战争，功成身退的想法。

明朝初年，在朱元璋的打击之下，北方的蒙古分裂为兀良哈、

---

① 羊春秋选注：《明诗三百首》，岳麓书社，1994，第36页。

② 蓬莱市历史文化研究会编：《戚继光诗稿》，黄河出版社，2007，第38页。

③ 蓬莱市历史文化研究会编：《戚继光诗稿》，黄河出版社，2007，第62页。

④ 蓬莱市历史文化研究会编：《戚继光诗稿》，黄河出版社，2007，第68页。

鞑靼和瓦剌三大部，分布在东起辽河、北至贝加尔湖、西跨额尔齐斯河的广大地域。瓦剌经过长期发展，到15世纪初期，势力十分强大，不断南下侵扰，常有吞并中国之心。1449年，瓦剌实权派人物率军进攻中原。瓦剌骑兵一路所向披靡，大同周边地区很快陷落，京师震惊。明英宗不顾群臣劝阻，在太监王振的怂恿之下，御驾亲征。结果在怀来城外的土木堡被俘。面对皇帝被俘、瓦剌大军兵临北京城下的危机局面，在爱国大臣于谦等人的主持之下，明朝军民众志成城抵御瓦剌，最终取得了北京保卫战的胜利，保住了明朝都城，使局势转危为安。于谦的《出塞》和《入塞》就反映了明军抗击瓦剌的战争情况以及渴望和平的心情，其《入塞》诗中说：

将军归来气如虎，十万貔貅争鼓舞。
凯歌驰入玉门关，邑屋参差认乡土。
弟兄亲戚远相迎，拥道拦街不得行。
喜极成悲还堕泪，共言此会是更生。
将军令严不得住，羽书催入京城去。
朝廷受赏却还家，父子夫妻保相聚。
人生从军无奈何，岁岁防边辛苦多。
不须更奏胡笳曲，请君听我入塞歌。①

该诗描写了出征将士凯旋与亲人相见时的动人情景以及战争给人民带来的灾难。“邑屋参差认乡土”，将士们凯旋，途经遭受敌人蹂躏过的已经变得面目全非的村庄，经过仔细辨识才认出那里是自己的家乡。听说大军凯旋，父老乡亲纷纷拥上街头相迎接，诉说离别之情。“共言此会是更生”句尤为感人，在家的亲人们从瓦剌铁蹄下挣扎过来，征战的将士们在战场上侥幸生还，忍不住庆祝能够此

① 林寒选注：《于谦诗选》，浙江人民出版社，1982，第22～23页。

处相见得以团聚。最后诗人发出了对战争的感慨：人人都渴望父子相聚、夫妻团圆，没有人愿意抛家离舍去过颠沛流离的戍边生活，战争只不过是面临外敌入侵时不得已而为之的事情。如今瓦剌已经被击退，边境安宁，再也不用为瓦剌之事担惊受怕了，再也不用听那惊心动魄的胡笳号角了。整首诗不仅写出了战争给人民造成的生活上和心理上的创伤，也反映了人民反对战争、酷爱和平的心理。明代诗人敖英的《塞上曲》也是一首战争诗，该诗结尾写道："几时征战息，壮士尽还家？"[①]结束战争，返还家园，永享太平，不仅是诗人的愿望，也是饱受战乱的人们共同的期望。

除了诗歌以外，明代小说中也有不少描述战争的内容。以明代文学家冯梦龙的小说为例，他的"三言"内容虽然以言情为主，但他在叙述故事的时候往往将人物的命运置于宋金、宋元战争的大背景中，描写战争背景下民众的悲惨命运，表达对和平生活的渴望。在冯梦龙的小说中多次出现的一句话就是"宁为太平犬，莫作乱离人"，如《醒世恒言》卷三《卖油郎独占花魁》虽然写的是临安名妓莘瑶琴和卖油郎秦重之间的爱情故事，但是开篇却在讲述宋金战争对民众生活的影响。北宋末年，金兵南下，靖康二帝被掳，高宗赵构泥马渡江，偏安一隅，天下分为南北，百姓四散奔逃，流离失所，生活痛苦不堪。文中描述，当时的情况是"城外百姓，一个个亡魂丧胆，携老扶幼，弃家逃命"，"忙忙如丧家之犬，急急如漏网之鱼。担渴担饥担劳苦，此行谁是家乡。叫天叫地叫祖宗，惟愿不逢鞑虏。正是：宁为太平犬，莫作乱离人"。[②]《醒世恒言》卷十九《白玉娘忍苦成夫》中也讲到，程万里目睹元兵入侵中原时的情景：逃难的百姓"哭哭啼啼，耳不忍闻"，"每日间，见元兵所

① 沈德潜、周准编：《明诗别裁集》，上海古籍出版社，2013，第153页。

② 冯梦龙：《醒世恒言》，北方文艺出版社，2018，第19～20页。

过，残灭如秋风扫叶，心中暗暗悲痛。正是：宁为太平犬，莫作离乱人”。[①]明朝时期，倭寇之患极为严重，尤其以嘉靖年间最为严重，他们经常劫掠沿海的商船和百姓，给民众生活带来极大灾难。《喻世明言》卷十八《杨八老越国奇逢》中，讲述杨老八离开漳州准备返乡时，遭遇倭寇之乱，当时的情况极为混乱："舟车挤压，男女奔忙。人人胆丧，尽愁海寇恁猖狂；个个心惊，只恨官兵无备御。扶幼携老，难禁两脚奔波；弃子抛妻，单为一身逃命。……正是：宁为太平犬，莫作乱离人。"[②]

晚清诗人王闿运在诗文方面有较高的成就，他生活在战争较为频繁的年代，当时清朝面临内忧外患，既有太平天国起义，也有帝国主义的外来侵略，因此，他的诗中有不少反映了社会的动乱。太平天国农民起义期间，王闿运参加曾国藩的幕府，亲眼看到了州县遭遇战争后的惨状，如他在《弥之过敝县，止而觞之建福寺，见赠长歌，和作一首》中描述道，"寸步荆榛过州县"，"市中十室九闭门"，"东南五载困兵燹，道路百里生蒿莱"；[③]在《赠族兄世禔》中也感叹，"兵多令军败，民蹙赋愈繁。谁能顾家室，父子不相完"，"白骨何纵横，峥嵘恐游子"。[④]虽然王闿运在诗中经常颂扬湘军，敌视太平天国，但是对战争带来的灾难却显示出厌倦之情。1860年，王闿运离京南下时，正值英法联军内犯，京师吃紧。他颇有感触，在《自京赴济南道中，秋兴》一组诗中将所目睹的景象记录下来，在旅途上，诗人看到的是"晚麦疲民种，荒田积水腥"，"清沸接黄流，平田岁不收"，这些无不表达了诗人对战乱

① 冯梦龙：《醒世恒言》，北方文艺出版社，2018，第225～226页。

② 冯梦龙：《喻世明言》，北方文艺出版社，2013，第153～154页。

③ 王闿运著，马积高主编：《湘绮楼诗文集》，岳麓书社，1996，第1232页。

④ 王闿运著，马积高主编：《湘绮楼诗文集》，岳麓书社，1996，第1258～1259页。

中民众疾苦的关心。[①]

清代陈尚古的《簪云楼杂记》中记载了顺治年间漳州城被围困时的惨状。顺治九年（1652年），因为南明政权与清廷的对垒，导致漳州城经历了长达七个月被围困的惨烈时光。文中记载，由于漳州城被围困日久，城中粮食断绝，出现了人食人的惨况。七个月的时间里，相继饿死的人数以万计，等到漳州城解围之时，城中仅剩下一二百人。文中记载了这样一件事情，漳州城危急的时候，有个读书人与妻子儿女在家悲恸而死，其邻居的儿子就把尸体偷去煮着吃，却发现死者的肠子中都是无法消化的纸絮，于是放下筷子自杀身亡了。面对如此惨绝人寰的状况，作者不禁感慨，“帝王不勤兵远略，其德可谓至矣”。[②]厌战反战的情绪跃然纸上。

此外，清代顾炎武《海上》一诗中的“十年天地干戈老，四海苍生痛哭深”、方登峰《霜迟乐》中的“但愿年年不出兵，官兵皆作农夫老”等诗句，都表达了人们对战争的厌恶之情以及渴望罢兵休战、过和平安定生活的美好愿望。

---

① 王闿运著，马积高主编：《湘绮楼诗文集》，岳麓书社，1996，第1298～1299页。

② 孙文光编：《中国历代笔记选粹》（上），华东师范大学出版社，1998，第44页。

第五章

中国和平文化的特点与当代价值

和平与战争是人类历史永恒的主题，和平比战争更符合人的本性要求。然而当今世界正处于百年未有之大变局，霸权主义、恐怖主义、强权政治、军备竞赛等危险因素肆虐全球，地区动荡和冲突及局部危机仍频频发生，战争仍然是悬挂在人们头上的达摩克利斯之剑。

为了摆脱和消灭战争，人们不断在思考和探索争取未来持续甚至永久和平的问题。就当今世界人类和平的进程而言，正在从局部的、暂时的、非公平的低层次和平走向全面的、持久的、公平的高层次和平。而所谓向高层次和平的演进，即由过去临时的非战状态到各国间相对稳定、公平的交流与合作，然后再到平等、互利、共荣的和谐国际秩序，最后到全球每个人、每个民族都能自由自主发展的和平理想境界。

历史上解除战争威胁的手段和途径有很多，而最关键的还是要在关于和平的思想认识上有新的观念和新的突破。联合国教科文组织总部大楼前的和平宣言中写道："战争起源于人之思想，故务需于人之思想中筑起保卫和平之屏障。”①日本哲学家池田大作曾指出：“所谓和平是相互之间不加任何恐怖于对方，相互衷心信赖，相互爱护的一种状态。”②这是从人类最基本的认知和感情上谈和平。

习近平总书记在纪念中国人民抗日战争暨世界反法西斯战争胜利70周年大会上指出：“为了和平，我们要牢固树立人类命运共同体意识。偏见和歧视、仇恨和战争，只会带来灾难和痛苦。相互尊重、平等相处、和平发展、共同繁荣，才是人间正道。”③这是立足于人类未来发展的整体和长远利益谈和平。

总之，在人类和平发展的问题上，既要有对旧的和平观念的继承和发展，也要有对未来新的和平理念的拓展和创新。这就需要我们回顾历史，反思当代，既要深入总结中华民族和平文化的历史特点，也要努力揭示其未来发展的长远价值和意义。

一、根深蒂固的和平文化传统

习近平总书记曾指出：“自古以来，和平就是人类最持久的夙愿。”④著名国际政治学者庞中英先生曾经谈道：“人们根深蒂固的一个信仰和渴望就是和平。爱好和平属于人的本性之一。追求和平则是人类的事业。”⑤

用上述两句话来形容中华民族的和平文化是再合适不过的。

---

① 习近平：《论党的宣传思想工作》，中央文献出版社，2020，第61页。

② 池田大作、阿·汤因比：《展望21世纪——汤因比与池田大作对话录》，荀春生、朱继征、陈国梁译，国际文化出版公司，1999，第241页。

③ 习近平：《在纪念中国人民抗日战争暨世界反法西斯战争胜利70周年大会上的讲话》，《人民日报》2015年9月4日第2版。

④ 习近平：《在南京大屠杀死难者国家公祭仪式上的讲话》，《人民日报》2014年12月14日第2版。

⑤ 庞中英：《和平崛起：关键在“和平”》，《党政干部文摘》2004年第4期。

“和平”可谓中华民族和中国文化最基本的精神与理念之一。自古以来，有关和平的种种文化元素既内藏于中国人的心灵深处，又外显于中国人的行为和规范中，可以说是无处不在，无时不有，处处渗透于社会的各个角落和不同阶层的人群中。比如，就统治阶层而言，“太平盛世”始终是他们治国理政的最高理想；就士阶层而言，“为万世开太平”是他们终极的人生目标；就平民阶层而言，“安居乐业”是他们心目中的美好生活。

然而，在当今世界中国崛起的形势下，西方人最为疑虑和最为担心的问题却是：随着中国市场经济和总体国力的发展，它必然直接或间接地走向地区霸权主义，以后也必将走向世界霸权主义。这种看法在西方世界中相当普遍，而且也符合他们的发展逻辑和竞争法则。以至于像大卫·哈维这样的新马克思主义者也认为，中国正在走向另一种类型的帝国主义。他曾言：“真正的大量的剩余正在东亚和东南亚积聚。可确认的帝国主义实践也正在这个地区出现，中国通过重新确定自己的领土权力概念的非常古老的逻辑，来积极寻求摆脱其自身资本剩余的途径。”①

西方著名历史学家亨廷顿更是以他的“文明冲突论”，推测中国必然走向对外扩张和霸权主义。他强调，这是中国经济高速发展的必然结果，世界上所有大国，包括英、法、德、美、日本和苏联等，都在高速工业化和高速经济增长的同时进行了对外扩张和自我伸张，也都实行了帝国主义。在这一问题上，中国不可能被排除在外，中国的经济和军事实力增强后，一定会采取同样的做法。

然而，真正了解中国历史文化的人是不会有上述看法的。比如，美国著名历史学家、汉学家费正清教授就曾将1789的法国大革命和1949年的中国革命进行了比较分析。他认为，法国大革命不

① 转引自吴晓明：《论中国学术的自我主张》，复旦大学出版社，2016，第61页。

仅使民族国家发扬光大，而且用暴力扩展了法兰西国家的实力；与之相反的是，1949年中国革命以后，虽然外界预料它会对外侵略扩张，它却出人意料地没有这样做。

曾经在明代来华传教的意大利传教士利玛窦，在深入考察了中国的政治、民俗与文化后，也断定中国不可能去侵略和奴役周边弱小的国家。他认为，中国虽然有装备精良的陆军和海军，也很容易征服相邻的国家，但它的上层统治者及下层人民却从来没有想过要这样做，他们没有征服的野心，他们对自己已有的东西非常满足。在这一点上，欧洲人与中国人有很大的不同。

在近代史上，即使以批评与否定中国历史与文化而扬名的日本学者桑原骘藏，也承认中国有和平主义的思想传统。而且，他强调中国统治者对这种和平思想的宣扬，造成了中国人温和、文弱的性格特点。他说，视兵役为苦楚、厌恶战争的中国人，一般不侵略外国。中国除非不得已，决不诉诸武力。

德国著名历史学家、政治学家马克斯·韦伯，在政治、哲学等思想文化领域具有敏锐的观察力和深刻的洞察力。他认为，中国静态的经济生活使得中国的战神从来没有西方文化中诸战神那样的崇高地位。相反，中国的皇帝早就不是武士的君主，他亲行耕作的仪式，是农民的保护神，也正因如此，纯粹的大地神话信仰从来就不具有支配性的意义。而且，随着中国的文官当政，意识形态很自然地转向了和平主义。

总之，依据中国的历史和文化传统，中国自然而然流传下来的只能是和平主义的理念，而不可能是西方人逻辑推理中的扩张主义和霸权主义。对此，我们可以结合中国早期的文化原典中的内容予以分析。

《周易》是中国文化的母体，是最早探索宇宙世界发展演变规律的中国文化典籍，也代表了中国早期的宇宙观和世界观。《彖传》在解释“咸”卦时有云：“天地感而万物化生，圣人感人心而天下和平。”从这句话来看，中国人不仅将“天下和平”作为政治上的理想态，更将其作为世界本然的存在状态。

儒家尚和的基本思想理念及大同理想也是中国和平思想的重要源头，而道德上的修身与自我要求则是实现其和平理想境界的主要手段和途径。

《论语·学而》有云：“礼之用，和为贵。先王之道，斯为美，小大由之。”孔子把“克己复礼”作为实现其“仁政”理想的主要途径和手段，而“和”又是礼治实践的核心内容和主要精神。

《尚书·尧典》则云：“克明俊德，以亲九族。九族既睦，平章百姓。百姓昭明，协和万邦。黎民于变时雍。”就这段话看，从“亲九族”的家庭与家族和谐到“平章百姓”的国家与社会和谐，最后到“协和万邦”的天下和谐，是儒家思想追求和平的基本思路和内在逻辑。

《礼记·大学》更明确提出“修身齐家治国平天下”的著名思想。“古之欲明明德于天下者，先治其国；欲治其国者，先齐其家；欲齐其家者，先修其身……身修而后家齐，家齐而后国治，国治而后天下平。”北宋著名思想家张载进一步指出，作为士人在世的意义和价值就应该是“为天地立心，为生民立命，为往圣继绝学，为万世开太平”。儒家具有注重个人修养并以此服务于政治的优良传统，而“为万世开太平”则是其最终的政治理想目标。

道家思想中的和平理念是以其自然无为及阴阳和谐观念为基础的。如《老子·四十二章》有云：“万物负阴而抱阳，冲气以为和。”其要旨是，天下万事万物都与阴阳联系在一起，宇宙万物在经过阴阳之间的矛盾和冲突之后，最终实现了阴阳和谐的状态。再如，《老子·五十五章》讲，“和曰常，知和曰明”，就是说，阴阳和谐是天地万物的常态，认识了这一常态就是明达了一切事理。

由此看，阴阳调和与万物和谐是道家和平思想的内在逻辑。在道家看来，无论是自然界还是人类社会，在经过阴阳对立平衡以后，就会万物并生，风调雨顺，所以，统治者不必过分有为，只要顺其自然，就会国泰民安，天下和平，如此也就不会有战争暴力和灾难。如《庄子·天道》云：“与人和者，谓之人乐；与天和者，谓之天乐。”《文子·上义》也谈到：“衣食饶裕，奸邪不生；安乐无事，天下和平。”

墨子是一位大爱无言的圣贤和智者，是千百年来广大底层劳动人民的真正代表。《墨子·兼爱中》主张：“天下之人皆相爱，强不执弱，众不劫寡，富不侮贫，贵不敖贱，诈不欺愚。”也正因为有这种不分等级和差别的伟大博爱思想，墨子反对战争的态度最为坚决，对和平理想的追求也最为真挚。在他看来，如果天下之人彼此相爱，国家之间不互相攻打，家与家之间不互相争夺，天下没有盗贼，君臣父子都能做到忠孝慈爱，这样天下就太平了。另外，为了实现永久和平的理想，他还创立了墨家学派，并提出积极防御理论，从而切实担当起反对大国侵略、保障小国安宁的责任与义务。

兵家是中国和平思想践行的理性代表。兵家虽然指导和研究战争，但并不崇尚战争和暴力，如《孙子兵法·谋攻篇》讲：“故上兵伐谋，其次伐交，其次伐兵，其下攻城。”孙子追求的理想战争目标是非暴力的全胜。更重要的是，兵家还试图劝导战争决策者停止战争行动，如战国时期的吴起劝告魏文侯不要穷兵黩武，认为打胜仗越多可能反而造成的祸患就越大。孙武的后人孙膑也对齐威王说：“然夫乐兵者亡，而利胜者辱。兵非所乐也，而胜非所利也。”李筌《太白阴经·贵和》亦言：“先王之道，以和为贵。贵和重，人不尚战也。”这些论述都反映了兵家热爱和平的优良传统，也反映了“自古知兵非好战”的和平理念。

更值得注意的是，中国历史上的统治者也多能从历代兴替的轮回中汲取教训，进而实行以德政怀柔天下的治国大略。如《后汉书·光武帝纪》记载，身经百战的刘秀在登上皇帝宝座之后，每日与群臣谈论六经而禁言兵事，当太子向他请教攻战之事时，他直言

“昔卫灵公问陈，孔子不对，此非尔所及”。《后汉书·臧宫传》记，当臣下提议趁匈奴内乱而发兵攻击时，光武帝也引道家无为思想严词拒绝，其理由是：一心致力于开拓土地往往造成土地荒芜，诚心追求以德治国者必定强盛。人越是贪婪多欲，越是走向残灭，国家也越是走向衰败。“今国无善政，灾变不息，百姓惊惶，人不自保，而复欲远事边外乎？”

最后，中国广大平民阶层更渴望和平安定的生活。比如，《诗经·邶风·击鼓》中经典的名句“执子之手，与子偕老”，反映了青年男女对和平生活的向往。再如，在元代施惠《幽闺记·偷儿挡路》中，也有“宁为太平犬，莫作离乱人”的民谣，也反映了一般平民百姓对和平生活的热切呼吁。另外，还有很多文学作品非常现实地反映出百姓向往和平生活的心声，如《韩诗外传》卷三云：“太平之时，民行役者不逾时。男女不失时以偶，孝子不失时以养。外无旷夫，内无怨女。上无不慈之父，下无不孝之子。父子相成，夫妇相保。天下和平，国家安宁。”就连广大妇女也希望在和平年代生儿育女，如《毛诗正义》卷一云：“今天下和平，于是妇人始乐有子矣。”

值得注意的是，中国的和平理念与思想是以古代的农耕文明为基础的，而且钱穆先生认为，中国为举世唯一的农耕和平文化最优秀之代表。这其中的深刻原因在于：中国内陆拥有广袤的地理生存空间，这为人们以农业为主的日常生产和生活提供了基本条件。许多古代的民族和部落不论散居何地，只要是能够定居下来，就有条件从事农耕生活，就不再需要为争夺生存空间而惨烈厮杀。另外，中国人早就有“四海之内皆兄弟”的天下意识，中原王朝对于边疆各族，大多执行怀柔安抚与文教德化之策，正如《论语·季氏》中所说的：“故远人不服，则修文德以来之。既来之，则安之。”正是因为这样的生产生活方式和睦邻安邦的和平理念，中华民族内部不断融合，不断成长，从而成为世界历史上唯一延绵不绝的文明实体。

英国著名哲学家罗素对于中国的和平理念曾有专门的总结论述，他说："如果在这个世界上有'骄傲到不屑打仗'的民族，那就是中国。中国人天生宽容而友爱、以礼待人，希望别人也投桃报李。"[①]

罗素认为，中国的繁盛是完全靠自己的能力形成的，而欧洲各国的繁盛是靠侵略弱国而来的。与此密切联系的是，中国人的立国之本在于更宽厚、更慈善的观念，而欧洲人的人生观推崇竞争、开发、破坏、永无平静、永不知足。此种竞争倾向容易导致毁灭的结局，所以西方人需要借鉴中华文明以弥补自己的不足。

二、注重道德伦理是中国和平文化的主要特色

中国和平文化的最大特色是德性力量发挥了主导性作用。这一点与西方的和平理论形成了鲜明的对比。

西方人关于和平理论研究的突出成就是康德于1795年写成的《永久和平论》。这位哲学大师看到了西方所谓"文明国家"对异族国家的征服、压迫和奴役，所以，他在痛恨这些不正义的同时，试图通过一种"哲学的规划"来建立永久性的和平，它包括合乎理性的共和国、自由国家联盟以及世界公民体制等。书中的许多内容饱含了人类的道德要求和正义感，这也是人们永远对他充满敬意的重要原因。更重要的是，康德的永久和平论是坚决不妥协地反对战争的，如"同时理性从其最高的道德立法权威的宝座上，又要断然谴责战争之作为一种权利过程，相反地还要使和平状态成为一种直接的义务"[②]。

然而，在主流的国际关系领域，西方人更多从实力、权益和制

① 罗素：《中国问题》，秦悦译，学林出版社，1996，第154页。
② 康德：《历史理性批判文集》，何兆武译，商务印书馆，1990，第112页。

度层次考虑和研究和平问题。比如，在西方现实主义者看来，国与国之间的关系与国家内部社会成员之间的关系是不一样的，国际关系更多的是一种自然状态，不可能用道德来调节。因而，任何国际秩序的建立与维护，都是国家力量制衡的结果，而不是道德在起作用。再者，任何武力的使用也与道德无关，战争一旦酝酿和爆发，既不需要考虑战争发动的道德目标，也不存在限制战争行为的道德要求，指导战争唯一的依据和规范就是“胜利”。正如修昔底德在《伯罗奔尼撒战争史》中所说的，正义取决于力量的分配，强大的一方可以做他们想做的任何事情，弱小的一方则只能接受他们不得不接受的一切。①

在现实主义的指导下，均势派成为西方国家关系研究领域影响最大的学派，其杰出代表人物是美国政治学家、国际法学家汉斯·摩根索。他在自己的著作《国家间政治：权力斗争与和平》中指出，国家力量之间的均势是维持和平的重要手段，也是稳定国际秩序的根本基础。然而，在现实的国际关系领域，用均势理论来维护和平却存在着诸多问题和弊端，即使摩根索本人也认为这一理论存在“不确定性、不现实性和功能不足”三大弱点。

与均势派的思想主张相反，美国密歇根大学教授奥根斯基提出了“霸权稳定论”。他认为，大国之间的力量均衡并不能避免战争，由此建立的和平秩序是极为脆弱的，因为大国的力量是不断变化着的，而且这种变化是不可控的，当力量均势被打破的时候，也就是最容易爆发战争的时候。所以，奥根斯基谈到，“一个强大并且具有霸权实力的行为体有利于国际体系的稳定和公益的实现，相反，在不存在霸权国的情况下，国际秩序将会是混乱无序的和不稳定的”②。

---

① 李湘云：《道德的悖论》，九州出版社，2009，第221页。

② 倪世雄等：《当代西方国际关系理论》，复旦大学出版社，2001，第293页。

北欧学者约翰·加尔通从更深层次的社会制度层面探讨了和平问题。他认为，和平应该分为“消极和平”与“积极和平”，没有战争只是一种消极和平，而消灭所有暴力形式（包括直接暴力、结构暴力和文化暴力等）才是积极和平。那么，如何消除这些暴力呢？约翰·加尔通提出了内容丰富的十项准则，即合作、免于恐惧的自由、免于匮乏的自由、经济增长与发展、消灭剥削、平等、公正、行动自由、多元性以及动态，这些也是积极和平的内涵。很明显，约翰·加尔通试图从社会制度层面来构建维护和平的基本策略（具体包括“治疗”和“预防”两个大的方面），他是立足于人类更长远的利益来审视和研究和平问题的。

冷战结束之后（即20世纪90年代后），探讨和平问题的建构主义理论兴起，其著名代表人物是美国政治理论学家亚历山大·温特。他认为，原先的均势理论、霸权理论或社会制度约束理论，都只能争取有限的和平，而且这种和平受到太多因素的制约，效果也极不稳定。为此，他提出了维护长久和平的“多元安全共同体”理论。“多元安全共同体”由主权国家组成，但成员间拥有共同制度、共同价值观、共同的共同体感。[①]他认为，各国如果有了这种共同体感，也就有了维护持续和平的基本保障，当有关国家之间在安全问题上形成集体认同时，彼此间的共同体感和强烈互信也就产生了，这些国家就构成了不以战争手段解决相互争端的多元安全共同体。

从上述西方和平理论发展的基本历程和内容来看，均强调实力、权利、制度等是影响和平发展的主要因素，而后来所谓增加“共同体感”，则是一种向道德和信任靠近的良好发展倾向。事实上，中国的和平思想与理论起初就是从注重道德因素和道德力量开始的。

① 郭树勇：《建构主义与国际政治》，长征出版社，2001，第208页。

孙中山先生曾经谈道："东方的文化是王道，西方的文化是霸道；讲王道是主张仁义道德，讲霸道是主张功利强权。讲仁义道德，是由正义公理来感化人；讲功利强权，是用洋枪大炮来压迫人。"①

马克斯·韦伯也充分认识到了这一点，他认为儒教的和平主义体现在君子这种理想人格的世界观中。中国人没有超验的伦理，也没有超世的上帝与现实之间的对峙，他们没有对彼岸目标的追求，也没有极恶的观念。

的确，中国和平文化确实有着鲜明的伦理道德色彩。中国人相信，道德的感化远胜于暴力的作用，所以中国人的和平观乃是以德性为原始基因的。在中国历史上，当涉及冲突和矛盾问题时，都是主张先以道德来化解而不主张用武力来解决，甚至当战争真正开始的时候也还是认为道德与仁义是决定战争胜利的根本因素。

从重德化的历史渊源来看，自周公"制礼作乐"之后，中国古代的统治思想进入一个新的阶段，即周人在敬天的同时，又提出"明德"和"保民"的治国原则。这一原则所蕴含的"仁""德"等价值观念不仅融入周人的信仰体系中，也辐射到社会生活的方方面面，这当然也包括战争与和平的问题。

《左传·宣公三年》中"在德不在鼎"的典故充分说明了道德在治国用兵中的分量。当楚庄王凭借武力耀兵于周疆之时，周大夫王孙满奉命出迎，面对楚王别有用心地询问"鼎之大小、轻重焉"，王孙满从容对曰"在德不在鼎"，并通过溯源鼎的来历以及多次易主的过程，来说明只有有德之君才配拥有九鼎，才能拥有天下。

在战争目标和伦理道德要求方面，《司马法》有着明确的论

---

① 中山市文化局、翠亨孙中山故居纪念馆编：《孙中山言粹》，中国大百科全书出版社，2000，第2页。

述。首先，《司马法》对战争的性质与目的进行了明确的区分。它将战争分为正义与非正义两大类。其中，平暴除乱、安民保国的战争是正义的，侵人疆域、掠人财货的战争是非正义的。只要是正义的战争，天子即可集结诸侯军队出兵讨伐，正如《司马法·仁本》云“古者，以仁为本，以义治之之谓正，正不获意则权。权出于战，不出于中人。是故杀人安人，杀之可也”。当然，在战争进行过程中，一切要以保护人民的生命和财产安全为前提条件。这包括，不在农忙时作战，不在隆冬、盛夏时节兴师，不在别国大丧的时候发动战争，也不在别国遭受自然灾害的时候发动战争。另外，在进入敌国领土之后，还要执行保民和维护社会安定的策略。总之，《司马法》所言的战争活动和行为是从“以战止战”的理想目标出发的，它的基本思路是要通过践行仁政和德化思想，最终实现天下和平。所以，东汉班固在《汉书·艺文志·兵书略》中言曰：“下及汤武受命，以师克乱而济百姓，动之以仁义，行之以礼让，司马法是其遗事也。”

至春秋时期，以孔子为代表的儒家学派，全面继承了西周的这种道德和平主义思想。这与其以德性为主的治国理念和大同理想是密切联系在一起的。

孔子的政治理想在于构建和谐的社会秩序，而以仁和礼为核心的道德规范是实现这一目标的主要途径和方法。在孔子看来，道德不仅是国家治理的根本基础，也是解决内外冲突的根本性力量，《论语·为政》曰：“子曰：‘为政以德，譬如北辰居其所而众星共之。’”总之，孔子极力提倡的是一种德性政治理论，道德在一切问题上都居于优先地位。

孟子在性善论的基础上，进一步推进了儒家的道德和平主义。他从民本和仁政的王道理想出发，不仅抛弃了孔子拒绝战争暴力以进入仁之境界的观念，而且将战争暴力作为推行仁政的工具。《孟子·梁惠王下》记载，当齐宣王询问孟子，如何看待“汤放桀，武王伐纣”时，孟子从“以至仁伐至不仁”的道德合法性出发，提出了对汤武革命的看法，他说：“贼仁者谓之贼，贼义者谓之残，残贼之人谓之一夫。闻诛一夫纣矣，未闻弑君也。”这就是说，在孟子的眼里，民众的利益高于一切，为了维护人民的生存权益，不仅可以动用战争等暴力手段，而且可以以此否定或推翻包括君王在内的一切政治权威。孟子所要维护的是以人民利益至上的真正的和平，他的和平观念是以“民贵君轻”的进步政治思想为根基的。

荀子作为儒家思想的集大成者，是在区分“义”“利”关系的基础上，提出其和平理想的。从根本上讲，他将“义”作为评判真正和平的标准。《荀子·大略》讲：“故义胜利者为治世，利克义者为乱世。”另外，荀子还在孟子“以至仁伐至不仁”“仁义之师”等思想的基础上，明确提出一个观点：“力者，德之役也。”这对孟子的道德和平主义思想又是一种超越。因为它直接阐明了战争应该为道德服务的观点，从而完成了儒家对战争暴力与和平关系的理论总结。

从儒家学说的整体内容体系看，其道德和平主义也占有重要地位。如儒家提倡的“以直报怨”“以德报德”“仇必和而解”“己所不欲，勿施于人”等观念，无不是道德伦理主义的深刻体现。对此，《礼记·大学》中有这样一段集中的表述：“所恶于上，毋以使下；所恶于下，毋以事上；所恶于前，毋以先后；所恶于后，毋以从前；所恶于右，毋以交于左；所恶于左，毋以交于右。此之谓絜矩之道。”这里的所谓“絜矩之道”实际就是一种宽恕之道，所提倡的是一种人文主义的博大的宽容精神。此种宽容精神对于消解仇怨和紧张、化解冲突和矛盾，进而实现天下无仇、人人友善的和平理想境界，具有深远的历史意义。

在边疆治理方面，统治者也是执行“德化为先”的治边政策。中国古代有所谓五服理论。五服之中，“甸、侯、绥”三服主要指王畿与诸侯的领地，亦即所谓“华夏”之地，而“要、荒”二服，则是指“蛮夷”“戎狄”之地。如果说“五服”之制所强调的是一个理想化的天下秩序的话，那么“德化为先”则是这个秩序的基本精神。

中国古人在战争与和平问题上注重道德伦理的价值和力量，是有其深刻的理论依据和哲学逻辑的。

首先，中国人自古深信“德不孤，必有邻”。从理论上讲，道德不是某些人的主观偏好，也不是某一学派文化的特殊约定，而是人们在长期的社会实践和共同交往中形成的一种价值共识。这种价值共识在被人们普遍接受之后，不仅是人们建构自我的依据，也是调节人们关系的基本准绳，所以，它又是人类文明的基石。值得注意的是，既然作为个体的人能够拥有道德规范，并自觉践行道德规范，那么，以此推理，当这些个体的人在组成团队或国家之后，为什么就不能接受道德的约束，进而消除战争和暴力带给人类的灾难呢？

其次，人的生命权是世界上最重要的权利，是人类一切人文价值的支撑点。人的生命是最神圣的，如果人的生命被毁灭，其他的所谓正义和秩序都将变得毫无意义。而且，人的生命只有一次，既不可由他人替代，也不能从头再来，所以任何团体和组织都不能把人的生命作为实现其他价值的工具。另外，就现代权利哲学而言，人的生存权利是最重要的权利，是其他权利的基础，任何人都无权剥夺他人的生存权，作为个人也绝不可随意让渡和放弃它。总之，不毁灭人的生命是人类社会一条不可逾越的道德伦理底线，反对战争、争取和平正是要维护这条底线，它充分体现了人们对人的生命的优先性、不可替代性和不可弥补性的一种价值认同和道德关怀。

最后，人类都是有是非和善恶之心的，人之所以为人，就是因为它有理性、有智慧，他们懂得追求美好的道德和美好的价值观，也富有正义感和同情心，这正是人类和平主义存在的根本基础。从历史上看，任何人都不是生而邪恶的，都不会愿意去主动杀人；任何一个民族也不会天生就以战争为乐事，更不会心甘情愿陷入战争的厮杀之中。更何况，人可以通过受到教育而变得更完美，人类的社会秩序也可以通过交流合作和制度安排而变得更和谐。在这一问题上，康德是有先见之明的，他认为，人类的心灵是可以被未来美好的愿望激发起来的。

值得骄傲的是，中国的古圣先贤，尤其是儒家，在人性的认识上一直是积极的乐观主义者，他们既提倡“天行健，君子以自强不息”，“地势坤，君子以厚德载物”，也相信“我欲仁，斯仁至矣”，所以，后世中华儿女才对人之善性有了足够的认可和信任，同时也真诚地呼唤道德的力量，以推动和促进人类幸福、安宁与和平的生活。正如英国著名社会学家马丁·阿尔布劳在接受《参考消息》专访时表示：“在领导构建人类命运共同体方面，中国有绝佳的机会。当今世界不需要军事上的领导，而是需要道德和价值观上的领导。”①

三、实施柔武战略是中国和平文化的基本保障

道德和平主义是中国和平文化的主要特色。然而，真正和平的落地并不能仅限于道德力量，它还需要建立在以实力护卫和平的基础之上，这就形成了具有中国特色的柔武战略思想。可以说，几千年来中国的古典战略，总是会随着时代变化而不断变化，然而有一种核心的东西始终保持不变，那就是以弱胜强、以柔克刚的防御战略，我们也可称之为“柔武兵略”。“柔武”二字就是中国古典战略的精义所在。那么，柔武战略何以能保障和平呢？其本身又是怎样体现了和平的基本内涵呢？

① 张代蕾：《英国知名社会学家：中共改变整个民族精神面貌》，参考消息网，https://baijiahao.baidu.com/s?id=1692002042524823271&wfr=spider&for=pc，2021年2月18日。

1. 柔武战略体现的是“以智克暴”的战争指导思想

自《孙子兵法》于春秋末期问世之后，就确立了“兵者诡道”“谋略制胜”的战争指导思想。这一思想，揭示了战争的本质规律，打开了兵学智慧的大门，实现了中国传统兵学的本质性飞跃。当然，兵家的权谋制胜思想，也遭到了儒家士大夫的激烈批判，如《荀子·议兵》有云：“权谋倾覆，未免盗兵也。”南宋高似孙在《子略·孙子》中也说：“兵流于毒，始于孙武乎？武称雄于言兵，往往舍正而凿奇，背信而依诈。”

其实，以孙子为代表的兵家谋略绝对不像儒家所言的那样恶劣，它的价值除了帮助取得战争的胜利以外，亦可有益于许多方面。比如，在实现和平的问题上，如果说“止戈为武”是实现和平的理想目标，那么权谋用兵就是实现和平的方法、手段和保证。这二者之间，相辅相成，不可分离。具体而言，当天下纷争、战乱不止之时，最后还是要靠战争来恢复和平，即以战止战。而以战止战靠的就是正义之人的智慧谋略（否则就是暴力战乱的无限对峙与延续），有谋略才有胜利，有胜利才有统一，有统一才有和平，有和平才有仁义。这是一个基本的逻辑。所以，以智克力的谋略对于和平而言，是不可缺少的。在这一问题上，当年楚汉战争时期项羽、刘邦的历史角逐是最典型的例子。

在中国历史上，项羽是勇武的代表，也是暴力的代表。项羽的“勇武”使其不惧强秦，大义凛然，最终破釜沉舟，推翻暴秦。然而，项羽的暴力亦有着反人性的残忍与凶狠。项羽杀人成性，火烧阿房宫，已经从根本上背弃民意，正如《史记·淮阴侯列传》中韩信所言，“项王所过无不残灭者，天下多怨，百姓不亲附” 。

与之争夺天下的刘邦，则十分懂得仁义的作用。他率军进入关中以后，对关中百姓秋毫无犯，还废除了原来秦朝制定的严苛的法律，并与关中百姓约法三章。刘邦这一系列行动，彻底赢得了关中百姓的拥护，也最终决定了楚汉之争的历史走向。《史记·太史公自序》中，司马迁在阐述作《高祖本纪》的宗旨时说：“子羽暴虐，汉行功德；愤发蜀汉，还定三秦；诛籍业帝，天下惟宁，改制易俗。作高祖本纪八。”然而，就最初的战争情形而言，刘邦仅凭仁德并不能战胜项羽，面对项羽的强大实力和霸道行为，刘邦君臣多次陷入困境。后来有了韩信的辅佐，刘邦才得以真正扭转局势，开启了以奇谋制约暴力的历史进程。后人就此评论说：“项氏之患，蚩尤以来所未有也，故韩信出佐高祖而节制之。”①

从本质上讲，韩信的“以智克暴”恰恰符合了《孙子》易胜、全胜思想的根本宗旨。其在历史上的最大价值与贡献，就在于及时遏制了项羽无限增长的暴力倾向，从而大大减少了战争带给民众的伤亡和灾难。正如明代茅坤所言：“予览观古兵家流，当以韩信为最，破魏以木罂，破赵以立汉赤帜，破齐以囊沙，彼皆从天而下，而未尝与敌人血战者。”②从更深远的意义上讲，韩信以智谋战胜项羽，辅佐刘邦取得天下，具有结束秦朝末年的割据战乱，推进社会走向太平统一的深远历史意义。

也正是在这一意义上，孙子的全胜思想对于追求和平的终极目标而言，就是战争的理想境界。孙子提出兵者诡道，强调以智克力，其最高的层次就是“不战而屈人之兵”。

战争的最大破坏莫过于对农业生产和农民生活的破坏，正如《孙子兵法·作战篇》中所说的：“国之贫于师者远输，远输则百姓贫”，“力屈、财殚，中原内虚于家。百姓之费，十去其七”。如能不战而屈人之兵，早一日结束战争，岂不是国之善事？战争的最大灾难在于荼毒天下生灵，正所谓“出门无所见，白骨蔽平原”，如能不战而屈人之兵，岂不是君子所愿、百姓所求？战争的

① 转引自吕培成、徐卫民主编：《司马迁与史记论集》（第九辑），陕西人民出版社，2011，第93页。

② 转引自吕培成、徐卫民主编：《司马迁与史记论集》（第九辑），陕西人民出版社，2011，第94页。

最大危害莫过于长期动乱，天下干戈不止，烽火连年，如能不战而屈人之兵，岂不是造福天下，功德无量！总之，从以智克力到以全争胜，从以战止战到天下太平，这是道德的自然逻辑，也是必然的历史逻辑。

2. 柔武战略体现的是谋略与实力的有机统一

在真正实现和平的问题上，以德行感化和运用谋略是重要的前提和手段，而根本基础还在于实力，所以柔武战略体现的是谋略与实力的有机统一。

在中国早期的兵学著作中，已经认识到实力的重要性。如古兵书《军志》曰："允当则归。"又曰："知难而退。"[①]这是强调要依据实力而把握用兵的分寸。再如，古兵书《军政》亦言："见可而进，知难而退。"又曰："强而避之。"[②]这与孙子"避其锐气，击其惰归"的原则几乎是异曲同工。

《司马法·严位》中还提出了"相为轻重"的用兵原则："凡战：以轻行轻则危，以重行重则无功。以轻行重则败，以重行轻则战。故战相为轻重。"这里所谓"轻重"是指不同的军事力量。这段话的意思是说，以自己的少量兵力对抗敌人的少量兵力就会有危险，以自己的大部队对抗敌人的大部队就会难以成功，以自己的少量兵力对抗敌人的大部队一定会失败，以自己的大部队对抗敌人的少量兵力方可大胆出击，所以，用兵作战就是敌我双方互相使用不同兵力的对抗和较量。其实质是强调要集中兵力，以强击弱，给敌人毁灭性打击。

《孙子兵法》一书，更是体现了谋略与实力的有机统一。在传统的观念中，很多人认为孙子重谋略、轻实力，其实这是大错特错

---

① 杨伯峻编著：《春秋左传注·僖公二十八年》（一），中华书局，1981，第456页。

② 孙武：《十一家注孙子校理》，杨丙安校理，中华书局，1999，第152页。

的，实力是孙子谋略思想的基础。在这一点上，《孙子兵法》与《三十六计》理念完全不同，前者是在实力的基础上讲谋略，后者是完全空对空的讲谋略。可以这么讲，孙子的谋略之所以更显科学和智慧，就是因为它是建立在实力的基础之上。具体而言，《孙子兵法·形篇》中有一句话叫“故胜兵若以镒称铢，败兵若以铢称镒”，镒和铢是当时的重量单位，一镒等于二十四两，一两等于二十四铢，镒是铢的576倍。孙子以此比喻来说明，战争要靠绝对的实力取胜，这才是战争的正确打法。

《孙子兵法》具有“以战止战”的和平意蕴，也正是体现在实力和谋略的统一方面。

在《九变篇》中，孙子立足实力问题，强调对于战争的防范完全要靠自己，“故用兵之法，无恃其不来，恃吾有以待也；无恃其不攻，恃吾有所不可攻也”。这就是说，在战争真正到来之前，要做到求其在我、有备无患，做好充足的战争准备。《周易·系辞下》中有句话叫“君子藏器于身，待时而动”，说的也是这个道理。

在《九地篇》，孙子更明确表达了这种“求其在我”的战略原则。“夫霸王之兵，伐大国，则其众不得聚；威加于敌，则其交不得合。是故不争天下之交，不养天下之权，信己之私，威加于敌，故其城可拔，其国可隳。”这就是说，一个国家的安全战略的重心不在于结交诸侯，也不在于在别的国家培养自己的亲信势力，而在于将王道与霸道结合起来，提高自己的综合实力。这对和平建设问题有重要的借鉴意义，所谓“弱国无外交”，在霸权主义、强权政治盛行的今天，要想争取和维护和平，自身必须拥有强大的实力。

稍晚于《孙子兵法》的许多军事、政治典籍，也在继承孙子实力论的基础上，强调把国防建设建立在综合国力的基础上。如《管子·七法》谈到，如果从事农业的人减少了，土地就得不到开辟；土地得不到开辟，六畜就不会繁育；六畜不能繁育，国家就会贫穷，就会财用不足；国家财用不足，就会导致军队士气不振，进而造成作战失利、守城不稳固，最终影响到国家的安定。再如，战国时期的著名兵家尉缭子也提出以实力战守的著名论点，他在《尉缭子·武议》中谈到，万乘之国要能农战结合，千乘之国要能自救自守，百乘之国要能自给自足，如果不能做到这些，就要用开展集市贸易的方法来解决，也就是通过商业繁荣增加国家财富，这是战守的根本基础。

概而言之，国家繁荣、人民富足、军队强大乃是国家和平的基石。历史早已雄辩地证明，和平不是上天所赐之物，而是人类不懈努力的结果。和平的到来与维护，需要靠自己的物质实力去争取，靠自己的军事力量去捍卫，靠自己的国防建设去保障。正如《墨子·非命下》中所指出的，当今王公大人之所以早朝晏退，很勤勉地去审理案件、处理政事，不敢有丝毫懈怠，就是因为他们知道，只有做事勤勉，国家才会治理得好，否则就会混乱；做事勤勉，国家才会安定，否则就会出现危险。所以国家的安定要靠人们的不懈努力去维护。

值得注意的是，中国古人对于战争与和平问题具有非常辩证的认识，所以，他们对于和平的争取，也是建立在对战争暴力的合理利用和巧妙化解的基础之上的。中国著名历史学家、思想家钱穆在这方面颇有独到的见解。他曾谈到："故西方常求其力之向外为斗争；而东方则惟求其力之于内部自消融，因此每一种力量之存在，常不使其僵化以与他种力量相冲突，而相率投入于更大之同情圈中，卒于溶解消散而不见其存在。"①

3. 柔武战略体现的是正当防卫与积极防御的相辅相成

从历史上看，中原王朝曾与边疆各族发生过多次大规模的战争，如两汉反击匈奴的战争，隋唐反击突厥的战争，两宋抗击西

① 钱穆：《国史大纲》（上），商务印书馆，1994，第24页。

夏、辽、金的战争等。这些战争对中原王朝和人民而言，大都具有抗击少数民族贵族掠夺和奴役的正义防御性质，其深层原因在于北方游牧民族因自身的局限而对中原农业经济有所依赖。

从明代开始，中国开始有抗击倭寇的反侵略战争；清代有多次反对西方殖民侵略的战争和反抗日本侵略的甲午中日战争；再后来，又有中国各族人民反对日本帝国主义侵略的抗日战争。这些战争毫无例外都是自卫性质的反侵略战争，属于不得已而战，也正是通过这些战争，中国人民才真正赢得了今天的独立、尊严、统一与和平。

中华民族热爱和平、珍惜和平，但也绝非任人蹂躏、软弱可欺之辈。为了维护和平，历史上的中华先民不仅支持和拥护保家卫国的正义战争，而且也有积极防御的国防战略与策略。

《周易·否卦》中有句话，叫“其亡其亡，系于苞桑”，意为时刻担心将亡、将亡，国家就会像拴在桑树上一样牢靠。《周易·系辞下》引孔子的话讲：“危者，安其位者也；亡者，保其存者也；乱者，有其治者也。是故君子安而不忘危，存而不忘亡，治而不忘乱，是以身安而国家可保也。”大意是，危险是自以为安全造成的，灭亡是自以为能保存长久造成的，动乱是自以为政治清平造成的。古人明显具有非常理性而清醒的忧患意识。

《左传》中也有丰富的安不忘危的论述，如《左传·桓公十七年》记载鲁桓公说：“疆场之事，慎守其一，而备其不虞。”《左传·僖公二十二年》记载了鲁国大夫臧文仲所云：“国无小，不可易也。无备，虽众，不可恃也。”《左传·襄公十一年》则言：“《书》曰：‘居安思危。’思则有备，有备无患，敢以此规。”这些内容也引申出了许多成语典故，如“无备必伤”“忘战必危”“穷兵必亡”“乐兵必毁”“居安思危”等。另外，《司马法·仁本》有一句经典名言：“故国虽大，好战必亡；天下虽安，忘战必危。”它是先人经过无数的灾难后留给我们的宝贵经验和教训，说明忧患意识在中国人心目中有特别重要的分量，这大概也与农耕文明之下农业生产难以防范的不断发生的自然灾害有关。

上述居安思危、有备无患的思想在诸子学派中也有许多经典的论述。如《吴子兵法·图国》有言："明主鉴兹，必内修文德，外治武备。"《韩非子·亡征》亦言："无地固，城郭恶，无畜积，财物寡，无守战之备而轻攻伐者，可亡也。"

综上所述，中国古代与近代的历史都表明，推进与实施建立在实力基础上的柔武战略思想是争取和平的关键举措，也是中华民族践行"止戈为武"和平观的基本保障。在实践中，只有遵循这样的战略思路，再结合儒家以德性为主的和平观念，才能真正走向和平之途。一旦离开这样的战略选择，道德和平主义就会变成一种虚幻的空想，人类就会遭受战争带来的巨大灾难。

另外，我们也要深刻理解柔武战略中正义防卫的基本内涵，"和平"不是牺牲国家利益的投降式的和平，在现实社会中，反对一切战争的绝对和平主义更多的是一种信仰选择而不是政治策略。正如毛泽东所言："人不犯我，我不犯人；人若犯我，我必犯人。"我们不惹事，但我们也不怕事，当战争真正到来的时候，我们也不怕战争。习近平总书记也曾辩证地阐明战争与和平之间的内在关系，他认为能战方能止战，准备打才可能不必打，越不能打越可能挨打，这就是战争与和平的辩证法。

四、中国和平文化的当代价值和世界意义

从上述内容来看，中华文明拥有和平主义的优良传统是无可置疑的，然而，人们的疑问和困惑在于，在当今这个复杂的丛林世界中，这种传统能否继续保持下去呢？或者说这种古老的和平文化在今天还能否继续发挥其进步作用呢？

比如，黑格尔就从哲学的视角怀疑中国文化的发展性和进步性，他说："中国很早就已经进展到了它今日的情状；但是因为它

客观的存在和主观运动之间仍然缺少一种对峙，所以无从发生任何变化，一种终古如此的固定的东西代替了一种真正的历史的东西。”[①]这当然是一种误解和偏见。事实上，中华文明的许多优良传统（包括和平主义的传统）的发展和表现都是强有力的，中华文化作为一种源远流长而又开放包容的文化实体具有深厚的支配力，也具有恒久的影响力。德国思想家谢林曾说“然而中国，却像不知其源头的河流始终在从容地流淌着”[②]。费正清也盛赞中国：“制度和文化的持续性曾经产生了体现为气势澎湃和坚守既定方针的惯性，而并非不动的惰性。”[③]

既然中国的文化及和平传统能够如此强有力地延续，那么它在现实世界中是如何创新发展的呢？这一点已经为当代的历史所证明：它伴随着中国成功的特色社会主义实践而不断前行。说到底，这又是一个道路选择的根本问题。对于中国现代化的发展而言，选择了资本主义就意味着选择了帝国主义（霸权主义），而选择了社会主义就意味着选择了和平主义。当然，它必须能够承接原来的文明传统并在此基础上适应新的发展趋向。事实上，中国目前的现代化实践已经替自己古老的和平主义传统完成了这一任务，它不仅打破了传统本身原有的锁闭状态，也为这一传统的创新发展提供了基本条件。有学者指出：“倒是中国特色的历史性实践为其既与的文化传统开辟出真正的意义领域和活动空间，而中国的和平主义传统也是依循这一发展道路的实际取向而被开启、被重建，并且被复活

① 黑格尔：《历史哲学》，王造时译，上海书店出版社，2006，第110页。

② 谢林：《中国——神话哲学》，载夏瑞春编《德国思想家论中国》，江苏人民出版社，1995，第146页。

③ 费正清：《美国与中国》，张理京译，世界知识出版社，1999，第75页。

的。”[①]

那么，如果中国选择资本主义的发展道路，为什么就不能延续和平文化的优良传统呢？这是很值得探讨的理论问题。试问，当今世界冲突的根源是什么？它不是西方世界外表显露的所谓霸国或强权，而是资本主义的扩张性。现代资本主义文明归根结底是以资本为原则的文明，它是进步的，也是贪婪的、邪恶的，资本本身存在的条件就是不断获取超出自身价值的价值，现代资本的活动就是权力的实施与疯狂的扩张，以资本为主导的文明就是开发与扩张主义的文明，所以，它在不断获取进步和成就的同时，也给世界带来持续不断的冲突和战争。

正如沃勒斯坦所言，资本主义作用的内部逻辑、最大限度地寻求利润，总是迫使它不断地进行扩张：生产的扩展、市场的扩大、资本的积累，总而言之，广泛地占据整个地球。[②]斯宾格勒在《西方的没落》中也说，扩张即一切——是每一完全成熟了的文明之固有倾向的一次拿破仑式的重申。扩张的倾向紧抓着、强迫着、耗尽着世界都市阶段的晚期人类。[③]

总之，当今世界无休止的冲突与战争，正在于资本主义扩张性的内在逻辑。具体而言，它是个体化的极致表现以及由此而来的无止境的分化所带来的发展异化问题，它在销蚀社会有机性和秩序性的同时，也在持续不断地生产出各种争斗、冲突和对抗。这正是西方资本主义文明的历史局限与发展困境。许多西方学者已经认识到这一问题的严重性，并在多层面多角度地寻找替代方案，于是有人

① 吴晓明：《论中国的和平主义发展道路及其世界历史意义》，《中国社会科学》2009年第5期。

② 伊曼纽尔·沃勒斯坦：《沃勒斯坦精粹》，黄光耀、洪霞译，南京大学出版社，2003，第138页。

③ 斯宾格勒：《西方的没落》（第一卷），吴琼译，上海三联书店，2006，第36页。

也将目光转向了中国，“如果中国的社会主义能够成功地建立一个不同于西方资本主义的选择，这毫无疑问对全球的任何一块地方都是重要的，将有深远的意义”[①]。

中国文化的和平主义传统正是在这一意义上被赋予现代价值的，也是在这一路径上逐步发挥作用的。更重要的是，它被有机融合到了中国现代化发展的实践之中，并成为中国特色社会主义道路的一部分。这就意味着中国当前的发展道路迥异于西方的一个不同之处，在于它是和平主义的，且这种和平主义与社会主义发展的方向是一致的，这一点已经突出表现为中国式发展道路对资本主义的有力批判。

再进一步而言，中国的和平发展道路不仅具有现代化视角的当代意义，而且具有颠覆性的“世界历史意义”，它意味着一个民族的一种精神和原则，对整个世界而言具有普适性价值，也意味着中国的社会主义道路将超越现代资本主义的局限，不再把扩张主义作为基本出发点，也不再把霸权主义作为基本归宿，由此它昭示了人类未来和平发展的美好前景。事实上，当汤因比指证西方文明是“人类集体自杀之路”之时，大家已经在热切地期盼着世界的和平与统一，同时也将这种期盼指派给了拥有和平主义传统的中国。

当然，中国和平主义的发展道路，既不是滞留于原有的传统之中，也不是目前已经完成了的东西，它正在中国特色社会主义的历史实践中被开启、复活和延续，也正在自身成长过程中表现为一种必然性的指向和规律。

正是在这种背景和需求之下，为了顺应时代潮流和历史大势，习近平总书记于2013年首次提出了构建人类命运共同体的倡议。2017年10月，中国共产党人将人类命运共同体的发展理念写进十九大报告：“各国人民同心协力，构建人类命运共同体，建设持久和

① 李泽厚：《世纪新梦》，安徽文艺出版社，1998，第222页。

平、普遍安全、共同繁荣、开放包容、清洁美丽的世界。”[①]2018年3月，第十三届全国人民代表大会第一次会议正式将“发展同各国的外交关系和经济、文化交流，推动构建人类命运共同体”写入宪法序言。

由此，中国关于人类命运共同体的伟大构想与实践，发展和完善了中国文化“和而不同”的和谐理念，继承了中华文明和平主义的优良传统，超越了明清时期狭隘的自我中心主义，最终以开放包容、绿色发展、共同繁荣的美好目标，努力推动着整个世界可持续的和平发展。

构建人类命运共同体，首先要有对立统一意识。在二元对立统一的世界中，和平与战争、善良与邪恶、真诚与虚假、发展与倒退、繁荣与毁灭总是同时存在的，然而，我们要追问的是，到底哪种元素对世界共同发展有进步意义？哪种元素对人类和谐与和平有阻碍和破坏作用？理性地讲，人类固然不能摆脱二元对立的内在逻辑与规律，却可以在辩证法的指导下由“二”走向“一”，最终引导人们向上、向前迈进，向和谐与统一迈进，向正义与和平迈进。

构建人类命运共同体，体现着和谐共生的发展理念，人类只有一个地球，保护地球是每个国家、每个民族的共同责任，因而在发展过程中要积极寻找各国利益的契合点，实现中国与其他国家的共同发展。这既是人类命运共同体的一个核心内容，也是维护世界和平的一条根本途径。

构建人类命运共同体，意味着“和而不同”的发展理念。中国共产党人认为，人类文明绚丽多姿、色彩纷呈，不同文明凝聚了

---

① 习近平：《决胜全面建成小康社会　夺取新时代中国特色社会主义伟大胜利——在中国共产党第十九次全国代表大会上的报告》，新华网，http://www.xinhuanet.com/politics/19cpcnc/2017-10/27/c_1121867529.htm，2017年10月27日。

不同民族的特色智慧和成就，彼此之间没有高低优劣之分，大家平等对话、坦诚交流，既不能排斥，更不要取代。“人类历史就是一幅不同文明相互交流、互鉴、融合的宏伟画卷。我们要尊重各种文明，平等相待，互学互鉴，兼收并蓄，推动人类文明实现创造性发展。”①

总之，和平是人类生命安全和趋利避害的本性要求。人作为一种世界上的高级生命形式，有其独一无二的存在价值，人的生命过程就是要体现、承当和发挥这种价值。而要实现人类生命的内在价值，就要坚持和平理念，保护人的生命的成长与安全。如果一个生命个体生活在没有和平、安全的世界里，他就失去了一个人作为人的最基本的权利和保障。所以，向往和平意味着心中有爱，心中有他人，心中有天地自然；反之，背离和平则意味着不把大自然当作家园，不把他人当作人，而战争正是践踏人、杀戮人、摧残人的暴力工具。

正是在这一意义上，中华民族的和平主义传统在当代世界仍具有积极、进步的价值和意义。值得自豪的是，当代中国共产党人创新继承中华优秀传统文化的这一思想精髓，从全人类的长远利益出发，提出构建人类命运共同体的伟大倡议和设想，积极培育“命运相连、休戚与共”的共同体意识，统筹国家利益和人类的整体利益，从而解决全人类共同面临的各类危机与困境（包括战争危机）。总之，和平主义传统和和平理念是中华民族对世界和平和人类发展做出的最重要的贡献之一。

① 习近平：《习近平谈治国理政》（第二卷），外文出版社，2017，第524～525页。

参考文献

阿旺贡噶索南，1989. 萨迦世系史［M］. 拉萨：西藏人民出版社.

班固，1962. 汉书［M］. 北京：中华书局.

北京大学古文献研究所，1991. 全宋诗［M］. 北京：北京大学出版社.

陈鼓应，1984. 老子注译及评介［M］. 北京：中华书局.

陈广忠，2012. 淮南子［M］. 北京：中华书局.

陈桐生，2013. 国语［M］. 北京：中华书局.

陈曦，2011. 孙子兵法［M］. 北京：中华书局.

陈曦，2016. 六韬［M］. 北京：中华书局.

陈曦，2018. 吴子；司马法［M］. 北京：中华书局.

陈晓芬，徐儒宗，2011. 论语；大学；中庸［M］. 北京：中华书局.

陈元龙，1999. 历代赋汇［M］. 北京：北京图书馆出版社.

成中英，2004. 西方文化对中国文化之需要［J］. 东方论坛（5）.

承德避暑山庄研究会，1986. 避暑山庄论丛 [C]. 北京：紫禁城出版社.

程妮娜，2007. 中国地方史纲［M］. 长春：吉林大学出版社.

池田大作，阿·汤因比，1999. 展望 21 世纪——汤因比与池田大作对话录［M］. 荀春生，朱继征，陈国梁，译. 北京：国际文化出版公司.

戴维·莱伊，2005.“势”——中国战略思维的精华[J]. 张宏飞，编译. 当代军事文摘（2）.
邓加荣，邱兆祥，肖民重，1979. 资本漫话［M］. 沈阳：辽宁人民出版社.
邓之诚，1991. 骨董琐记［M］. 北京：中国书店.
董诰，1983. 全唐文［M］. 北京：中华书局.
范晔，1965. 后汉书［M］. 北京：中华书局.
方勇，2010. 孟子［M］. 北京：中华书局.
方勇，2010. 庄子［M］. 北京：中华书局.
方勇，2011. 墨子［M］. 北京：中华书局.
方勇，李波，2011. 荀子［M］. 北京：中华书局.
房玄龄，等，1974. 晋书［M］. 北京：中华书局.
费正清，1999. 美国与中国［M］. 张理京，译. 北京：世界知识出版社.
冯梦龙，2013. 喻世明言［M］. 哈尔滨：北方文艺出版社.
冯梦龙，2018. 醒世恒言［M］. 哈尔滨：北方文艺出版社.
冯天瑜，彭池，邓建华，2019. 中国学术流变［M］. 上海：上海人民出版社.
葛剑雄，2018. 天地史谭［M］. 上海：上海辞书出版社.
葛兆光，2010. 中国宗教、学术与思想散论［M］. 上海：复旦大学出版社.
辜鸿铭，2009. 中国人的精神（双语图文版）［M］. 黄兴涛，宋小庆，译. 苏州：古吴轩出版社.
顾嗣立，1987. 元诗选［M］. 北京：中华书局.
郭丹，程小青，李彬源，2012. 左传［M］. 北京：中华书局.
郭汉城，2005. 中国戏曲经典［M］. 济南：山东教育出版社.
郭茂倩，2016. 乐府诗集［M］. 上海：上海古籍出版社.
郭树勇，2001. 建构主义与国际政治［M］. 北京：长征出版社.
何新华，2006. 试析古代中国的天下观［J］. 东南亚研究（1）.
荷马，2000. 伊利亚特［M］. 陈中梅，译注. 南京：译林出版社.

黑格尔，1961. 法哲学原理［M］. 范扬，张企泰，译 . 北京：商务印书馆 .
黑格尔，2006. 历史哲学［M］. 王造时，译 . 上海：上海书店出版社 .
胡平生，张萌，2017. 礼记［M］. 北京：中华书局 .
皇甫谧，1997. 帝王世纪［M］. 沈阳：辽宁教育出版社 .
黄怀信，2014. 鹖冠子校注［M］. 北京：中华书局 .
黄怀信，张懋镕，田旭东，2007. 逸周书汇校集注［M］. 上海：上海古籍出版社 .
杰弗里·帕克，1999. 剑桥战争史［M］. 傅景川，李军，李安琴，译 . 长春：吉林人民出版社 .
康德，1990. 历史理性批判文集［M］. 何兆武，译 . 北京：商务印书馆 .
克劳塞维茨，2016. 战争论［M］. 魏止戈，译 . 武汉：华中科技大学出版社 .
孔颖达，2004. 周易正义［M］. 北京：九州出版社 .
雷海宗，2017. 中国文化与中国的兵［M］. 北京：商务印书馆 .
雷纳图斯，2016. 兵法简述［M］. 魏止戈，译 . 武汉：华中科技大学出版社 .
黎虎，2014. 汉代外交体制研究［M］. 北京：商务印书馆 .
李德·哈特，2010. 战略论：间接路线［M］. 钮先钟，译 . 上海：上海人民出版社 .
李际均，2005-06-21. 信息制胜与不战屈人之兵的辨析 [N]. 解放军报（6）.
李零，2002. 民主支持下的战争——读《剑桥战争史》之二［J］. 读书（9）.
李琪，2000. 唐代高丽边将高仙芝及其在西域的活动［J］，西北民族研究（2）.
李山，轩新丽，2019. 管子［M］. 北京：中华书局 .
李焘，1995. 续资治通鉴长编［M］. 北京：中华书局 .
李湘云，2009. 道德的悖论［M］. 北京：九州出版社 .
李心传，1992. 建炎以来系年要录［M］. 上海：上海古籍出版社 .

李云泉，2014. 万邦来朝：朝贡制度史论［M］. 北京：新华出版社.
李泽厚，1998. 世纪新梦［M］. 合肥. 安徽文艺出版社.
林寒，1982. 于谦诗选［M］. 杭州：浙江人民出版社.
刘明福，2010. 中国梦［M］. 北京：中国友谊出版公司.
刘晓东，等，2000. 二十五别史［M］. 济南：齐鲁书社.
刘勰，2008. 文心雕龙［M］. 上海：上海古籍出版社.
刘昫，等，1975. 旧唐书［M］. 北京：中华书局.
刘毓庆，李蹊，2011. 诗经［M］. 北京：中华书局.
刘仲平，1977. 尉缭子今注今译［M］. 台北：台湾商务印书馆.
楼含松，2017. 中国历代家训集成［M］. 杭州：浙江古籍出版社.
陆玖，2011. 吕氏春秋［M］. 北京：中华书局.
逯钦立，1983. 先秦汉魏晋南北朝诗［M］. 北京：中华书局.
罗素，1996. 中国问题［M］. 秦悦，译. 上海：学林出版社.
吕培成，徐卫民，2011. 司马迁与史记论集：第9辑［M］. 西安：陕西人民出版社.
马大正，2013. 中国边疆经略史［M］. 武汉：武汉大学出版社.
马基雅维里，2001. 君王论［M］. 惠泉，译. 海口：海南出版社.
马克斯·韦伯，1995. 儒教与道教［M］. 洪天富，译. 南京：江苏人民出版社.
马渭源，2019. 大明风云系列之治隆唐宋［M］. 南京：东南大学出版社.
尼采，2000. 查拉图斯特拉如是说［M］. 黄明嘉，译. 桂林：漓江出版社.
倪乐雄，1992. 战争的文化透视［J］. 读书（3）.
倪乐雄，1994. 东西方战争文化的原型蠡测——“荷马史诗”与《诗经》比较研究［J］. 中国文化研究（冬之卷）.
倪乐雄，1999. 孔子与战争［J］. 军事历史研究（4）.
倪世雄，等，2001. 当代西方国际关系理论［M］. 上海：复旦大学出版社.
倪乐雄，2003. 寻找敌人：战争文化与国际军事问题透视［M］. 北京：

经济管理出版社．
钮先钟，2003. 孙子三论：从古兵法到新战略［M］. 桂林：广西师范大学出版社．
欧阳修，宋祁，1975. 新唐书［M］. 北京：中华书局．
庞中英，2004. 和平崛起：关键在“和平”［J］. 党政干部文摘（4）．
蓬莱市历史文化研究会，2007. 戚继光诗稿［M］. 济南：黄河出版社．
骈宇骞，2011. 贞观政要［M］. 北京：中华书局．
骈宇骞，王建宇，牟虹，等，2006. 孙子兵法；孙膑兵法［M］. 北京：中华书局．
齐涛，2012. 中国传统政治检讨［M］. 海口：南海出版公司．
钱穆，1994. 国史大纲［M］. 北京：商务印书馆．
钱穆，1994. 中国文化史导论［M］. 北京：商务印书馆．
乔治·威尔斯，2007. 袖珍世界史［M］. 卿光学，胡长明，编译. 北京：人民日报出版社．
萨都拉，1982. 雁门集［M］. 上海：上海古籍出版社．
桑丁才仁，2004. 论清政府在玉树地区推行的会盟制度［J］. 西北民族研究（4）．
沈德潜，周准，2013. 明诗别裁集［M］. 上海：上海古籍出版社．
沈约，1974. 宋书［M］. 北京：中华书局．
司马光，1956. 资治通鉴［M］. 北京：中华书局．
司马迁，1959. 史记［M］. 北京：中华书局．
斯宾格勒，2006. 西方的没落［M］. 吴琼，译. 上海：上海三联书店．
宋濂，1976. 元史 [M]. 北京：中华书局．
宋效永，向焱，2019. 三曹集［M］. 合肥：黄山书社．
隋树森，1964. 全元散曲［M］. 北京：中华书局．
孙文光，1998. 中国历代笔记选粹［M］. 上海：华东师范大学出版社．
孙武，1999. 十一家注孙子校理［M］. 杨丙安，校理. 北京：中华书局．
汤可敬，2018. 说文解字［M］. 北京：中华书局．

汤漳平，王朝华，2014. 老子［M］. 北京：中华书局 .
唐圭璋，1999. 全宋词［M］. 北京：中华书局 .
天羽，2008.“和文化”军事实践辩证［J］. 军事历史研究（1）.
王国轩，王秀梅，2011. 孔子家语［M］. 北京：中华书局 .
王袆，2016. 王袆集［M］. 杭州：浙江古籍出版社 .
王继平，2013. 中国史论集［G］. 湘潭：湘潭大学出版社 .
王闿运，1996. 湘绮楼诗文集［M］. 长沙：岳麓书社 .
王利器，2000. 文子疏义［M］. 北京：中华书局 .
王溥，1985. 唐会要［M］. 北京：中华书局 .
王世舜，王翠叶，2012. 尚书［M］. 北京：中华书局 .
魏徵，令狐德棻，1973. 隋书［M］. 北京：中华书局 .
郐国平，2005. 汉魏六朝诗选［M］. 上海：上海古籍出版社 .
吴起，1977. 吴子兵法注释［M］. 上海：上海人民出版社 .
吴如嵩，2008. 孙子兵法新说［M］. 北京：解放军出版社 .
吴晓明，2009. 论中国的和平主义发展道路及其世界历史意义［J］. 中国社会科学（5）.
吴晓明，2016. 论中国学术的自我主张［M］. 上海：复旦大学出版社 .
吴于廑，齐世荣，2001. 世界史·近代史编：上卷［M］. 北京：高等教育出版社 .
习近平，2014-09-25. 在纪念孔子诞辰 2565 周年国际学术研讨会暨国际儒学联合会第五届会员大会开幕会上的讲话 .［N］. 光明日报（2）.
习近平，2014-12-14. 在南京大屠杀死难者国家公祭仪式上的讲话［N］. 人民日报（2）.
习近平，2015-09-04. 在纪念中国人民抗日战争暨世界反法西斯战争胜利 70 周年大会上的讲话》［N］. 人民日报（2）.
习近平，2017. 习近平谈治国理政：第 2 卷［M］. 北京：外文出版社 .
习近平，2020. 论党的宣传思想工作［M］. 北京：中央文献出版社 .

夏瑞春，1995. 德国思想家论中国［M］. 南京：江苏人民出版社.
萧大维，2012. 中国古代战略互信的构建实践［J］. 军事历史研究（2）.
萧功秦，1986. 儒家文化的困境——中国近代士大夫与西方挑战［M］. 成都：四川人民出版社.
谢祥皓，刘宗贤，1993. 中国儒学［M］. 成都：四川人民出版社.
修昔底德，2018. 伯罗奔尼撒战争史［M］. 谢德风，译. 北京：商务印书馆.
羊春秋，1994. 明诗三百首［M］. 长沙：岳麓书社.
杨伯峻，1981. 春秋左传注［M］. 北京：中华书局.
杨共乐，1998. 罗马共和国时期：下［M］. 北京：商务印书馆.
杨天才，张善文，2011. 周易［M］. 北京：中华书局.
叶菲莫夫，1955. 近代世界史：上册［M］. 陈山，王约，朱贵生，译. 北京：中国青年出版社.
银雀山汉墓竹简整理小组，1976. 银雀山汉墓竹简：孙子兵法［M］. 北京：文物出版社.
袁行霈，2011. 陶渊明集笺注［M］. 北京：中华书局.
云南师范大学学术技术文库编辑委员会，1998. 西南联大暨云南师范大学60周年校庆社会科学文集［G］. 北京：民族出版社.
张德信，毛佩琦，1995. 洪武御制全书［M］. 合肥：黄山书社.
张二国，1995. 先秦时期的会盟问题［J］. 史学集刊（1）.
张廷玉，等，1974. 明史［M］. 北京：中华书局.
张维华，1993. 中国古代对外关系史［M］. 北京：高等教育出版社.
张燮，1937. 东西洋考［M］. 北京：商务印书馆.
张新科，2018. 中国古代文学［M］. 西安：陕西师范大学出版总社.
张载，2000. 张子正蒙［M］. 上海：上海古籍出版社.
张正明，2007. 张正明学术文集［G］. 武汉：湖北人民出版社.
赵汝愚，1999. 宋朝诸臣奏议［M］. 上海：上海古籍出版社.
郑鹤声，郑一钧，2005. 郑和下西洋资料汇编［M］. 北京：海洋出版社.

郑汕，2012. 中国边疆学概论［M］. 昆明：云南人民出版社.
中共中央党校国际战略研究所，2004. 中国和平崛起新道路［M］. 北京：中共中央党校出版社.
中华书局，1985. 清实录［M］. 北京：中华书局.
中华书局编辑部，1999. 全唐诗［M］. 北京：中华书局.
中山市文化局，翠亨孙中山故居纪念馆，2000. 孙中山言粹［M］. 北京：中国大百科全书出版社.
“中研院”历史语言研究所，1962. 明实录［M］. 北京：中华书局.
周辅成，1964. 西方伦理学名著选辑：上卷［M］. 北京：商务印书馆.
周辅成，1987. 西方伦理学名著选辑：下卷［M］. 北京：商务印书馆.
周啸天，2011. 元明清诗歌鉴赏辞典［M］. 北京：商务印书馆.
朱东润，1981. 诗三百篇探故［M］. 上海：上海古籍出版社.
朱熹，1980. 诗集传［M］. 上海：上海古籍出版社.
朱熹，2011. 四书章句集注［M］. 北京：中华书局.

后记

书稿终于完成了，有些开心，也有些惶恐。开心的是总算完成了一件事情，心中颇有如释重负的感觉。惶恐的是，虽然已竭尽全力，但不知书稿是否达到了写作要求。

本书是“中国传统政治文化书系”中的一本。最初接到撰稿任务的时候，我的心情是轻松的。自进入现单位工作以来，我长期从事中国兵学文化的研究，接触的主要是战争与谋略，对于和平理念虽有涉及却不曾深入思考过。而战争与和平是既对立又统一的两个概念，借此机会深入挖掘一下中国博大精深的和平文化，拓宽一下自己的研究视野，岂不是一件乐事？

应诺写稿很爽快，但到了真正构思书稿的框架、真正动笔写作时，却发现想写好着实不易。该书系立意高远，视野宏阔，而且中国和平文化源远流长，内涵丰富，和平文化元素无处不在，无时不有，渗透于社会的各个领域，体现在人们对人与自然、人与人、人与社会之间以及民族之间、国家之间等各种关系的认识中，让人有种难以驾驭的感觉。在提纲确定之后，很长一段时间我都不敢动笔。后来，在编委、出版社、朋友同事的鼓励和督促之下，我鼓足勇气，反复阅读史料、斟酌构思，开始着手写作。

始料未及的是，2021年单位的工作异常繁多，家中老人也是身体状况频出，严重影响了书稿的进展。为了不耽误本书系的整体进度，2021年底我邀请了我的同事姚振文教授加入本书的写作。我们对书稿的大纲做了进一步商讨，并根据各自的特长，做了写作分工。第一章、第五章由姚教授执笔，其余的由我执笔。姚教授常年潜心学术，对于中国古代思想史尤其是先秦诸子思想有着深入的研究，他的加入，不但确保了本书按期完成，也为本书增色不少。

在本书的撰写过程中，主编齐涛先生认真审阅了本书的提纲和初稿，提出了许多中肯的意见，并进行了修改。副主编蒋海升师兄也不时地督促、提醒，给予我很大鼓励，并时常向我分享写作的经验。出版社的王艳艳编辑对书稿精编精校，其敬业、专业和严谨的态度令人敬佩。各卷撰稿者之间也常常就写作问题进行交流、加油打气。工作之余，我也经常与我的同事们就书稿中的相关问题进行讨论，他们给了我很多启发。在此，谨向所有关心、鼓励、支持本书创作、出版的师友和同事们，表示诚挚的谢意！

由于自己才疏学浅、资质驽钝，对很多问题的看法不一定成熟，书中难免出现这样那样的错误，敬请读者朋友们和学界专家多提宝贵意见。

郭海燕

2022年5月于滨州